CW00469029

Bwdhaeth

Denise Cush

Addasiad Cymraeg gan Dwynwen Teifi

CYDNABYDDIAETH

Daeth y syniad ar gyfer y llyfr hwn ar ôl nifer o flynyddoedd lle bûm yn addysgu Bwdhaeth i ddisgyblion lefel A. Felly mae nifer o bobl yr hoffwn ddiolch iddynt am eu cyfraniad: Coleg Chweched Dosbarth St Mary's, Middlesbrough, AALl Cleveland, Andrew Rawlinson, Dawn Stewart, Peggy Morgan, Paul Williams, Anil Goonewardene, The Buddhism Resource Project, Jo Backus, David Francis, Cyfadran Addysg Coleg Addysg Bellach Bath, yr Athro Brian Bocking, a holl fyfyrwyr Middlesbrough a Bath.

I David Francis

Cyhoeddwyd gan CAA, Prifysgol Aberystwyth, Plas Gogerddan, Aberystwyth SY23 3EB
(www.aber.ac.uk/caa)

Noddwyd gan Lywodraeth Cymru

Cyfieithwyd gan: Dwynwen Teifi
Golygwyd gan: Eirian Jones
Dyluniwyd gan: Richard Huw Pritchard
Argraffwyd gan: Argraffwyr Cambria

Diolch i Rachel Thomas am ei chymorth wrth brawfddarllen.

Llun y clawr: cerflun o Fwdha ger teml Hasedera yn Kamakura, Japan (iStockphotos)
tud 30: ffresgo o'r Olwyn Bywyd ar wal Thiksey Gompa, Ladakh, India (iStockphotos)

ISBN: 978-1-84521-438-8

CYNNWYS

CYFLWYNIAD

Beth yw Bwdhaeth?

Bwdhaeth yw un o brif draddodiadau crefyddol yr hil ddynol. Yn y bedwaredd ganrif ar bymtheg fe amcangyfrifwyd [gan Rhys Davids yn 1877, a ddyfynnwyd gan Bechert a Gombrich yn 1984] bod Bwdhaeth yn brif ddylanwad ar 40% o boblogaeth y byd. Hyd yn oed ar ôl chwyldroadau yr ugeinfed ganrif, fe amcangyfrifir bod ei dilynwyr tua 500 miliwn. Yn hanesyddol, cyhoeddwyd y *Dharma* (gwirionedd, dysgeidiaeth) gyntaf 2,500 o flynyddoedd yn ôl yn India, lle parhaodd i fod yn brif ddylanwad tan y ddeuddegfed ganrif OG. [Mae'r llythrennau OG a COG sy'n ymddangos ar ôl dyddiadau yn y llyfr hwn yn dynodi 'Oes Gyffredinol' a 'Cyn Oes Gyffredinol'. Ystyrir y rhain yn fwy dymunol mewn Astudiaethau Crefyddol na CC ac OC gan eu bod nhw'n osgoi honiadau Cristnogol penodol y talfyriadau hyn.] Y gwledydd lle mae Bwdhaeth wedi bodoli'n draddodiadol yw Sri Lanka, Burma (Myanmar nawr), Gwlad Thai, Cambodia, Laos, China, Japan, Korea, Mongolia, Tibet, Nepal, Sikkim, Bhutan a Viet Nam. Mae nifer o'r gwledydd yma, fel Burma, Gwlad Thai, Sri Lanka, Sikkim a Bhutan, yn dal i fod â mwyafrif y boblogaeth yn deyrngar i Fwdhaeth. Yn Japan, mae Bwdhaeth yn ffynnu ochr yn ochr â chrefyddau eraill, a hyd yn oed yn y gwledydd sydd wedi dod yn gomiwnyddol mae tystiolaeth bod y grefydd yn dal yn bwysig i lawer o bobl, er enghraifft yn China, Laos a Tibet. Yn yr ugeinfed ganrif, yn enwedig yr ail hanner, daeth pobl yn y gwledydd 'Gorllewinol' (h.y. Unol Daleithiau America, Ewrop ac Awstralasia) i ymddiddori mewn Bwdhaeth, ac mae nifer y dilynwyr yn y gwledydd hyn yn tyfu flwyddyn wrth flwyddyn. Mae 'Bwdhaeth' yn derm Gorllewinol; sy'n golygu crefydd y *Bwdha* (yr un goleuedig), person sydd wedi deffro i'r gwirionedd ynghylch bywyd. Fel arfer, mae Bwdhyddion yn disgrifio eu crefydd fel y *Dhamma* (dysgeidiaeth) neu *Bwdha-Dhamma*.

Mae Bwdhaeth yn unigryw ymhlith prif grefyddau'r byd gan nad yw wedi'i sylfaenu ar gred mewn Duw personol, ond ar brofiad dynol a photensial dynol. Fel arfer, fe'i cyfrifir fel crefydd oherwydd ei bod yn cynnig nod ar gyfer bywyd dynol sydd uwchlaw'r byd materol yr ydym yn ei ganfod gyda'r synhwyrau ac yn cyflwyno bywyd fel rhywbeth sydd ag ystyr a phwrpas, sy'n golygu rhai gwirioneddau a ffyrdd o ymddygiad. Mae'n draddodiad amrywiol a chyfoethog iawn ac nid oes credo benodol na rhestr o gredoau y mae pob Bwdhydd yn eu derbyn wedi bod ganddi erioed. Nid oes ganddi awdurdod canoledig i'w rhoi mewn grym chwaith. Nid yw erioed wedi bod ynghlwm ag un cenedl na diwylliant ac fel y mae wedi lledu i wledydd a diwylliannau gwahanol, mae wedi addasu a datblygu amrywiaeth o ddulliau sy'n gweddu i leoliad ac adeg benodol. Nid yw erioed wedi mynnu teyrngarwch ac mewn nifer o wledydd Bwdhaidd mae dilynwyr Bwdhaeth yn parhau hefyd ag ymarferion ac arferion o draddodiadau crefyddol lleol. Ym marn Guy Claxton, 'Mae Bwdhaeth yn Sri Lanka, Bwdhaeth yn Tibet a Bwdhaeth yn Japan mor wahanol ar yr wyneb â Christnogaeth, Iddewiaeth ac Islam'. [Claxton 1989]

Mae amrywiaeth gyfoethog Bwdhaeth yn adlewyrchu agwedd y Bwdha a'i ddilynwyr i bwrpas crefydd. Nid yw'n fater o ddysgeidiaethau a gorchmynion, ond o ddarganfod ffyrdd ymarferol i alluogi datblygiad ysbrydol, gan bobl wahanol mewn amgylchiadau gwahanol ac ar raddfeydd gwahanol. Pwysleisiodd y Bwdha nad oedd ei ddysgeidiaeth i'w chymryd fel rhywbeth sanctaidd ynddi'i hun, ond fel modd i gyflawni rhywbeth. Mewn un darn ysgrifenedig, mae'n cymharu'r *Dharma* (dysgeidiaeth Fwdhaidd) â rafft sy'n cario person o un ochr afon beryglus i'r ochr arall, ond yna dylid ei gadael ar ôl gan iddi gyflawni ei phwrpas. 'Gan gymryd cyfatebiaeth y rafft, rwyf wedi dangos i chi'r *Dharma* fel rhywbeth i'w adael ar ôl, ac nid fel rhywbeth i'w gymryd gyda chi'. *(Majjhima Nikaya 1.134)* Pwysleisiodd y Bwdha hefyd nad oedd unrhyw ddysgeidiaethau, gan gynnwys ei rai ef ei hun, i'w derbyn yn ddall gyda ffydd a pharch, ond y dylid eu profi o fewn profiad. 'Peidiwch â mynd yn ôl siarad, a drosglwyddir gan eraill, yn ôl yr hyn a ddywed pobl, neu yn ôl yr hyn a ddywedir mewn dysgeidiaethau traddodiadol. Peidiwch â mynd yn ôl rhesymu, neu drwy gasglu, drwy ddadl, na thrwy adlewyrchiad ar farn, nag o barch tuag at athro sanctaidd ...' (*Anguttara Nikaya* 1.188). Hynny yw, nid rhywbeth i gredu ynddi a'i thrafod yw crefydd, ond rhywbeth i roi cynnig arni i weld a yw'n gweithio, os yw'n eich gwneud chi'n well person neu'n mynd â chi'n agosach at eich nod ysbrydol. Gwahoddiad y Bwdha oedd i chi weld drosoch chi eich hun (*ehipassiko*). Yn yr amrywiaeth gyfoethog o ddysgeidiaethau ac ymarferion sy'n rhan o'r hyn rydyn ni'n ei alw'n Fwdhaeth, caiff y gwir ddysgeidiaeth ei gwahaniaethu fel hyn 'os yw'r dysgeidiaethau hyn yn arwain at ddiffyg angerdd, gwahaniad, lleihad mewn materoliaeth, symlrwydd, bodlonrwydd, unigrwydd, egni a boddhad mewn daioni yn hytrach nag drygioni ... o'r dysgeidiaethau hyn gallwch gadarnhau "dyma'r *Dharma*, neges y Meistr"' (*Vinaya* 2.10).

Gall fod yn ddefnyddiol, cyn trafod cymhlethdodau'r traddodiad Bwdhaidd, i roi crynodeb byr o'r pethau sylfaenol y mae'r rhan fwyaf o Fwdhyddion yn eu rhannu, a'r prif raniadau ynghylch Bwdhaeth. Yn sicr, gall hyn fod yn orsyml, ond caiff ei gynnig yn ysbryd y rafft – rhywbeth a all gynorthwyo eich dealltwriaeth o Fwdhaeth, ond a ddylid ei daflu i ffwrdd unwaith yr ydych wedi gwneud cynnydd pellach. Mewn gwirionedd, mae'n cyfeirio at y llyfr hwn i gyd!

Rhai Dysgeidiaethau Sylfaenol Bwdhaeth

* Mae Bwdhaeth yn ymwneud â'r chwilio am wir lawenydd a heddwch i bob un.
* Mae bywyd fel mae'r rhan fwyaf o bobl yn ei fyw yn annigonol, mae llawer o ddioddefaint yn y byd, ac nid oes dim yn para.
* Mae llawer o ddioddefaint yn cael ei achosi gan anwybodaeth a hunanoldeb pobl, sydd â chwant am bethau nad sy'n parhau nac yn dwyn gwir lawenydd, ynghyd â chasineb a chredoau camarweiniol.
* Yr un fath â phethau eraill, mae pobl yn newid yn barhaus. Un o'r credoau camarweiniol yw mewn 'fi gwirioneddol' (hunan neu enaid) nad sydd byth yn newid. Mae'r newid parhaus hwn yn weithredol o funud i funud, dydd i ddydd a bywyd i fywyd.
* Tra'n bod ni'n aros yn anwybodus ac o dan gamarweiniad, pan fydd un bywyd yn gorffen, bydd bywyd arall yn dechrau ym myd dioddefaint. Felly, mae'r rhan fwyaf o Fwdhyddion yn credu mewn ailenedigaeth.
* Mae'r datblygiadau yn ein bywydau, ac o fywyd i fywyd yn ganlyniadau ein meddyliau a'n gweithredoedd ni ein hunain. Rydym yn gwneud ein llawenydd a'n anhapusrwydd ni ein hunain.
* Mae yna ffordd allan o ailenedigaeth i fyd anfoddhaol. Os medrwn ddileu chwant, casineb, rhithdyb, hunanoldeb ac anwybodaeth drwy weithredu'n foesol, hyfforddi'r meddwl a darganfod y gwirionedd, mae gwahanol gyflwr, sef *nirvana*, o ddoethineb perffaith a heddwch. Mae hyn yn anodd iawn i'w ddychmygu, a chaiff ei ddeall a'i ddisgrifio mewn gwahanol ffyrdd gan Fwdhyddion, ond yn sylfaenol mae'n cynnwys llawenydd perffaith a heddwch, dealltwriaeth o fywyd a chariad anhunanol. Dyma'r cyflwr a gred y Bwdhyddion a gyrhaeddwyd gan y Bwdha yn y profiad a elwir yn 'oleuedigaeth'.

Hwyrach eich bod chi'n teimlo'n barod neu beidio, bod rhai o'r dysgeidiaethau hyn yn berthnasol i'ch profiad chi eich hun o fywyd.

Bwdhaeth Theravada a Mahayana

O ran cyfleustra, mae pobl yn dueddol o rannu amrywiaeth gyfoethog Bwdhaeth y dyddiau hyn i ddau brif ddosbarth sef *Theravada* (a yngenir Teravada) a *Mayhayana.*

Dilynir Theravada (ffordd yr henaduriaid) yn y gwledydd mwyaf deheuol fel Sri Lanka, Burma, Gwlad Thai, Laos a Cambodia. Felly fe'i gelwir weithiau'n 'Fwdhaeth Ddeheuol' neu 'Fwdhaeth Pali', ar ôl iaith ei hysgrythurau. Mae Mahayana (y cyfrwng mwyaf) yn air cyffredinol am yr holl amrywiaeth o Fwdhaeth a ymarferir yn y gwledydd mwyaf gogleddol a'r dwyrain pell. Mae'n bosibl isrannu'r rhain fel arfer i Fwdhaeth Ogleddol neu Fwdhaeth Tibet, a ddilynir yn Tibet, Mongolia, Sikkim, Bhutan, a Gogledd-Orllewin China. Dilynir Bwdhaeth Ddwyreiniol yng ngweddill China, Japan, Korea a Viet Nam. Cynrychiolir Bwdhaeth Tibet mewn pedwar prif draddodiad – Nyingma, Sakya, Kargyu a Gelug. Ymhlith yr amrywiaethau mwy cyfarwydd o Fwdhaeth Ddwyreiniol y mae Bwdhaeth *Zen*, *Tir Pur* a *Nichiren*. Mae Bwdhyddion 'Gorllewinol' yn dueddol o ddilyn un o'r amrywiaethau Deheuol, Gogleddol neu Ddwyreiniol traddodiadol, neu ddewis yr hyn y maen nhw'n ei gael yn fuddiol o'r traddodiadau amrywiol, gan ffurfio eu hamrywiaeth eu hunain o Fwdhaeth (e.e. Urdd Bwdhyddion y Gorllewin). Mae hyn yn dilyn y patrwm a ddigwyddodd wrth i Fwdhaeth ymledu o India i wledydd a diwylliannau eraill yn y gorffennol (e.e. China), ac yn adlewyrchu gogwydd ymarferol Bwdhaeth.

Mae termau technegol Bwdhaeth yn bodoli mewn nifer o ieithoedd gwahanol, gan gynnwys Sansgrit, Pali (y ddwy iaith ysgrythurol glasurol), Tsieinëeg, Japaneg a Tibeteg. Yn y llyfr hwn defnyddir y term mwyaf cyffredinol o ran defnydd ymhlith Bwdhyddion Gorllewinol a Seisnig yn benodol e.e. 'nirvana' (Sansgrit) yn hytrach na 'nibbana' (Pali), ond 'anatta' (Pali) yn hytrach nag 'anatman' (Sansgrit). Fel y gwelwch o'r enghreifftiau hyn, mae'r ddwy iaith glasurol yn ddigon tebyg er mwyn dyfalu'n weddol agos pan ddown ar draws sillafiad anghyfarwydd. Er mwyn osgoi drysu, yn y testun a'r eirfa, fe gynhwysir y termau technegol yn yr Eirfa sy'n dilyn, a lle bo'n briodol, yn y testun, drwy lythyren neu lythrennau i nodi iaith eu tarddiad, fel a ganlyn:

Ts = Tsieinëeg	P = Pali	C = Cymraeg
S = Sansgrit	J = Japaneg	Sn = Sinhalaidd
K = Corëeg	T = Tibeteg	M = Mongoleg
Th = Thai		

BYWYD A DYSGEIDIAETH Y BWDHA A DATBLYGIADAU HANESYDDOL CYNNAR

Y Cyd-destun Hanesyddol a Chymdeithasol

Roedd y ffigur hanesyddol a elwid 'y Bwdha', neu 'Bwdha Shakyamuni' (er mwyn gwahaniaethu rhyngddo â Bwdhau eraill) yn byw yng Ngogledd India, ar y ffin gyda Nepal, tua 2,500 o flynyddoedd yn ôl. Mae ychydig ddadlau ymhlith ysgolheigion ynghylch ei union ddyddiadau. Y dyddiadau mwyaf cyffredin a ddyfynnir yw 563-483 COG, ond mae'n well gan rai ysgolheigion diweddar 448-368 COG [Bechert 1982]. Ar gyfer ein bwriadau ni, mae'n ddigon i ni wybod bod yna berson hanesyddol a oedd yn byw ar y ddaear hon am bedwar ugain o flynyddoedd rhywle rhwng y 6ed a'r 4edd ganrif COG, ac y gallwn wybod rhywbeth am y math o fyd y bu e'n byw ac yn dysgu ynddo; y cefndir economaidd, gwleidyddol a chrefyddol sy'n gymorth i ddeall ei fywyd a'i ddysgeidiaeth.

Roedd byd y Bwdha'n cynnwys y gymdeithas ar wastatir y Ganges. Roedd y bobl a oedd yn byw yma'n perthyn i grwpiau llwythol amrywiol a oedd wedi bod yn nomadig ar un adeg ond a sefydlodd erbyn hyn mewn pentrefi a threfi. Mae llinach y bobl yma yn gymysgedd o bobl a oedd yn gynhenid o India, grwpiau eraill a oedd â'u tarddiad efallai yn Tibet neu Burma a'r llwythau Ariaidd (Ewropeaidd yn wreiddiol) a oresgynnodd Ogledd India mil o flynyddoedd cyn hynny ac yn raddol a arosododd eu diwylliant a'u trefniant cymdeithasol ar y boblogaeth Indiaidd, heb ddisodli llawer o'r ymarferion a'r credoau cyn-Ariaidd.

O'i chymharu â gwastatir y Ganges heddiw, roedd y boblogaeth yn y 5ed ganrif COG yn llawer llai ac roedd ardaloedd eang yn dal i fod yn goediog. Gellid cael tir ar gyfer cnydau drwy glirio ardal o goedwig ac roedd dadmer yr eira o Fynyddoedd Himalaya yn golygu hyd yn oed ym misoedd yr Haf, bod afonydd mawr fel y Ganges â digonedd o ddŵr ar gyfer dyfrhau. Mae yna dri phrif fath o dymhorau yn y rhan yma o'r byd; o fis Chwefror i fis Mai, y tymor poeth, sych; o fis Mehefin i fis Medi, y glawogydd monsŵn ac o fis Hydref i fis Ionawr y cyfnod mwynach, cynnes Gaeafol. Gwnaeth y cefndir hinsoddol yma effeithio ar ffordd o fyw y mynachod Bwdhaidd cynnar – roedd hi'n gyffredin iddynt gysgu allan o dan goed am y rhan helaeth o'r flwyddyn gydag ychydig o ddillad, ond yn ystod y tymor gwlyb pan oedd teithio'n anodd, byddai'r mynachod yn byw mewn lle mwy parhaol.

Roedd economi byd y Bwdha wedi'i seilio ar amaethyddiaeth. Y prif gnydau a dyfwyd oedd reis, miled, gwenith, barlys, bananas, mangos, cnau coco a datys. Roedd yr economi yma'n gallu cefnogi twf trefi a dinasoedd gyda thwf grwpiau masnachu fel diwydiannau coed, dur a lledr, ac roedd cyfoeth digonol i gefnogi galwedigaethau anghynhyrchiol fel difyrwyr, deallusion, a chardotwyr crefyddol a oedd yn ddibynnol ar elusennau. Er bod yr ysgrythurau Bwdhaidd yn crybwyll cyfnod o newyn, roedd digon o fwyd, fel arfer, i gynnal poblogaeth ar ei thyfiant, ac mae'n ymddangos bod rhai o'r dosbarthiadau uchaf wedi byw mewn ychydig foethusrwydd. Mae'r ffaith bod bywyd yn eithaf llewyrchus yn cael ei gadarnhau gan nifer y bobl â'r hamdden i ymroi i grefydd a chwestiynau athronyddol.

Roedd masnachwyr yn teithio o ddinas i ddinas gyda nwyddau a gwybodaeth. Roedd preswylwyr y pentrefi yn byw bywyd amaethyddol eithaf syml, ond yn y trefi mwy o faint lle'r oedd dysgeidiaeth y Bwdha'n cymryd lle'n bennaf, roedd cymdeithas gymhleth o uchelwyr, gwŷr busnes, urddau masnach, deallusion ac athrawon crefyddol, actorion, cerddorion a dawnswyr, lleoedd ar gyfer yfed a hapchwarae, a phuteiniaid, rhai ohonyn nhw'n ymddangos yn eithaf cyfoethog a dylanwadol. Er gwaethaf yr aneddiadau hyn, roedd ardaloedd eang o goedwigoedd yn dal i fodoli, cynefinoedd anifeiliaid gwyllt megis teigrod, mwncïod ac eliffantod, a hoff encil ar gyfer y gwahanol fathau o wŷr sanctaidd gan gynnwys dilynwyr y Bwdha.

Yn wleidyddol, roedd yr ardal wedi'i rhannu i wladwriaethau bychain. Roedd rhai o'r rhain, yn syml, yn ardaloedd a hawliwyd gan grwpiau llwythol ac yn cael eu llywodraethu gan y teuluoedd blaenllaw fel math o weriniaeth oligarchaidd aristocrataidd, a ddatblygwyd o'r syniad o henaduriaid llwythol. Gwnaed penderfyniadau gan gynulliad rheolaidd neu 'sangha'. Enghreifftiau o grwpiau llwythol â'r math yma o lywodraeth oedd y Mallas, y Vajji a'r Shakya y perthynai'r Bwdha iddynt. Trefnwyd gwladwriaethau eraill fel breniniaethau gyda deddfau, heddlu a byddin i gefnogi awdurdod y brenin. Roedd y rhain yn addasu'n well i'r amodau trefol newydd. Yn ystod oes y Bwdha, dwy deyrnas nerthol oedd Magadha a Kosala. Roedd y Bwdha'n gyfaill personol i freninhinoedd y gwladwriaethau hyn, sef Bimbisara a'i fab Ajatasattu o Magadha, a Pasenadi o Kosala. Meddiannodd y breniniaethau y grwpiau llwythol yn raddol, ac ar ôl marwolaeth y Bwdha, ehangodd Teyrnas Magadha i gwmpasu ardal y Ganges yn gyfan gwbl, ac erbyn y drydedd Ganrif COG daeth yn ymerodraeth a oedd yn gorchuddio'r rhan fwyaf o India. Mae rhai ysgolheigion yn dadlau bod trefniadaeth y *Sangha* Bwdhaidd (urdd y mynachod) yn dangos bod blaenoriaeth gan y Bwdha i'r ffurf weriniaethol-lwythol o lywodraeth. Ond mewn gwirionedd, yn hanesyddol, mae brenhinoedd wedi bod yn bwysig iawn yn lledaeniad

Bwdhaeth o Bimbisara a Pasenadi drwy'r Ymerawdwr enwog Asoka o'r drydedd Ganrif COG i Frenin modern Gwlad Thai.

Cefndir Crefyddol

Mae'r cyfnod pan oedd y Bwdha'n byw i'w weld yn gyfnod o gynnwrf crefyddol ac arloesedd. O'r ysgrythurau Bwdhaidd a ffynonellau eraill, llwyddwn i gael darlun o ddadlau mawr ynghylch y cwestiynau sylfaenol am fodolaeth dyn. Roedd llawer o syniadau gwahanol yn cael eu cynnig, cwestiynwyd neu ailddehonglwyd hen syniadau, a datblygwyd syniadau newydd. Yn ogystal â dehongliadau crefyddol o fywyd, roedd materolwyr a oedd yn gwrthod yr holl ymarferion a'r dysgeidiaethau ysbrydol. Roedden nhw'n credu mai'r byd materol hwn a'r hyn oedd ganddo i'w gynnig mewn hapusrwydd oedd yr hyn oll oedd gan fywyd i'w gynnig, ac nad oedd bodolaeth tu hwnt i'r bywyd hwn.

Credir bod y sefyllfa hon yn adlewyrchu'r newidiadau cymdeithasol o grwpiau llwythol bugeiliol nomadig i amodau trefol sefydlog. Mae'r sefyllfa amlblwyfol wedi'i chymharu'n aml â'r sefyllfa amlblwyfol grefyddol bresennol. Yn syml doedd yr hen draddodiadau ddim yn briodol i'r amodau cymdeithasol newydd ac roedd ffyrdd newydd o fywyd yn cael eu harbrofi. Roedd cymdeithas hefyd yn heddychlon ac yn ddigon llewyrchus i ganiatáu hamdden i'r bobl i drafod pynciau crefyddol ac athronyddol.

Cafodd y Bwdha ei hun ei fagu yn y dosbarth cyfoethog, breintiedig, llywodraethol, ond nid yw'n eglur pa gredoau'n hollol a ddysgwyd iddo fel plentyn. Mae cofnodion diweddarach o'i fywyd yn tybio addysg Vedaidd glasurol neu Hindŵaidd gynnar ond nid yw'n eglur pa mor bell oedd y diwylliant Vedaidd wedi treiddio i ran Ddwyreiniol India. Fodd bynnag, gellir rhannu, er hwylustod, cefndir crefyddol y Bwdha i dri grŵp – crefydd Vedaidd y diwylliant Ariaidd, credoau gwerin hynafol a mudiad Shramana yr athrawon crefyddol anghydffurfiol.

Y Grefydd Vedaidd

Cyfeirir at grefydd swyddogol concwerwyr Ariaidd India fel y Grefydd Vedaidd ar ôl eu llyfrau sanctaidd neu *Vedau* (gwybodaeth). Brahman neu Brahmin oedd yr enw ar offeiriaid y grefydd hon a cheir cyfeiriad atynt yn aml mewn ysgrythurau Bwdhaidd. Roedd y Brahmin yn bwerus iawn yn y gymdeithas Ariaidd ac maen nhw wedi cynnal y safle yma yn y gymdeithas Hindŵaidd hyd at yr oes hon. Fodd bynnag, nid ydym yn gwybod a oedden nhw'n arglwyddiaethu ym myd y Bwdha, oherwydd roedd ei fyd yn bell i'r dwyrain o ganolbwynt y diwylliant Ariaidd yng Ngogledd Orllewin India – mae'n ymddangos bod y Brahmin yn un o'r dylanwadau ymhlith llawer ar y Bwdha. Mae'n bosibl bod y Bwdha wedi cyfarfod y Brahmin am y tro cyntaf ond ar ôl iddo adael ei famwlad Shakya.

Roedd y grefydd Vedaidd yn cynnwys addoli nifer o dduwiau a oedd yn gysylltiedig yn bennaf â grymoedd y byd naturiol, yn enwedig y galluoedd hynny yr oedd pobl yn ddibynnol arnynt. Roedd yna Surya – duw'r haul, Indra – duw'r storm, Vayu – duw'r gwynt, Varuna – duw'r wybren, Agni – duw'r tân, Brahma – duw'r creawdwr a Soma – duw'r lleuad. Yn draddodiadol roedd y rhestr yn cynnwys 33 o dduwiau. Mae nifer o'r rhain yn perthyn yn ieithyddol i enwau duwiau Lladin a Groeg. Teimlwyd ei bod hi'n angenrheidiol i gadw'r duwiau hyn ar ochr dynoliaeth drwy weddïau, emynau ac aberthau. Mae'r emynau wedi'u cofnodi yn y *Rig Veda* ac yn gyffredinol yn llawn moliant a gweniaith i'r duw dan sylw. Hefyd maen nhw'n cynnwys ceisiadau am les bydol megis tywydd da, llwyddiant mewn amaethyddiaeth ac mewn brwydr, cyfoeth, plant a.y.b. Addolwyd y duwiau gyda defodau cymhleth yn ymwneud ag aberthu anifeiliaid, siantiau a thechnegau cymhleth a oedd yn hysbys i'r Brahmin yn unig. Roedd ambell ddefod yn ymwneud â'r defnydd o blanhigyn meddwol a elwid yn 'soma' a oedd yn cryfhau'r ymdeimlad o gysylltiad gyda'r grymoedd goruwchnaturiol.

Erbyn cyfnod y Bwdha, roedd y grefydd amldduwiol wreiddiol yma yn datblygu i fod yn un fwy pantheistaidd. Hyd yn oed yn y *Rig Veda*, er bod emynau i'r 33 duw traddodiadol, dywedir bod nifer y duwiau yn 330 neu 330 miliwn, ac ar y lefel ddwysaf, dim ond un. "Maen nhw'n ei alw'n Indra, Mitra, Varuna, Tân ... yr hyn sydd ond un ... a elwir yn nifer o enwau." (*Rig Veda* 1.164.46). Dechreuwyd gweld aberthau, nid fel anrhegion i'r duwiau, ond gweithgareddau defodol a oedd yn cadw'r bydysawd i barhau. Mae'n ymddangos bod adrannau hynaf y Rig Veda, ac ymarferion fel rhoi offrymau dros gyndeidiau yn awgrymu bod bywyd ar ôl marwolaeth yn cael ei ddarlunio fel teyrnas nefolaidd. Ar adeg y Bwdha, roedd crefydd y Brahmin yn dechrau derbyn y cysyniad o ailenedigaeth, a welwyd yn y traddodiadau di-Ariaidd.

Fel yr unig ddosbarth a wyddai'r ffurfiau a'r defodau hanfodol, hawliai'r dosbarth Brahmin y lle uchaf yn y gymdeithas Ariaidd, yna daeth y Kshatriya neu'r dosbarth rhyfelwyr, y Vaishya neu'r dosbarth masnachwyr/ffermwyr a'r Shudra neu'r dosbarth gwasanaethu. Hwn oedd dechreuad y gyfundrefn cast Hindŵaidd gymhleth ddiweddarach, a oedd yn datblygu'n barod yn ystod oes y Bwdha. Mae llawer o gyfeiriadau at ddosbarth, a hyd yn oed at bersonau isel a gyfrifwyd yn 'anghyffyrddadwy'. Fodd bynnag, nid oedd y Brahmin wedi llwyddo'n gyfan gwbl i osod y gyfundrefn yma ym myd y Bwdha, oherwydd ymddengys ei fod ef a Kshatriya eraill wedi ystyried eu hunain yn bwysicach na'r dosbarth Brahmin.

Mae'n debyg bod y Bwdha wedi bod yn dra feirniadol o'r traddodiad Brahmin. Ni dderbyniodd eu rhagoriaeth na'u hawdurdod mewn dysgeidiaeth grefyddol. Dysgodd y Bwdha na ellid ennill gwir fonedd o enedigaeth i mewn i ddosbarth neilltuol, ond drwy ymddygiad boneddigaidd. Derbyniai bobl o unrhyw gast i mewn i'w gymuned, er mae'n ymddangos bod y mwyafrif, mewn gwirionedd, wedi dod o gefndiroedd Brahmin, Kshatriya neu Vaishya yn hytrach na'r grwpiau is. Gwrthododd awdurdod yr ysgrythurau Vedaidd a oedd dan warchodaeth y

Brahmin. Dysgodd fod aberthu anifeiliaid yn greulon ac yn ddiwerth, a byddai defnyddio diodydd meddwol, un ai ar gyfer rhesymau crefyddol neu eraill yn drysu'r meddwl yn hytrach na'i oleuo. Ynghylch y duwiau, ni wadodd eu bodolaeth, ond ni welodd hwy fel mwy na bodau uchel, a oedd yn gaeth i'r un deddfau o ailenedigaeth sy'n berthnasol i bobl ac anifeiliaid, ac felly o ddim cymorth i'r ymchwil crefyddol.

Y Traddodiadau Gwerin

Roedd pobl gyffredin yn cael eu heffeithio'n llai gan grefydd y Brahmin na'r dosbarthiadau goruchaf ac roedd ganddynt eu credoau a'u hymarferion eu hunain, llawer o'r rhai a oedd, mwy na thebyg, yn hynafol iawn a chyn-Ariaidd. Roedd hyn yn cynnwys credoau am Ysbrydion (un ai ym myd natur neu'r meirw), cythreuliaid, argoelion a swynion, dewiniaeth, a.y.b. Yn ôl Trevor Ling, y bobl gyffredin a oedd yn canolbwyntio ar y duw Brahma, gan ei gymryd nid megis un ymhlith llawer o dduwiau, ond fel y Duw creawdwr sy'n gofalu amdanom oll, syniad efallai a geir mewn crefydd di-Ariaidd. Roedd y Bwdha'n feirniadol, ond yn llai garw felly, o nifer o'r credoau gwerin hyn. Ni wrthododd e nhw'n hollol ond dibrisio'u pwysigrwydd. Mae Brahma'n bodoli, ond nid yw mor bwysig ag y maen nhw'n meddwl, ni chreodd y byd a dim ond un duw ydyw ymhlith nifer o dduwiau Brahma. Nid yw'r mynachod yn cael ymwneud â swynion a dewiniaeth ond fe anwybyddir hyn gyda lleygwyr, ac mae'r arferiad o wneud offrymau i ysbrydion y meirw (*pretau*) yn parhau ond mae'n cael ei ail-ddehongli mewn Bwdhaeth – *pretau* yw un o'r ffurfiau y gall person gael ei aileni iddo.

O'i dechreuad i'r cyfnod presennol mae Bwdhaeth wedi cyd-fodoli'n ddedwydd gyda chredoau gwerin fel y gellir ei weld mewn gwledydd Bwdhaidd heddiw – os yw blaenoriaeth Bwdhaeth yn cael ei chydnabod yn glir, yna mae Bwdhaeth yn oddefgar o ymarferion diddrwg cyffredinol o'r fath.

Y Mudiad Shramana

Roedd Shramana, yn wahanol i'r Brahmin, yn rhyw fath o athronydd cardotol annibynnol crwydrol a ddysgai gredoau amgen i'r rhai hynny a ddysgwyd gan yr offeiriadaeth Brahmin swyddogol. Mae'n ymddangos nad oedd llawer o bobl yn fodlon â'r grefydd sefydlog a oedd yn hen ffasiwn. Daeth yn eithaf ffasiynol mewn rhai cylchoedd i ymneilltuo o gymdeithas fydol i geisio am wirionedd crefyddol. Yr ysgogiad i'r duedd hon, yn fwy na thebyg, oedd newid cymdeithasol, ond efallai hefyd yr adfywiad mewn traddodiadau cyn-Ariaidd hynafol megis yoga. Ymddengys bod nifer o'r ffigurau arweiniol yn perthyn i'r dosbarth Kshatriya, ac efallai yn rheolwyr a gafodd eu disodli gan oruchafiaeth wleidyddol. Roedd rhai o'r 'ymwrthodwyr' hyn ar eu pennau eu hunain, eraill yn ffurfio grwpiau trefnedig. Gellir gosod y Bwdha a'i ddilynwyr yn y mudiad hwn. Roedd llawer o syniadau gwahanol yn cael eu trafod gan y Shramana, a'r hoff bynciau oedd yr enaid, ailenedigaeth, rhyddhad o'r byd materol a datgysylltiad o gymdeithas. Dulliau ffasiynol i ddarganfod y nod crefyddol oedd technegau yoga a myfyrdod, a darostyngiad y corff materol drwy weithredoedd o asgetigiaeth eithafol ac ataliaeth, gan roi'r gorau i bob moethusrwydd. (Asgetig yw rhywun sy'n byw bywyd o ddisgyblaeth llym fel ymprydio, gwisgo ychydig neu ddim dillad, cadw'r corff mewn un ystum a chaledi corfforol eraill.)

Roedd y gwahanol grwpiau o Shramana yn dysgu credoau gwahanol. Roedd rhai yn ceisio bod yn deyrngar i'r grefydd draddodiadol, ond yn ei hailddehongli. Gwelir y duedd hon yn yr ysgrythurau Hindŵaidd, yr Upanishadau. Gwelodd awduron yr ysgrythurau hyn eu myfyrdod a'u hymwrthod fel gwir ystyr aberth. Gwelent Brahman, y grym sanctaidd neu realiti mwyaf, ym mhob peth gan gynnwys yr enaid neu'r hunan bodau dynol. Roeddent yn chwilio am undeb gyda'r grym hwn drwy wybodaeth a myfyrdod, ac felly'n rhyddhau eu henaid o ailenedigaeth.

Roedd crefydd swyddogol y Brahmin yn ymhél â'r meddylwyr crefyddol yma a'u syniadau, gan ei thrawsffurfio â llawer o syniadau megis yoga ac ailenedigaeth a allai fod wedi dod o draddodiadau cynhenid India. Er bod yr Upanishadau yn adlewyrchu pryderon tebyg i'r Shramana o'r ysgrythurau Bwdhaidd, fe ddatblygon nhw, mwy na thebyg, mewn ardaloedd gwahanol o India, gan nad ydynt yn arddangos unrhyw wybodaeth am ei gilydd.

Mae'r ysgrythurau Bwdhaidd eu hunain yn cyfeirio at chwe athro wrth eu henwau, ac fe feirniadwyd eu damcaniaethau gan y Bwdha. Maen nhw'n ddiddorol oherwydd eu bod nhw'n arddangos rhai o'r syniadau roedd y Shramana yn eu cynnig. Mae Nigantha Nataputta wedi cael ei gysylltu â Mahavira, sylfaenydd crefydd y Jain sydd wedi parhau hyd heddiw. Roedd y Jain yn credu bod gan bob un ohonom enaid sydd wedi'i garcharu mewn corff materol ac yn cael ei gadw'n gaeth gan *karma* (y berthynas rhwng gweithredoedd a'u canlyniadau). Gellir rhyddhau'r enaid drwy ymatal rhag gweithredoedd, byw bywyd o ataliad a llymder. Roedd y Jain yn llym iawn, gan gymryd gofal mawr rhag niweidio'r lleiaf o drychfilod; ac roedd llawer yn ymarfer asgetigiaeth eithafol. Roedd Ajita Kesakambalin yn faterolydd a oedd yn dysgu nad oedd dim cosb na gwobr (*karma*) o'n gweithredoedd da neu ddrwg ac mai marwolaeth oedd y diwedd cyflawn i ni. Dysgodd Makkhali Gosala ailenedigaeth fel y Jain ond ni chredai mewn *karma*. Yn ein llwybr o ailymgnawdoliadau, rydym yn cael ein rheoli'n llwyr gan ffawd a rhaid ond ildio i'r hyn a ddigwydd i ni. Dysgodd Purana Kassapa na all unrhyw beth a wnawn â'n cyrff effeithio ar ein henaid o gwbl. Dysgodd Pakudha Kaccayana ddamcaniaeth o elfennau ar wahân na all effeithio ar ei gilydd. Felly, ni ellir lladd yr enaid. Credir bod y tri olaf hyn yn rhan o fudiad mwy a oedd yn ddylanwadol yn India hyd yr oesoedd canol a gelwir ei gefnogwyr yn Ajivakiaid. Roeddent yn credu mewn ailymgnawdoliad a thynghediaeth ac yn ymarfer asgetigiaeth eithafol, efallai o'r syniad bod pob person wedi'i dynghedu i ddogn penodol o ddioddefaint na all unrhyw weithred o'i eiddo mo'i osgoi. Felly, mae asgetigiaeth yn rhoi pen arno'n gyflym ac yn prysuro'r waredigaeth derfynol. Nid oedd Sanjaya Belatthaputta yn ymrwymo'i hun i unrhyw safbwynt neilltuol ac roedd yn agnostig ac amheuol ynghylch y posiblrwydd o gael gwybodaeth o wirionedd a realiti terfynol.

Rhannodd y Bwdha gyda Shramana eraill y syniadau o ailenedigaeth, yr ymchwil am heddwch trosgynnol, karma, myfyrdod, datgysylltiad a hunanddisgyblaeth, ond roedd yn feirniadol iawn o gredoau eraill. Roedd yn hynod o feirniadol ynghylch cred mewn enaid unigol ar wahân a arhosai'n ddigyfnewid o fewn person, ac o asgetigiaeth eithafol a hunanboenydio. Roedd e'n beirniadu'r materolwyr a deimlai mai marwolaeth oedd y diwedd, yn ogystal â'r 'tragwyddolwyr' a gredai mewn enaid digyfnewid anfarwol. Roedd e'n casáu'n arbennig syniadau a oedd yn gweld moesoldeb fel rhywbeth amherthnasol megis mewn materoliaeth a thynghediaeth Ajivaka. Nid oedd ganddo amynedd efo'r amheuwyr, ac fe'u galwai'n 'llysywod aflonydd' am ei fod yn teimlo eu bod yn gwrthod gweld yr hyn a oedd yn wir, ac yn arddangos eu hanwybodaeth.

Ymhlith y cymysgedd yma o gredoau a thybiaethau, dysgodd y Bwdha mai ef oedd yr unig un o'i gyfnod i seilio ei ddysgeidiaeth nid ar ddyfaliadau a safbwyntiau ond ar brofiad personol uniongyrchol o'r gwirionedd. Cyfeirir at y profiad personol uniongyrchol hwn fel ei 'oleuedigaeth'. Cred Bwdhyddion bod nid yn unig ei fywyd cynnar, ond bywydau blaenorol di-rif, wedi paratoi'r sail ar gyfer y mewnwelediad hwn i realiti. Ar ôl ei oleuedigaeth, gorchwyl y Bwdha oedd ceisio rhannu'r mewnwelediad hwn gydag eraill.

Bywyd y Bwdha

Nid yw'r ffaith bod y dyn a adnabyddir fel y Bwdha yn berson hanesyddol go iawn, yn ddadl ddifrifol y dyddiau hyn. Fodd bynnag, mae'n anodd iawn sefydlu yr union fanylion am hanes ei fywyd 2,500 o flynyddoedd ar ôl iddo ddigwydd. Y bywgraffiad cyfan cynharaf sy'n wybyddus i ni yw *Gweithredoedd y Bwdha* a ysgrifennwyd gan Ashvaghosa – y bardd Indiaidd o'r ganrif gyntaf OG [ceir un fersiwn o hwn yn Conze 1959]. Nid yw'n syndod i ddarganfod ar ôl pum can mlynedd bod manylion chwedlonol a mytholegol wedi'u cynnwys yn y stori. Ffynhonnell gynharach yw Canon Pali y Theravada sy'n sôn am nifer o ddigwyddiadau ym mywyd y Bwdha, ond yn achlysurol oherwydd rhyw ddysgeidiaeth sy'n perthyn i'r digwyddiad, ac nid mewn trefn gronolegol. Ni chafodd hyd yn oed y ffynhonnell hon, er iddi yn ôl pob sôn gael ei chasglu at ei gilydd tua 3 mis ar ôl marwolaeth y Bwdha, gael ei chofnodi mewn gwirionedd tan y ganrif gyntaf COG. Felly, cawn ein stori o fywyd y Bwdha yn rhannol o'r Canon Pali ac yn rhannol o chwedlau ac esboniadau diweddarach. Mae hi'n amhosibl gwahanu ffaith rhag chwedl, ond caiff y rhan fwyaf o bobl eu denu i geisio gwneud hynny, o'n gwybodaeth o sut mae chwedlau a mythau yn tueddu i ddatblygu. Yr hyn a olyga 'chwedlau' yw storïau sy'n seiliedig ar ychydig o ffeithiau posibl, sydd wedi cael eu brodio wrth iddyn nhw gael eu trosglwyddo i lawr. Yr hyn sy'n tueddu i ddigwydd yw gorliwio, ychwanegu manylion am resymau cuddiedig, cambriodoli digwyddiadau am un person i berson arall, a stereoteipio'r stori i batrwm taclus. Wrth 'myth', golygir storïau lle chwilir am arwyddocâd, nid yn yr ystyr llythrennol, ond mewn dealltwriaeth symbolaidd ddwfn o wirionedd a oedd yn anodd i'w fynegi ar wahân i'r ffurf ddramatig hon. Ystyr arall i'r gair 'mytholegol' yw cyfeirio at gredoau a gymerir yn ganiataol ym myd y storïwyr ond nad ydynt yn ein byd ni. Enghreifftiau o'r rhain fyddai duwiau a welir yn hanes bywyd y Bwdha, y nefoedd a'r uffernau a galluoedd gwyrthiol.

Felly gallwn un ai derbyn yn anfeirniadol un o'r fersiynau o'r stori, neu gyfyngu ein hunain i'r digwyddiadau a adroddir yn y Canon Pali'n unig, neu geisio rhyw feirniadaeth lenyddol a 'dadfytholegu' ac ail-greu ein hanes ein hunain o fywyd y Bwdha. Rhaid cofio bod yr ail-greu hyn yn oddrychol a thros dro; ac yn cael ei ddylanwadu gan syniadau cyfredol o'r hyn sy'n bosibl ac yn amhosibl ac a ellir bod yn anghywir yn y dyfodol.

Enw personol y dyn a ddaeth i'w adnabod fel 'y Bwdha' oedd Siddhattha Gotama (Pali), Siddhartha Gautama (Sansgrit) – Siddhattha o Dylwyth Gotama. Roedd e'n perthyn i grŵp llwythol y Shakya a oedd yn preswylio mewn ardal yng Ngogledd Ddwyrain India sydd heddiw ar y ffin â Nepal yng ngodre mynyddoedd Himalaya. Roedd e'n perthyn i ddosbarth y Kshatriya, neu'r pendefigion llywodraethol. Mae pob ffurf o'r chwedl yn honni bod ei dad yn Frenin, a honnir hyn gan y Bwdha yn y Canon Pali: 'Brenin Suddhodana yn ôl enw oedd fy nhad. Brenhines Maya yn ôl enw oedd y fam a'm hesgorodd. Y brifddinas frenhinol oedd dinas Kapilavatthu'. (*Digha Nikaya* 14) Fodd bynnag, mae ysgolheigion modern yn credu bod llwyth y Shakya yn cael ei reoli gan gynulliad o henaduriaid llwythol, ac mae tystiolaeth o hyn yn y Canon Pali ei hun. Felly yn ôl pob tebyg, Suddhodana oedd 'pennaeth etholedig dosbarth llywodraethol etifeddol pendefigaidd' [Ling *The Buddha*, 1976, tud. 108] – arweinydd lleol yn hytrach na brenin mawr iawn. Mae'r gorliwiad hwn yn ffordd naturiol i'r chwedl ddatblygu, yn enwedig wrth i freniniaethau ddisodli gweriniaethau fel ffurf llywodraeth yn y canrifoedd a oedd yn dilyn y Bwdha.

O'r esboniad a'r chwedlau dysgwn fod y Bwdha wedi cael ei eni (adeg lleuad lawn Mai yn ôl traddodiad Theravada) mewn gardd o'r enw Lumbini. Ar adeg ei genhedliad ddeg mis ynghynt, breuddwydiodd Maya bod eliffant gwyn wedi mynd i mewn i'w chroth. Hyd yn oed yn y Canon Pali awgrymir bod y cenhedliad hwn wedi digwydd yn wyrthiol drwy'r *bodhisattva* ('Bwdha-i-fod') yn disgyn yn uniongyrchol o'r nefoedd lle treuliodd ei fywyd cynderfynol yng nghroth ei fam, heb unrhyw sôn bod ei dad yn gysylltiedig. Pwysleisia rhai

fersiynau (e.e. *Lalitavistara*) bod y Frenhines wedi beichiogi tra'n ymgymryd
ag adduned dros dro o ddiweirdeb, ond awgryma fersiwn Ashvaghosa bod y
cenhedliad yn fwy cyffredin. Mae manylion gwyrthiol eraill o'r geni, a geir hyd
yn oed yn y Canon Pali, yn cynnwys beichiogrwydd 10 mis, ffrydiau gwyrthiol o
ddŵr, genedigaeth o'i hochr tra'n sefyll, yn hollol lân; yntau'n cymryd saith cam
ar unwaith ac yn cyhoeddi ei genhadaeth; golau disglair a daeargryn; presenoldeb
a gwrogaeth duwiau. Mae'r stori hon yn enghraifft dda o fyth, sy'n golygu bod
neges y stori yn symbolaidd – nad oedd hwn yn ddyn cyffredin, ond un unigryw
yn ein byd.

Dywedir bod Maya wedi marw saith dydd ar ôl yr enedigaeth, ac wedi ei haileni
mewn nefoedd. Gofalwyd am y *bodhisattva* gan Mahapajapati Gotami, chwaer ei
fam a oedd hefyd yn briod â'i dad. Rhagfynegwyd dyfodol ei dynged adeg ei eni
gan hen ŵr doeth Brahmin o'r enw Asita, a chan wyth Brahmin yn ei seremoni
enwi ar y pumed dydd. Cyfeiria'r chwedl at broffwydoliaeth y byddai'r bachgen
yn tyfu i fyny i fod yn un o ddau beth: ymerawdwr byd-eang, neu Fwdha (athro
goleuedig) yn dibynnu a fyddai byth yn aros i feddwl am ddioddefaint. O
ganlyniad, ceisiodd ei dad gadw pob gwybodaeth am ddioddefaint oddi wrtho.

Ceir ond dau gyfeiriad at ei blentyndod a'i ieuenctid yn y Canon Pali. Dywedir
wrthym ei fod wedi cael ei fagu mewn moethusrwydd a choethder ac iddo
unwaith fel gŵr ifanc eistedd o dan goeden rhosafal glasddeiliog tra bod ei dad
yn gweithio, ac yn yr heddwch hwn llwyddodd i gyrraedd safle cyntaf myfyrdod.
Dywedir y stori hon mewn amrywiol ffurfiau yn yr adroddiadau diweddarach,
lle ceir esboniad bod y 'Brenin' ynghlwm ag aredig seremonïol yn ystod gŵyl
amaethyddol ac mae oed y *bodhisattva* yn amrywio o blentyndod i arddegau i
naw ar hugain. Mae storïau eraill o chwedlau diweddarach yn cynnwys y ddwy
sy'n dangos ei sensitifrwydd a'i dosturi hyd yn oed pan yn ifanc. Mewn un
stori aed ag ef i weld harddwch cefn gwlad, ond mae'n sylwi ar y realiti – bod
y taeogion a'u hychen yn flinedig gan eu gwaith, a bod creaduriaid bychain fel
brogaod, pryfed genwair a phryfed yn cael eu lladd. Mewn stori arall, saethwyd
alarch gan ei gefnder Devadatta, sy'n ymddangos yn nes ymlaen fel ei brif elyn.
Anafwyd yr alarch ond ni chafodd ei lladd. Yn erbyn cynllun Devadatta am bryd
o fwyd, achubodd y *bodhisattva* yr alarch ac wedi'i nyrsio yn ôl i iechyd, ei gadael
yn rhydd. Mewn chwedlau diweddarach nodir ei fod yn blentyn athrylithgar â
gwybodaeth am lawer o ieithoedd ynghyd â sgiliau rhyfelgar ei ddosbarth. Mae
rhai ysgolheigion yn cwestiynu a oedd ysgrifennu'n wybyddus yn y diwylliant
hwn, ond rydym yn gwybod o archaeoleg bod sgriptiau wedi datblygu erbyn y
ganrif nesaf.

Yn ôl y chwedlau, priododd pan yn 16 oed â 'thywysoges' gymdogol a enwir fel
arfer yn Yasodhara. Yn dilyn arferion y cyfnod, enillodd ei llaw mewn gornest
o sgiliau rhyfelgar – saethyddiaeth, cleddyfaeth a marchogaeth. Mewn rhai
fersiynau roedd ganddo hefyd harîm o ferched dawnsio.

Y Pedair Golygfa

Yr adeg pan ddechreuodd feddwl am fywyd mewn gwirionedd oedd pan oedd yn 29 oed. [Mae'r oedran hwn yn cael ei nodi yn y Canon Pali (*Digna Nikaya 16*) ond mae'r darn o'r *Majjihima Nikaya* 36 ar dudalen 15 yn cyfleu oedran rhywfaint yn gynharach.] Yn ôl yr esboniadau a'r chwedlau, roedd y 'tywysog' ifanc wedi arwain bywyd cysgodol iawn, gyda phob moethusrwydd posibl, ac yn fwriadol cafodd ei gadw draw o bob profiad o salwch, henaint neu farwolaeth mewn ymgais gan ei dad i'w rwystro rhag ymwrthod â'r byd fel roedd y proffwydoliaethau wedi rhagddweud. Fodd bynnag, ar wibdeithiau o'r palasau gyda Channa ei gerbydwr, gwelodd bedair golygfa a newidiodd ei fywyd. Rhain oedd hen ŵr crychlyd, blinedig, gŵr mewn poen mawr â chorff afiach, corff yn cael ei gludo i'r tir amlosgi ac asgetig crefyddol. Yng nghofnod Ashvaghosa, roedd rhaid i'r ffigurau hyn gael eu creu gan y duwiau, gan fod cynllun y 'Brenin' o guddio'r fath olygfeydd wedi bod mor llwyddiannus. Fodd bynnag, yn y Canon Pali, mae tystiolaeth bod yr hanesyn hwn yn cynrychioli, mewn gwirionedd, ddigwyddiad a gymerodd le ym meddwl y *bodhisattva* ei hun; a bod gan yr hanes fel y'i dywedir yn y chwedlau, ffurf ffug, stereoteipiedig sy'n anodd ei dderbyn yn llythrennol – er enghraifft, a allai unrhyw un gyrraedd 29 oed heb erioed brofi unrhyw boen neu salwch? Felly mae'r stori hon yn chwedl sy'n dramateiddio'r gwawriad graddol ar y *bodhisattva* o realiti dioddefaint. 'Tra bod gennyf y fath rym a chyfoeth, eto roeddwn i'n meddwl pan fo dyn cyffredin diddysg, sy'n heneiddio yn gweld un arall sy'n oedrannus, mae e'n syfrdan, yn ddarostyngedig ac yn ffieiddio, gan iddo anghofio ei fod ef ei hun yn ddim eithriad. Ond rwyf i hefyd yn mynd i heneiddio, nid yn ddiogel rhag heneiddio, ac felly ni all weddu i mi fod yn syfrdan, yn ddarostyngedig ac yn ffieiddio o weld arall sy'n oedrannus. Pan ystyriais hyn gadawodd balchder ieuenctid fi.' (*Anguttara Nikaya* 3:38) Yn yr un modd, collodd falchder iechyd o ystyried afiechyd, a balchder bywyd o ystyried natur anochel marwolaeth. Mae'n bosibl petai wedi cael ei fagu i gredu yn Brahma, Duw'r creawdwr, fe ymadawodd â'r gred ar yr adeg yma. Mae 'gweld' yr asgetig yn cynrychioli ei benderfyniad i ymwadu â phleser byrhoedlog ei fywyd a cheisio datrysiad i afiechyd, henaint a marwolaeth mewn asgetigiaeth grefyddol. Dywed y Canon Pali wrthym ei fod wedi penderfynu i chwilio am 'yr un heb ei eni, nad yw'n heneiddio, heb fod yn glaf, yr anfarwol, heb alar, oediad goruchaf caethiwed, *nibbana*' (*Majjihima Nikaya* 26) a bod 'tra'n ifanc o hyd, yn fachgen gwallt tywyll a fendithiwyd gan ieuenctid ac yng nghyfnod cyntaf bywyd eilliais fy ngwallt a'm barf i ffwrdd – er bod fy mam a fy nhad yn dymuno'n wahanol ac yn galaru ag wynebau dagreuol – a gwisgais y fantell felen gan fynd o'r bywyd tŷ i ddigartrefedd.' (*Majjihima Nikaya* 36) Mae'r chwedlau hwyrach yn gwneud hanes yr Ymwrthodiad Mawr yn fwy dramatig. Roedd y tywysog wedi ffieiddio gyda'i fywyd o bleser, ac roedd ei ferched dawnsio yn ymddangos yn hyll iddo, ynghwsg ar ôl parti. Digwyddodd yr Ymwrthodiad Mawr ar yr un noson ag esgorodd Yasodhara ar fab iddo, Rahula. Dywedir bod y *bodhisattva* wedi gadael cartref yng nghanol nos, ac ymgripio i mewn i ystafell wely ei wraig i gael cipolwg ar ei fab newydd-anedig. Fodd bynnag, ni ddeffrodd ei wraig nac edrych ar wyneb y baban, rhag ofn i hynny wanhau ei benderfyniad. Mae hyn yn symbolaidd o'r datgysylltiad llwyr sy'n angenrheidiol ar gyfer goleuedigaeth.

Gadawodd y *bodhisattva ei* gartref a daeth yn asgetig crwydrol, di-eiddo yr un fath â llawer o rai eraill bryd hynny. Roedd llawer o athrawon cyfredol yn honni cynnig yr atebion i gwestiynau bywyd a dulliau ymarferol er mwyn cael tawelwch meddwl ac achubiaeth. Ymarferion cyffredin oedd asgetigiaeth eithafol neu hunanboenydio, a thechnegau yoga neu fyfyrio. Un ddamcaniaeth gyffredin oedd bod y fath ymarferion yn gallu rhyddhau enaid tragwyddol dyn o gyfyngiadau corff materol i heddwch tragwyddol. Mae'r Canon yn cofnodi enwau dau athro a ddysgodd dechnegau myfyrdod i'r *bodhisattva*, sef Alara Kalama ac Uddaka Ramaputta. Gan yr athrawon hyn y dysgodd y *bodhisattva* sut i gyrraedd lefelau uwch o gyflyrau myfyrdodol, a gydnabyddir mewn Bwdhaeth fel y cyflwr meddyliol o 'ddiddymdra' ac o 'nid canfyddiad-na-diganfyddiad'. Fodd bynnag, nid oedd y *bodhisattva* eto wedi darganfod y rhyddhad llwyr yr oedd yn chwilio amdano a symudodd ymlaen oddi wrth yr athrawon hyn. Mae'n bosibl mai gyda'r athrawon hyn y trafododd yn gyntaf y syniadau o ailenedigaeth, *karma*, a rhyddhad. Fel y gwyddom o ffynonellau Hindŵaidd a Jainaidd, roedd syniadau o'r fath yn gyfredol ymhlith asgetigion ar y pryd.

Penderfynodd yntau wedyn i anelu at asgetigiaeth eithafol fel dull o ddistrywio'n llwyr ymlyniad i fodolaeth dros dro a thorri drwodd i heddwch tragwyddol. Credai llawer o'r grwpiau asgetig y byddai triniaeth llym o'r corff yn arwain at ryddhad yr enaid, er enghraifft y Jain. Dilynir rhai o'r ymarferion asgetig hyn gan 'wŷr sanctaidd' o India hyd yn oed heddiw. Yn ôl y Canon Pali treuliodd y *bodhisattva* chwe blynedd fel asgetig yn dilyn ymarferion sy'n swnio'n eithaf arswydus. Un ai aeth heb ddillad neu â dillad garw wedi'u gwneud o ddefnyddiau megis blew ceffyl. Un ai aeth heb ymolchi am gyfnodau hir neu byddai'n ymdrochi'n barhaus. Treuliodd gyfnodau hir mewn un ystum heb symud, fel sefyll neu gyrcydu neu dal un fraich uwchlaw'r pen. Tynnodd allan ei wallt a'i farf. Roedd e'n byw yn fwriadol mewn lleoedd megis coedwigoedd llawn anifeiliaid gwyllt neu diroedd amlosgi, gorweddodd ar welyau o ddrain i gysgu, ceisiodd ddod o hyd i'r haul poeth neu'r eira oer, roedd e'n byw ar adegau mewn unigedd llwyr, ceisiodd atal neu arafu ei anadlu, ymprydiodd, bwytaodd ymgarthion ac yn olaf ataliodd fwyta'n gyfan gwbl. Mae'r fath ymarferion yn sicr o ddysgu rhywbeth i chi amdanoch chi eich hun a chael rhyw effaith ar y meddwl. Mae'n bosibl bod rhai ymarferwyr wedi cael rhithwelediaethau oherwydd yr amddifadiadau hyn a theimlent eu bod wedi cyrraedd teyrnasoedd dwyfol.

Darganfyddodd Gautama ei hun ei fod wedi dysgu hunanreolaeth mawr, sut i orchfygu ofn, chwenychiad ac atgasedd, a chael llawer mwy o reolaeth dros y meddwl. Fodd bynnag, ni lwyddodd yr un o'r ymarferion hyn mewn gwirionedd i'w gael i ddarganfod y gwirionedd am fywyd. Felly, ac yntau bron yn lluddedig gan ei ympryd derfynol, penderfynodd roi'r gorau i'r cynildebau hyn a derbyn pryd o reis llaeth a gafodd gan ferch, a phenderfynodd ganolbwyntio ar fyfyrdod yn lle hynny. Gadawodd ei gydymdeithion asgetig mewn ffieidd-dod at yr hyn a welent fel gwendid. Roedd y chwe blynedd hyn o brofi ei hun i'r eithaf efallai'n baratoad seicolegol pwysig ar gyfer ei oleuedigaeth, sy'n dilyn yn fuan ar ôl y penderfyniad hwn. Mae gwrthodiad y *bodhisattva* o'r llwybr asgetig eithafol yn arwyddocaol iawn i Fwdhaeth, sy'n cynghori'r ffordd ganol rhwng hunanfoddhad a hunanboenydio. Cred Bwdhyddion mewn hunanreolaeth llym, ond nid dioddefaint dibwrpas, cynorthwyo eraill yn hytrach nag unigedd llwyr, gweithio i wella'r byd yn ogystal â chi eich hun. Dylanwadodd fwy na thebyg ar y gwrthodiad Bwdhaidd o sylwedd 'enaid' mewnol ar wahân, heb ei gyffwrdd gan yr hyn sy'n digwydd i'r corff. Darganfyddodd y *bodhisattva* drwy brofiad bod dioddefaint corfforol yn effeithio ar rannau meddyliol neu seicig person; nid enaid wedi'i garcharu mewn corff yw bod dynol ond undod seicoffisegol.

Yr Oleuedigaeth

Ar ôl pum breuddwyd ragrybuddiol ac ar yr un noson ag y derbyniodd y pryd bwyd, wedi'i adfywio mewn meddwl a chorff, eisteddodd y *bodhisattva* dan goeden yn Bodhgaya a threulio'r noson gyfan mewn myfyrdod. Yn ystod hyn cafodd, yn raddol, fewnweledigaeth i natur bodolaeth ddynol a sylweddoli mewn gwirionedd ei nod o heddwch perffaith. Dywedir iddo benderfynu gwneud hyn wrth gofio'r heddwch yr oedd wedi ei gael flynyddoedd cyn hynny wrth eistedd o dan goeden rhosafal. Addunedodd iddo'i hun i wneud un ymdrech olaf ac na fyddai'n symud o'r fan nes iddo ddod o hyd i'r ateb yr oedd yn chwilio amdano. Mae'r chwedl yn adrodd ei fod e wedi cael ei demtio gan Mara (y personoliad Bwdhaidd o newid a marwolaeth, a elwir yn aml 'yr un drwg') i beidio â bwrw ymlaen â'r ymdrech yma. Mae'r temtasiynau yn cynrychioli ei ofnau, ei amheuon a'i chwenychiadau i ddychwelyd at bleserau bydol. Fodd bynnag, roedd y *bodhisattva* wedi ennill digon o deilyngdod a hunanreolaeth i orchfygu'r temtasiynau hyn. Dywedir bod Mara, mewn anobaith, wedi ceisio dadlau hawl y *bodhisattva* i'r darn o dir yr oedd e'n eistedd arno, ond cyffyrddodd y *bodhisattva* â'r ddaear a galw ar dduwies y ddaear i dystio i'w hawl i eistedd yno. Ffodd Mara wedi'i orchfygu ac aeth y *bodhisattva* i gyflwr myfyriol dwfn. Mae'r profiad goleuedigaeth wedi'i stereoteipio i bedwar cyfnod y nos. Yng ngwylfa gyntaf y nos (6 i 10 yh) cyrhaeddodd bedwar cam *jhana* yn llwyddiannus ('ymgolli neu gyflwr myfyriol dwfn') a gyrhaeddir mewn myfyrdod Bwdhaidd. Mae'r fath brofiadau'n anodd i'w disgrifio mewn geiriau, ond y disgrifiad traddodiadol o'r pedwar *jhana* yw bod y cam cyntaf yn fath o feddwl digynnwrf a datgysylltiedig, lle teimla dyn lawenydd a pherlewyg ac sydd ond un cam i ffwrdd o ymwybyddiaeth feunyddiol. Mae'r ail *jhana* yn fwy datgysylltiedig ac mae meddwl cwmpasog cyffredin ('mân siarad' y meddwl) yn gwanhau gan adael llawenydd a pherlewyg. Cyrhaedda'r trydydd *jhana* lawenydd purach. Yn y pedwerydd *jhana* mae hyd yn oed llawenydd yn gwanhau gan adael meddwl heddychlon, digyffro, clir, arf miniog yn barod i drywanu i realiti. Gyda'i feddwl wedi'i baratoi yn y ffordd

hon, aeth y *bodhisattva* ymlaen i 'uwchwybodaethau'. Digwyddodd y cyntaf
o'r rhain yn yr wylfa gyntaf hon o'r nos pan ddechreuodd y *bodhisattva* gofio'r
cyfan o'i fodolaethau cynt. Credir bod yr atgofion hyn fel arfer wedi'u cloi yn
yr isymwybod, ond gall y meddyliwr llwyddiannus (ac ar adegau pobl a gaiff eu
hypnoteiddio) eu dwyn i oleuni ymwybyddiaeth. Cofiodd y *bodhisattva* filoedd
ar filoedd o fywydau mewn manylion fel petai'n eu byw drosodd eto. Mae
Bwdhyddion yn honni bod rhai o'r bywydau hyn yn cael eu hail-ddweud yn
chwedlau Jataka y Canon Pali. Yn llawn tosturi, ei ystyriaeth nesaf oedd bod rhaid
i fodau eraill fynd drwy'r broses hon o fywyd ar ôl bywyd, heb fynd i unrhyw fan
yn gyflym, a pha mor wag a dibwrpas y gallai ymddangos i gyd.

Yna yn yr wylfa nesaf (10 yh tan 2 yb) llwyddodd i gael uwchwybodaeth arall,
sy'n hysbys yn nherminoleg Bwdhaidd fel 'y llygad nefolaidd'. Hwn yw'r gallu
clirweledol i weld mewn gwirionedd fodau eraill yn dod i fodolaeth ac yn darfod,
i mewn ac allan o'r holl deyrnasoedd posibl gwahanol o fodolaeth – nid dim ond
bywydau dynol, ond anifeiliaid a bodau sy'n trigo mewn gwahanol ddimensiynau
fel y duwiau honedig, ysbrydion a phreswylwyr uffernau. Yn yr holl fynd a dod
yma, roedd y bodau yn gwneud eu dioddefaint eu hunain drwy eu hymddygiad
eu hunain. Gelwir yr arsylwad hwn mewn Bwdhaeth yn 'gyfraith *karma*'. Roedd
y *bodhisattva* yn llawn tosturi dros yr holl fodau a ai drwy hyn, dro ar ôl tro, eto
heb wybod pam neu beth i'w wneud yn ei gylch.

Yn y drydedd wylfa (2 yb i 6 yb) llwyddodd i gyrraedd yr uwchwybodaeth uchaf
sy'n gyfystyr â doethineb perffaith: 'gwybodaeth dinistr *asavau* (all-lifoedd)'.
Golyga hyn ddiwedd yr holl ddyheadau bydol, safbwyntiau anghywir, clymau i'r
broses o ddod ac – yn fwy na dim – diwedd pob anwybodaeth.

Mae amrywiol ffyrdd o ddisgrifio'r wybodaeth a enillwyd mewn goleuedigaeth:
mae'n ddealltwriaeth gyflawn o sut daw bodau i fodolaeth fel ag y maent a'r
hyn y gellir ei wneud yn ei gylch, ynghyd â gwybod eich bod chi'ch hunan
wedi ennill rhyddhad mewn gwirionedd o gyflwr anwybodaeth a dioddefaint.
Mae'r wybodaeth wedi cael ei gosod allan mewn amrywiol ffyrdd – fel y pedwar
gwirionedd nobl sy'n esbonio pam mae bywyd yn ddioddefaint a sut y gallwn
gael ein rhyddhau rhagddo, neu fel y 12 amod cydberthnasol sy'n achosi'n
bywydau dioddefus, ac y gellir eu dadwneud i'n rhyddhau ni ohono. Caiff y
Pedwar Gwirionedd Nobl a'r 12 amod eu disgrifio ymhellach ymlaen wrth
ymdrin â ffyrdd y Bwdha o osod ei brofiadau i eiriau er mwyn ei rannu ag eraill.
Ni all union natur profiad personol y Bwdha ('yr un goleuedig', fel y mae â'r hawl
yn awr i gael ei alw) fod yn hysbys i'r anoleuedig na'i ddisgrifio mewn geiriau.
Roedd yn cynnwys heddwch perffaith, argyhoeddiad llwyr ei fod wedi cyrraedd y
gwirionedd o'r diwedd, a'r profiad o fod wedi torri i ffwrdd o gadwyn bodolaeth y
karma a thrwyddo i gyflwr o beidio â dioddef rhagor, sy'n hysbys i Fwdhyddion
fel *nibbana* (P) neu *nirvana* (S). Yn symbolaidd, roedd y torri trwodd hwn
yn cyd-ddigwydd â chodiad yr haul am 6 y bore. Mae penillion yn y gerdd

Fwdhaidd a elwir y Dhammapada sydd yn draddodiadol yn honni i ddisgrifio
teimladau'r Bwdha yn y cyfnod hwn:

Chwilio ond heb ddarganfod Adeiladwr y Tŷ
Teithiais drwy'r cylch o enedigaethau aneirif
O poenus yw genedigaeth byth a hefyd.
Adeiladwr y Tŷ yr wyt wedi cael dy weld yn awr
Ni chei adeiladu'r tŷ eto
Fe dorrwyd dy ddistiau i lawr
Fe ddymchwelwyd dy bolyn crib hefyd.
Mae fy meddwl bellach wedi ennill y *nibbana* anffurfiedig
A chyrraedd diwedd pob chwant.

(Dhammapada penillion 153-4)*

Rwyf wedi gorchfygu popeth; mi a wn bopeth, ac mae fy mywyd yn bur.
Mi adewais bopeth, ac rwyf fi'n rhydd o ddyhead.
Myfi fy hun a ddeuthum o hyd i'r ffordd.
Pwy a alwaf yn Athro?
Pwy a ddysgaf?

(Dhammapada pennill 353)*

Mae'r pennill olaf yma yn cyfleu statws arbennig Bwdha – un sydd wedi dod o
hyd i'r gwirionedd drosto'i hun heb ddibyniaeth ar unrhyw guru (athro).

Gweinidogaeth Dysgeidiaeth

Ar ôl y bore hwnnw, treuliodd y Bwdha newydd ychydig amser yn cymhathu
ei brofiad mewn gwynfyd mawr a myfyrdod dwys. Mae'r cyfnod hwn wedi'i
stereoteipio i gyfnod o saith gwaith saith diwrnod.

Yn ystod y cyfnod hwn, derbyniodd y Bwdha ei ddisgyblion cyntaf a oedd yn
lleygwyr gan amlaf. Cynigodd dau fasnachwr a oedd yn mynd heibio, fwyd iddo
a 'chymryd noddfa' yn y Bwdha a'i ddysgeidiaeth. (Mae Bwdhyddion modern yn
cymryd noddfa yn y Bwdha, ei ddysgeidiaeth a'r gymuned, ond yr adeg honno
doedd dim cymuned Fwdhaidd.) Dywed stori arall wrthym fod y Bwdha yn
tueddu i fyw ar ei ben ei hun yn y cyrhaeddiad yma, oherwydd byddai bron
yn amhosibl i esbonio'r hyn a ddarganfyddodd i unrhyw un arall, gan ei fod yn
rhywbeth tu hwnt i reswm a geiriau, ac yn hollol wrthgyferbyniol i ddiddordebau
y rhan fwyaf o bobl. (Mae'r stori yma yn galonogol i unrhyw un sy'n teimlo bod
addysgu neu ddysgu am Fwdhaeth yn anodd!) Fodd bynnag, o gael ei annog gan
y duw Indiaidd Brahma, sy'n ymddangos fel math o angel da, penderfynodd
allan o dosturi tuag at bob person ymdrechu i addysgu, oherwydd gallai rhai
elwa ohono. Ar ôl gwneud y penderfyniad hwn, meddyliodd Bwdha gyntaf am
ei hen athrawon myfyrdod a ymddangosent fel eu bod wedi dod agosaf at y
gwirionedd. Ond o ddarganfod bod y rhain wedi marw, meddyliodd nesaf am ei

bum cydymaith asgetig a chychwynnodd am Barc y Ceirw yn Benares lle roedden nhw'n byw. Mae'r Canon Pali yn cofnodi enw dyn a gyfarfyddodd ar y ffordd a gollodd ei gyfle mawr o ddod yn ddisgybl **mynach** cyntaf y Bwdha – Upaka, a wnaeth ond codi ei ysgwyddau mewn ymateb agnostig i gyhoeddiad y Bwdha ei fod wedi gorchfygu'r Gwirionedd.

O gyrraedd Parc y Ceirw, roedd y pum asgetig yn barod i'w anwybyddu ond gwnaeth argraff dda yn fuan, ac iddyn nhw y pregethodd ei bregeth gyntaf, a elwir yn Bregeth Parc y Ceirw, neu 'Gosod mewn Mudiant Olwyn y Gyfraith', sy'n esbonio'r Pedwar Gwirionedd Nobl. Roedd ei bregethu mor rymus nes i un o'r pump gael mewnwelediad di-oed i'r gwirionedd bod 'popeth sy'n digwydd yn debygol o ddarfod' – dealltwriaeth sythweledol o ddysgeidiaeth y Bwdha a gydnabyddir yn dechnegol yn 'weledigaeth *Dhamma*' (yn llythrennol: llygad y *Dhamma*). Ymrwymodd ei hun yn ffurfiol i ddilyn y Bwdha a'i ddysgeidiaeth, fel y gwnaeth y pedwar arall. Ar ôl pregeth bellach ar natur yr hunan, cafodd y pump wybodaeth lawn a rhyddhad a dod yn oleuedig fel y Bwdha. Fodd bynnag ni chânt eu galw yn Fwdha, am eu bod nhw'n ddibynnol ar rywun arall i'w dysgu. Fe'u gelwir yn *arahatau* (P) neu *arhatau* (S), sy'n golygu 'y rhai teilwng'.

Treuliodd y Bwdha y 45 mlynedd nesaf yn teithio o gwmpas Gogledd Ddwyrain India yn dysgu pobl o bob cefndir, gan anwybyddu gwahaniaethau dosbarth a llwyddo i ennill dilynwyr mewn pedwar categori: mynachod, lleianod, lleygwyr a lleygwragedd – y *sangha* (cymuned) pedwarplyg. Yn ystod ei fywyd galluogodd nifer o bobl eraill i gyrraedd yr oleuedigaeth yr oedd yntau wedi'i chyrraedd, yn aml yn eithaf cyflym, yr un fath â'r pump *arhat* cyntaf. Erbyn iddo farw, gadawodd nifer fawr o ddilynwyr, yn cynnwys cannoedd os nad miloedd o bobl oleuedig. Nid oes gennym gofnod cronolegol o sut y treuliodd ei 45 mlynedd o weinidogaeth, ond mae llawer o ddigwyddiadau sy'n haeddu cael eu crybwyll. Mae esbonwyr hwyrach wedi gosod y digwyddiadau mewn trefn gronolegol bosibl, yn enwedig ar gyfer ugain mlynedd cyntaf ei weinidogaeth.

Y digwyddiadau a briodolir i'r flwyddyn gyntaf yw tröedigaeth bonheddwr ifanc o'r enw Yasa, a oedd fel ef ei hun, wedi cael llond bol ar bleserau'r byd. Daeth Yasa i fod y seithfed *arhat* ac ymunodd ag urdd y mynachod, a daeth Tad Yasa, ei Fam a'i wraig i fod y lleygwyr a'r lleygwragedd cyntaf i gymryd lloches yn ffurfiol yn y Bwdha, ei ddysgeidiaeth a'i gymuned. Gadawodd llawer o ffrindiau Yasa eu cartrefi, eillio eu pennau, gwisgo'r fantell felen ac ymuno â'r urdd newydd. Pan gyrhaeddodd nifer yr *arhatau* 61, anfonodd y Bwdha nhw allan i bregethu, a phan gyrhaeddodd eu tröedigion nifer mor fawr nes ei bod hi'n anodd i'r Bwdha eu hordeinio'n bersonol, rhoddodd i'w fynachod (*bhikkhus*) y grym i ordeinio eraill eu hunain â seremoni syml.

Pwrpas yr urdd, neu *sangha* fynachaidd, yw i ymledu neges y Bwdha ac felly i alluogi pobl i ennill goleuedigaeth. Dros y blynyddoedd, mewn ymateb i sefyllfaoedd a ddaeth i'r golwg, gwnaeth y Bwdha reolau a rheoliadau pellach ar gyfer ei urdd – moesol ac ymarferol – sy'n cael eu cofio yn y *Vinaya* neu adran ddisgyblaeth yr ysgrythurau.

Hefyd yn ystod y flwyddyn gyntaf, rhoes dröedigaeth i ddeg ar hugain o bobl ar bicnic a oedd wedi colli eu pethau gwerthfawr, drwy bregethu ar y thema y gallent ennill mwy drwy geisio drostynt eu hunain yn hytrach nag am y lleidr; a grŵp mawr o asgetigion addoli-tân drwy berfformio rhyfeddodau mwy na'u harweinydd, yn rheoli dŵr a thân, a thrwy bregethu iddynt ar y thema o dân – y tanau y dylem ni fod yn poeni amdanynt yw nid rhai aberthol ond tanau mewnol y chwantau a'r cas bethau a gysylltir â'r chwe synnwyr. Erbyn hyn tybir bod y cwmni yn rhif o fil cadarn ac wedi cyrraedd Rajagaha, prifddinas Magdha, lle cafodd y Brenin Bimbisara dröedigaeth a rhoi Gelli Bambŵ fel preswylfa i'r mynachod. Yn fuan ar ôl hyn cafodd dau o'i ddisgyblion mwyaf enwog, Sariputta a Moggallana, dröedigaeth a chael gweledigaeth y *Dhamma* yn syth ar ôl clywed mynach yn pregethu, ac roeddent yn *arhatau* o fewn 14 a 7 diwrnod yn eu tro. Mae Sariputta'n enwog am ei ddoethineb a Moggallana am ei alluoedd seicig. Mae disgyblion eraill enwog yn cynnwys Kassapa ac Ananda, a oedd yn berthynas i'r Bwdha a'i gydymaith cyson yn ddiweddarach yn ei oes. Mae Ananda yn enwog am ei galon feddal a'i gof da. Yn ddiweddarach roedd e'n bwysig am adrodd dysgeidiaeth y Bwdha ar ôl marwolaeth y Bwdha.

Yn y Gwanwyn yn dilyn ei oleuedigaeth, dychwelodd y Bwdha adref i ymweld â'i deulu. Er mwyn eu hargyhoeddi o'i gyrhaeddiad, roedd rhaid iddo arddangos galluoedd gwyrthiol gan achosi ffrydiau o ddŵr a thân i lifo o'i aelodau. Caiff y Bwdha ei briodoli â nifer o alluoedd gwyrthiol fel gallu darllen meddyliau, gweld digwyddiadau o gwmpas y bydysawd, ymweld â dimensiynau eraill, cerdded trwy waliau a.y.b. ond gwneir yn fach o'r rhain gan fwyaf. Ystyrir y rhain yn seicig yn hytrach na galluoedd goruwchnaturiol, a does dim gwyrthiau iacháu yr un fath â'r rhai a welir yn efengylau'r Cristion. Ailgymododd â'i dad (a fu farw'n *arhat* bedair blynedd yn ddiweddarach) ac â'i fodryb, ac ordeiniodd ei fab saith mlwydd oed, Rahula, i'r urdd pan anfonwyd ef gan ei wraig i hawlio'r etifeddiaeth a oedd yn ddyledus iddo. Ar ôl marwolaeth ei dad, daeth ei fodryb Mahapajapati i fod y lleian gyntaf, ar ôl ceisio argyhoeddi'r Bwdha, a oedd yn ôl yr hanes, yn amharod i ordeinio gwragedd. Mae ffeministiaid Bwdhaidd yn aml wedi priodoli'r amharodrwydd yma i ragfarn mynachod di-briod diweddarach yn hytrach na'r un goleuedig ei hun.

Yn ystod trydedd blwyddyn ei weinidogaeth, rhoddwyd parc arall iddo gan ŵr cyfoethog o'r enw Anathapindaka, yn Savatthi yng ngwlad Kosala. Dangosir y Bwdha'n aml yn treulio enciliad y glawogydd neu'n pregethu yn y parc yma a'r Gelli Bambŵ a roddwyd iddo gan y Brenin Bimbisara.

Bob blwyddyn byddai'r gymuned yn treulio misoedd y monsŵn – Gorffennaf, Awst, Medi – mewn un man. Dechreuodd yr arferiad yma nid yn unig oherwydd ei bod hi'n anodd teithio o gwmpas yn y glawogydd, ond hefyd oherwydd ei bod hi'n dymor tyfu a gallai mynachod teithiol ymyrryd ag amaethyddiaeth drwy sathru'r cnydau newydd-egino. Tra'n aros yn Savatthi, cafodd y grym pennaf arall yn yr ardal, Pasenadi, Brenin Kosala, dröedigaeth hefyd i Fwdhaeth.

Mae'r digwyddiadau yn y blynyddoedd nesaf yn cynnwys digwyddiad Nanda, mab ei fodryb, a'i cafodd hi'n amhosibl myfyrio oherwydd byddai'n meddwl am brydferthwch ei gyn-gariad. Dangosodd y Bwdha ei allu i addysgu drwy ddangos gwledigaeth i Nanda o'r nymffau nefol y gallai eu cyrraedd petai'n talu sylw i'w fyfyrdod – wrth gwrs, o gyrraedd safle *arhat*, nid oedd yn chwenychu'r fath bethau mwyach ac felly enillodd 'cymaint o ferched ag roedd eu hangen arno'. Ym Mwdhaeth gelwir y technegau medrus hyn yn *upaya-kausalya* (dulliau medrus), un o nodweddion person goleuedig. Cyflawniad arall y blynyddoedd hyn oedd atal rhyfel rhwng tylwythau'r Sakya a'r Koliya ynghylch dyfrhau afon, drwy ddangos gwerth diguro bywyd dynol dros ddarnau o dir. Yn ôl traddodiad treuliodd y Bwdha 7fed encil ei weinidogaeth yn pregethu i'w fam yn y nefoedd yr oedd hi wedi cael ei hail-eni iddo.

Yn negfed blwyddyn y weinidogaeth gwelwyd y ffrae gyntaf yng nghymuned y mynachod dros achos dibwys. Ar ôl pregethu ar y ffordd i gyd-fyw, aeth y Bwdha i ffwrdd ar ei ben ei hun, i ddarganfod heddwch. Yn y bedwaredd blwyddyn ar ddeg, roedd ei fab Rahula, yn ddigon hen i dderbyn ordeiniad llawn (20 mlwydd oed). Yn yr ail flwyddyn ar bymtheg, tybir bod y Bwdha wedi gwrthod pregethu tan i werinwr newynog tlawd gael ei fwydo. Caiff y stori yma ei chofio gan y rhai hynny sy'n dadlau bod Bwdhaeth yn cyfleu gweithredu cymdeithasol. Yn yr ugeinfed flwyddyn, rhoes y Bwdha dröedigaeth i leidr enwog o'r enw Angulimala (garlant o fysedd ei ddioddefwyr). Yn ddewr aeth y Bwdha i'w loches ar ei ben ei hun, a phan geisiodd Angulimala ei ymlid, darganfyddodd y lleidr na fedrai ddal i fyny â'r mynach. Esboniodd y Bwdha er ei fod e'n ymddangos yn allanol fel petai'n symud yn gyflym, yn fewnol roedd e wedi dod i stop. Er mwyn dod o hyd i'r llonyddwch yma, daeth Angulimala yn fynach ac yn ddiweddarach yn *arhat* ac erbyn hyn yn nawddsant genedigaeth oherwydd iddo unwaith ddangos tosturi i wraig mewn esgor anodd. Hefyd fe gofir amdano gan y rhai hynny sy'n gweithio gyda drwgweithredwyr.

Erbyn hyn arweiniodd enwogrwydd y Bwdha at genfigen a gwnaed cynigion i'w waradwyddo gan sectau eraill. Er enghraifft, honnodd un wraig ei bod hi'n feichiog ganddo, honnodd un arall ei fod e wedi treisio a lladd lleian. Fodd bynnag, ni chafodd yr un o'r hanesion hyn unrhyw lwyddiant.

Am 25 mlynedd olaf ei fywyd, daeth Ananda yn gydymaith parhaol iddo. Yn ystod y cyfnod hwn, roedd rhaid wrth lawer mwy o reolau a rheoliadau ar gyfer y *sangha* fynachaidd. Yn ôl pob golwg, daeth y rheol gyntaf – dim cyfathrach rywiol – i fod pan ymwelodd mynach â'i gyn-wraig am ei bod hi eisiau mab. Daeth y rheolau am gynorthwyo'r cleifion i fodolaeth pan esgeulusodd y gymuned fynach afiach. Ar yr achlysur hwn, dysgodd y Bwdha yn ôl esiampl, drwy lanhau'r llanast a gweini ar y mynach ei hun. Dechreuwyd ar gynnal cyfarfodydd rheolaidd i ddwyn i gof y rheolau; ymhen amser, daeth hyn i fod unwaith bob pythefnos. Dysgwyd pethau wrth i'r gymuned fynd yn ei blaen. Er enghraifft, sylweddolwyd bod angen cymedroldeb mewn myfyrdod ar ôl i 30 o fynachod ladd eu hunain ar ôl gormod o fyfyrdod ar y thema o atgasedd tuag at y corff. Roedd y Bwdha ei hun bob amser yn cymryd rhan, megis pan brofodd y fantell driphlyg ar y noson oeraf. Roedd e'n athro galluog a dysgodd bob amser ar lefel ei wrandawr. Pan welodd fechgyn yn cam-drin pysgod gofynnodd iddynt sut bydden nhw eu hunain yn hoffi hynny a sôn wrthynt am *karma,* sef y bydd eich gweithredoedd yn dwyn ffrwyth yn eich bywyd neu eich bywydau diweddarach.

Yn aml, dysgodd mewn damhegion megis dameg enwog y gwŷr deillion a'r eliffant. Ynddi, mae gwŷr deillion yn cael eu harwain i mewn i ystafell a gofynnir iddynt ddisgrifio eliffant. Gan fod pob un yn cyffwrdd un rhan o'r eliffant yn unig, dônt i gyd i ganlyniadau gwahanol – mae eliffant fel brwsh (y gynffon), aradr (yr ysgithr), a.y.b. ac ymhen amser maen nhw'n dechrau ymladd. Dywedwyd y stori hon i ddarlunio pam mae athrawon crefyddol yn anghytuno.

Drwy gydol ei fywyd dangosir y Bwdha mewn dadleuon gydag athrawon o sectau eraill: Brahmin, Jain, Ajivaka a materolwyr. Beirniadodd eu syniadau o aberth a defod, o enaid dirodres tragwyddol, ac nad yw ymddygiad moesol yn cyfrif, un ai am nad oes *karma* neu fywyd ar ôl marwolaeth, neu oherwydd safbwynt tyngedfenol yr Ajivaka.

Mae ei fedrusrwydd gydag unigolion wedi cael ei arddangos yn achos Nanda ac Angulimala, a hefyd yn hanes Kisagotami. Daeth y foneddiges hon at y Bwdha mewn trallod ar ôl marwolaeth ei baban, efallai gan obeithio y byddai'r dyn sanctaidd yma yn gallu dod â'i baban hi yn ôl yn fyw. Gan nad oedd hi mewn unrhyw gyflwr i wrando ar bregeth ar fyrhoedledd popeth, dywedodd y Bwdha y gwnâi achub ei baban os medrai ddod yn ôl â hedyn mwstard o dŷ lle nad oedd neb wedi marw. Wrth iddi fynd yn ei blaen yn ei hymchwiliad darganfyddodd Kisagotami drosti'i hun bod marwolaeth yn bresennol ym mhobman. Daeth yn lleian.

Marwolaeth

Tua diwedd ei fywyd tristawyd y Bwdha gan farwolaethau ei ddau gyfaill ffyddlon Bimbisara a Pasenadi. Roedd rhaid iddo hefyd ddelio â chynllwynion ei gefnder Devadatta a geisiodd ei ladd mewn amrywiol ffyrdd. Fodd bynnag, cafodd pob darpar-lofrudd dröedigaeth gan swyn y Bwdha. Ymsefydlodd Devadatta urdd arall gyda rheolau llymach, ond ni ffynnodd. Bu farw Sariputta a Moggallana ill dau cyn y Bwdha, yr olaf mewn modd treisgar.

Yn 80 mlwydd oed, aeth y Bwdha'n wael a bu farw. Mae'r traddodiad yn dweud y gallai fod wedi byw am oes petai Ananda ond wedi cymryd yr awgrym a gofyn iddo. Aeth yn wael ar ôl bwyta pryd o 'fochynmelys' a gredir un ai i fod yn borc neu'n fath o fadarch. Roedd e mewn poen aruthrol ond arhosodd yn ddigyffro ac mewn rheolaeth, gan feddwl am eraill. Er enghraifft, ceisiodd dawelu meddwl y dyn a ddarparodd y pryd bwyd iddo nad arno ef oedd y bai. Mae'n arwyddocaol ei fod wedi marw mewn man di-nod – Kusinara – sy'n dangos ei ostyngeiddrwydd a'i ddyhead i bobl wrando ar ei neges yn hytrach na phoeni am ei berson. Beirniadodd Ananda am fod yn ofidus a dywedodd bod hyn yn dangos nad oedd wedi bod yn gwrando drwy'r holl flynyddoedd ar ei ddysgeidiaeth fod popeth yn fyrhoedlog. Dywedodd mai'r *Dharma* (S) a ddylai fod yn athro arnynt yn awr a gofynnodd am gwestiynau munud olaf. Ei eiriau olaf oedd i'w hatgoffa nhw fod 'popeth cyfansawdd yn debygol o ddarfod, felly byddwch ofalus a gwyliadwrus wrth weithio allan eich iachawdwriaeth eich hun.' Yn y diwedd aeth i fyfyrdod dwfn a dywedir ei fod wedi treulio ei ennyd ymwybodol olaf yn y pedwerydd *jhana* o heddwch a llonyddwch llwyr. Yr enw ar y digwyddiad hwn yw *parinirvana* neu ymadawiad terfynol i *nirvana*.

Ar ôl ei farwolaeth, roedd gwylnos o chwe diwrnod o gerddoriaeth a gwrogaeth ac yna cafodd ei amlosgi. Arhosodd yr esgyrn heb eu llosgi ac fe'u dosbarthwyd fel creiriau ymhlith llywodraethwyr y gwahanol dylwythau a theyrnasoedd. Adeiladwyd beddrodau neu gofgolofnau dros y creiriau hyn a dechreuwyd mynegi parch tuag atynt. Mae'n arwyddocaol bod y creiriau wedi'u rhoi i'r lleygwyr yn hytrach na'r mynachod na ddylai fod yn ymwneud â'r fath allanolion. Yn fuan, daeth lleoedd ei enedigaeth, ei oleuedigaeth, ei bregeth gyntaf a'i farwolaeth yn lleoedd o bererindod.

Bywydau Eraill a Bwdhau Eraill, Teyrnasoedd Eraill a Bydoedd Eraill

Mae'r adran flaenorol yn rhoi rhyw syniad o bwy oedd y Bwdha, o leiaf, os mai'r Bwdha yw Siddhartha Gautama, Shakyamuni, y gŵr doeth o dylwyth y Shakya. Fodd bynnag, pan yn edrych ar luniau mewn temlau neu lyfrau gall fod yn ddryslyd i ddarganfod bod y rhain yn cynrychioli nid Shakyamuni ond un ai rhyw ddigwyddiad yn ei fywydau blaenorol neu ryw Fwdha arall yn gyfan gwbl. I ddeall hyn mae angen edrych ar y gosmoleg Fwdhaidd neu safbwynt byd-eang.

Ynglŷn ag amser, y safbwynt hynafol Indiaidd, sy'n mynd yn ôl mwy na thebyg i gynhanes, yw bod amser, fel yr haul a'r tymhorau, yn symud mewn cylchredau yn hytrach nag mewn llinellau syth. Mae bodau'n marw dim ond i gael eu haileni eto ac ailadrodd y cylch o enedigaeth, twf, darfodedigaeth a marwolaeth a welir o'n cwmpas ni ym myd natur. Yn fwy na hyn, mae gwŷr sanctaidd fel y Bwdha yn honni eu bod wedi ennill y gallu neu'r uwchwybodaeth i gofio'r bywydau hyn, sy'n yr isymwybod yn y rhan fwyaf o bobl. Mae cannoedd o hanesion *Jataka* (genedigaeth) yn y Canon Pali sy'n honni bod yn storïau o enedigaethau blaenorol y *bodhisattva*. Ym mhrif gorff yr ysgrythurau mae'r bywydau blaenorol hyn bob amser yn ddynol – yng nghasgliad y Jataka gallant fod yn anifail neu yn ffurf ysbryd coeden. Gall rhai o'r hanesion fod wedi cael eu dweud, mewn gwirionedd, gan y Bwdha fel hanesion o'i fywydau blaenorol, eraill o bosibl yn ddamhegion sydd wedi cael eu camgymryd am hanesion Jataka. Mae eraill yn chwedlau gwerinol da sydd wedi cael eu hychwanegu at y casgliad. Beth bynnag yw'r ffynhonnell, mae prif bwrpas yr hanesion hyn yn ddeublyg – er mwyn pwysleisio ar y gynulleidfa yr ymdrech eithafol sydd ei angen i ddod yn Fwdha, miloedd o fywydau o ymdrechu, ac yn ail i ddysgu rhinwedd benodol. Maen nhw'n ffyrdd poblogaidd iawn o ddysgu ymddygiad rhinweddol i blant.

Un o'r rhai enwocaf yw'r stori sydd i fod i gynrychioli bywyd-diwethaf-ond-dau y Bwdha (treuliwyd y bywyd diwethaf-ond-un mewn byd nefol) fel Tywysog Vessantara. Roedd y Tywysog hwn mor hael nes iddo gael gwared o'i holl eiddo. Yn gyntaf cafodd wared ar y meddiant mwyaf gwerthfawr yn ei deyrnas – eliffant gwyn gyda'r gallu i sicrhau glaw. Am hyn, cafodd ei alltudio o'r deyrnas a chyn gadael rhannodd ei holl arian a'i eiddo. Mewn alltudiaeth rhoddodd ei blant i Frahmin a oedd angen gweision, ac yn y diwedd rhoddodd ei wraig i ddyn a oedd, yn ffodus, y duw Indra mewn cuddwisg. Gwobrwyodd Indra ei haelioni drwy ddychwelyd ei wraig, ac yn y diwedd adunwyd y teulu gan fyw'n ddedwydd byth oddi ar hynny.

Mae stori arall yn dangos tosturi. Mae'r *bodhisattva*, fel tywysog ifanc, yn torri ei wddf ei hun er mwyn i deigres lwglyd â saith cenau newynog allu byw drwy fwyta ei gnawd. [Gwelir hyn hefyd yn Conze 1959]

Mae'r hanesion hyn yn amlwg yn llawer mwy dramatig a diddorol nag a awgryma'r crynoadau byr hyn. Cânt eu hactio a'u peintio fel cyfresluniau. Ni fwriedir iddynt gael eu dilyn fel modelau llythrennol, ond i ddangos y math o feddylfryd y dylai Bwdhyddion ei gael. Mae hanesion eraill yn darlunio rhinweddau eraill. Unwaith pan oedd y *bodhisattva*'n asgetig, ymarferodd y rhinwedd o amynedd hyd yn oed pan dorrodd brenin drygionus ei gorff yn dameidiau darn wrth ddarn. Ni theimlodd unrhyw atgasedd, dim ond trueni dros y brenin. Dangosir rhinwedd tawelwch gan stori petrisen a gafodd ei dal dim ond ar ôl iddi wneud sŵn. Gwelir rhinwedd parch at hynafedd yn stori y betrisen a gafodd ei pharchu gan yr eliffant a'r mwnci, oherwydd er iddyn nhw gofio coeden fawr pan oedd ond yn lasbren, cofiodd y betrisen iddi fwyta'r hedyn! Ffefryn arall yw'r stori am y Brenin Mwnci, a fu farw i achub ei gyd-fwncïod. [Gellir dod o hyd i fersiwn yn *Buddhist Stories*, Morgan]

Mae'r byd-olwg Bwdhaidd yn ystyried bod ein dimensiynau ni o bobl ac anifeiliaid ond yn un ymhlith llawer. At ei gilydd mae 31 lefel o fodolaeth, wedi'u rhannu i dair teyrnas. Mae'r deyrnas isaf, o ddyhead, yn cynnwys pobl ac anifeiliaid, cythreuliaid, uffernau, *pretau* (ysbrydion y meirw) a chwe lefel gwahanol o dduwiau yn cynnwys y 33 duw Vedaidd fel Indra (lefel 2). Uwchben hyn mae teyrnas ffurf, yn cynnwys 16 ffurf mwy dethol o dduwiau, gyda'r duwiau math-Brahma ar y pen isaf. Uwchben hyn mae teyrnas hyd yn oed mwy dethol, y deyrnas ddi-ffurf, lle mae ffurf bodolaeth yn annychmygol. Mae nod y Bwdhydd o *nirvana* y tu hwnt i hyd yn oed y ffurfiau dethol hyn o fodolaeth. Yn y broses o ail-eni, gallwn ddarganfod ein hunain yn unrhyw un o'r teyrnasoedd hyn, gan ddibynnu ar ein *karma* (gweithredoedd).

Yn yr un modd ag y mae bodau yn byw drosodd a throsodd eto, felly mae system y byd. Addysgodd Bwdhau eraill mewn systemau byd blaenorol, miliynau o oesau yn ôl. Roedd eu neges yn union yr un fath â Shakyamuni, ond ym mhob oes mae angen Bwdha newydd i addysgu'n gyfan gwbl unwaith eto. Yn wreiddiol, rhestrodd y Canon Pali 6 Bwdha blaenorol, ond cynyddodd yn fuan i 24. Dywedir bod un o fywydau blaenorol ein Bwdha wedi cymryd lle yn ystod cyfnod Dipankara – y cyn-24ain Bwdha – pan y'i ysbrydolwyd gan yr esiampl yma. Dyma pryd wnaeth y bod, a ddaeth yn ddiweddarach yn Shakyamuni, y penderfyniad i ymgeisio bod yn Fwdha. Bydd Bwdha arall, o'r enw Maitreya, yn yr oes nesaf. Disgwylir i'w gyfnod yntau fod yn 'oes aur' pan fydd bywyd yn well, a bydd hi'n haws i ennill goleuedigaeth. Mae llawer o Fwdhyddion modern yn dyheu drwy eu gwaith da i gael eu geni yn ei oes ef. Ar hyn o bryd credir ei fod yn byw yn y 4ydd nefoedd teyrnas-ddyhead, Tusita, fel y gwna pob *bodhisattva* yn eu bywyd olaf ond un.

Mae gan Fwdhyddion Mahayana safbwynt mwy hyd yn oed o'r bydysawd. Ynghyd â Bwdhyddion mewn oesau blaenorol, mae Bwdhau aneirif ym mhob cyfeiriad mewn systemau byd eraill, yn bodoli ar yr un pryd. Mae enwau gan rai o'r rhain, ac mae nifer o gerfluniau'r Bwdha a welir yn gyffredinol yn rhai o'r Bwdhau cosmolegol hyn yn hytrach na'r un hanesyddol, er enghraifft, Bwdha Amida sy'n preswylio mewn system byd i'r Gorllewin. Mae'r Bwdhau hwyliog, tew a welir mewn traddodiad Tsieineaidd yn gynrychiolwyr Maitreya, y Bwdha sydd i ddod. Ceir esboniad mwy o fyd-olwg Mahayana a Bwdholeg ym mhennod 4. Y peth pwysig i'w gofio am gosmoleg Bwdhaidd yw bod y byd rydym yn ei brofi â'r synhwyrau dim ond yn un rhan fechan o deyrnas isaf un system byd ymhlith nifer. Cred Bwdhyddion y gellir profi mewn myfyrdod uwch deyrnasoedd a hyd yn oed bydoedd eraill.

Yr Hyn a Ddysgodd y Bwdha

Gelwir neges y Bwdha yn *Dharma* (S) neu *Dhamma* (P), gair sy'n anodd i'w gyfieithu ond sy'n cwmpasu ystyron dysgeidiaeth, ymarfer gwirionedd, cyfraith, trefn, dyletswydd, cyfiawnder. Dyma yw gair y Bwdhydd am Fwdhaeth.

Mae union gynnwys y neges yma'n ddadleuol. Mae ysgrythurau helaeth sy'n hawlio bod yn air y Bwdha, gyda rhai gwrthddywediadau, yn enwedig rhwng ysgrythurau traddodiadau'r Theravada a Mahayana. Yma canolbwyntiwn ar y sylfeini na fyddai unrhyw Fwdhydd yn ei wadu, er y byddai rhai Mahayana yn eu gweld nhw fel dysgeidiaethau rhagarweiniol yn unig.

Er i'r Bwdha ddysgu gydag awdurdod mawr fel un a oedd yn llwyr argyhoeddedig ei fod yntau, mewn gwirionedd, wedi profi'r gwirionedd, pwysleisiodd na ddylai pobl gredu dim ond oherwydd ei fod ef wedi dweud felly. Dylent brofi ei eiriau drwy feddwl drostynt eu hunain, ac yn eu profiad eu hunain mewn myfyrdod a bywyd dyddiol.

Mae'r rhan fwyaf o gofnodion dysgeidiaeth y Bwdha yn dechrau, yn rhesymegol, gyda'i Bregeth Gyntaf ar y Pedwar Gwirionedd Nobl. Fodd bynnag, rhoddwyd y bregeth yma i bump arbenigwr crefyddol asgetig ac ar adegau gall roi yr argraff i bobl fod Bwdhaeth (a) braidd yn ddigalon ac yn drist, a (b) yn ddeallusol ac yn anodd. Pan yn siarad â lleygwyr cyffredin ni ddechreuodd y Bwdha gyda'r Gwirioneddau Nobl ond â 'moesoldeb, rhoi, nefoedd a datgysylltiad'. Dysgodd am *karma* ac ail-eni, a sut y gallwn baratoi am well ail-enedigaeth mewn teyrnas nefolaidd drwy fyw bywyd moesol a chyfrifol, heb geisio hapusrwydd mewn eiddo materol diflanedig, a thrwy garedigrwydd anhunanol i bawb. Er bod nifer o ganllawiau moesol, nid yw agwedd y Bwdhydd tuag at fywyd, fel yr un Gristnogol, wedi'i seilio ar reolau ond ar gariad diamodol tuag at bob un. Mynegir hyn, yn nymuniad *Metta Sutta* (ymddiddan ar gariad) sy'n fwyaf nodweddiadol o Fwdhaeth, 'Bydded i'r holl fodau fod yn llawen ac yn gysurus' a'r cyngor 'Fel y mae mam yn gofalu dros ac yn diogelu ei phlentyn, ei hunig blentyn, felly gyda meddwl diderfyn y dylai dyn goleddu pob bod byw, gan lewyrchu cariad dros yr holl fyd, uwchben, oddi tano, ac o gwmpas yn gyfan gwbl heb derfyn'. (*Suttanipata* 5:143)

Dim ond ar sail y paratoad hwn roedd pobl yn barod i ddeall dysgeidiaethau dyfnach Bwdhaeth, sy'n cael eu cyfleu yn y Pedwar Gwirionedd Nobl. Cedwir y dysgeidiaethau hyn ar ffurf fformiwlâu megis y 'Pedwar Gwirionedd' a 'Deuddeg dolen cychwyniad achosol', ond dylid gweld y rhain fel ffyrdd cyfleus o gofio dysgeidiaeth y Bwdha ac nid fel yr unig ffordd o'i gyfleu – teimlai'r Bwdha ei hun na fedrai geiriau na fformiwlâu gyfleu mewn gwirionedd y profiad roedd e'n ceisio ei rannu.

Y Pedwar Gwirionedd Nobl

Yr enw ar bregeth gyntaf y Bwdha yw Pregeth Parc y Ceirw, neu Gosod mewn Mudiant Olwyn y Gyfraith. Yn y bregeth hon, esboniodd y Bwdha yr hyn yr oedd e wedi darganfod yn nhermau Pedwar Gwirionedd, sy'n gweithredu fel math o ddiagnosis meddyg o'r cyflwr dynol – yr hyn sydd o'i le â bywyd, pam ei fod yn anghywir, cyhoeddiad y newyddion da y gellir gwneud rhywbeth yn ei gylch, ac yn olaf y presgripsiwn neu ffordd o fyw a fydd yn peri iachâd.

Dechreuodd ei bregeth drwy esbonio i'r asgetigion ei fod wedi darganfod drwy brofiad bod bywyd o hunanfoddhad hedonistaidd (ceisio pleser) a hunanddarostyngiad eithafol (gwrthod pleser) ill dau yn niweidiol. Roedd y ffordd o fyw a arweiniodd at ei fewnwelediad, heddwch a goleuedigaeth yn fywyd cymedrol, y Llwybr Canol, a oedd wedi'i gynorthwyo ef i weld yn glir y Pedwar Gwirionedd.

Y Gwirionedd Cyntaf

'Dyma Wirionedd Sanctaidd Dioddefaint: dioddefaint yw genedigaeth, dioddefaint yw heneiddio, dioddefaint yw afiechyd, dioddefaint yw marwolaeth, dioddefaint yw hiraeth a galar, poen, gofid ac anobaith, dioddefaint yw cysylltiad â'r hyn sy'n ffiaidd, dioddefaint yw datuniad oddi wrth y rhai a gerwch, dioddefaint yw peidio cael yr hyn y mae ar ddyn ei angen – yn fyr, mae'r pum dosbarth a effeithir arnynt gan ymlyniad yn ddioddefaint.' (*Samyutta Nikaya* 5:421-3)

Y gwirionedd cyntaf yw'r gosodiad bod rhywbeth sylfaenol o'i le â bywyd fel mae'r rhan fwyaf o fodau yn cael profiad ohono. Y gair a gyfieithir gan 'ddioddefaint' yw *dukkha* (P), gair sy'n golygu salwch neu boen ond hefyd annigonoldeb mwy sylfaenol. Dywedir bod tri math o *dukkha* – dioddefaint cyffredin fel yr enghreifftiau a restrir uchod, poen a marwolaeth, rhwystredigaeth dyheadau, gorfod gwylio dioddefaint y bobl rydym yn eu caru. Po fwyaf meddylgar a theimladwy yw person, megis y *bodhisattva* ifanc, y mwyaf o ddioddefaint y mae dyn yn ymwybodol ohono – dioddefaint pobl eraill mewn sefyllfaoedd o dlodi, newyn a rhyfel, dioddefaint anifeiliaid. Hyd yn oed heb yr holl ddioddefaint a achosir gan weithredoedd anfad pobl, ymddengys bod natur ei hun wedi'i adeiladu ar system o gystadleuaeth, ymelwad a dioddefaint. Mae anifeiliaid yn ysglyfaetha ar ei gilydd, ac mae clefyd a thrychineb yn digwydd heb fod bai ar neb. Yna mae'r dioddefaint sydd ym mhob sefyllfa ddymunol oherwydd y ffaith fod popeth yn newid drwy'r amser. Y gair am fyrhoedledd ym Mwdhaeth yw *anicca* (P), un o nodweddion sylfaenol bywyd. Mae gan fywyd nifer o agweddau prydferth a dymunol, ond mae'r rhain hefyd yn achosi dioddefaint oherwydd nid ydynt yn parhau, a'r mwyaf prydferth a dymunol ydynt, y mwyaf o ddioddefaint fydd pan ânt heibio. Mae popeth prydferth yn darfod, mae ein ceraint yn marw, a hyd yn oed os yw'r pethau a'r bobl yn aros, ambell waith ni yw'r rhai sy'n newid ac yn sydyn rydym wedi diflasu ar rywbeth neu rywun a roes bleser mawr i ni ar un adeg. Dyma pam mae hyd yn oed pobl sy'n ymddangos fel petai popeth ganddyn nhw'n allanol, yn dal i fod yn anhapus. Y trydydd math o *dukka* yw anfodlonrwydd mwy cynnil â bywyd ei hun yn hytrach nag unrhyw broblem benodol – ymdeimlad o rwystredigaeth ar gyfyngiadau bodolaeth ddynol, ein galluoedd cyfyngedig, ein prinder gwybodaeth, y ffordd na wyddom byth mewn gwirionedd beth wna unrhyw weithred o'n heiddo ni arwain ato, sut na fedrwn gynllunio mewn gwirionedd ar gyfer y dyfodol, a bod popeth, fodd bynnag, yn mynd i orffen mewn marwolaeth, sy'n gwneud i bopeth ymddangos yn ddibwrpas. Ymadrodd seicolegol am yr ansicrwydd cyffredinol yma yw *angst* neu ddirboen; delwedd Fwdhaidd yw fod bywyd 'mor ddisylwedd â bywyn coeden blantan' (h.y. yn wag). Mae'r byd-olwg Indiaidd, sy'n golygu ein bod yn gorfod ailadrodd y cylch diddiwedd yma o enedigaeth, twf, dirywiad a marwolaeth, drosodd a throsodd, yn gwneud y rhagolwg hyd yn oed yn fwy digalon. Teimla Bwdhyddion fod y gwirionedd cyntaf hwn yn amlwg i unrhyw un sy'n aros i feddwl, ac ym mhrofiad goleuedig Bwdha, gwelodd y sefyllfa yma yn ei llawnder, yn cyfeirio at bob bod dynol.

Yr Ail Wirionedd

Mae'r ail wirionedd yn gofyn beth sy'n achosi'r dioddefaint hwn. Ateb y Bwdha oedd bod dioddefaint (h.y. bodolaeth yn y byd hwn) yn cael ei achosi gan ein *tanha* (chwant) ni ein hunain neu chwantau hunanol, sydd eu hunain yn tarddu o'n *avidya* (anwybodaeth) o'r holl sefyllfa. Nid yw hyn yn dweud bod pob drygioni penodol sy'n digwydd i ni yn cael ei olrhain i chwantau hunanol penodol ar ein rhan ni, ond bod ein bodolaeth ni yma yn y fath gyflwr yn ganlyniad i'n diffyg ni ein hunain.

'Hyn yw'r Gwirionedd Nobl o Darddiad dioddefaint: Chwant yw sy'n cynhyrchu adnewyddiad bodolaeth, gydag archwaeth a chwant, yn ceisio ei bleser yma ac acw, mewn geiriau eraill, yn ysu am brofiad cnawdol, yn chwenychu bodolaeth (h.y. bywyd tragwyddol), yn chwenychu di-fodolaeth (h.y. ebargofiant).' (*Samyutta Nikaya* 5)

Mae'n hawdd cytuno yn rhai achosion bod chwantau hunanol yn arwain at ddioddefaint, fel mae yfed gormodol yn arwain at 'ben mawr', ond mae'r Bwdha'n priodoli ein bodolaeth yma o gwbl yn y fath fyd i'n chwant hunanol ni ein hunain. Nid yw hyn mor hawdd i'w ddeall i Orllewinwyr nad sy'n rhannu yr olwg Indiaidd o natur cylchol bywyd. Yn syml, mae fel petai ein bod yn gaeth i fywyd bydol, fel wrth sigarennau neu heroin. Mae ond yn dod â dioddefaint i ni ac ni all fyth ddod â bodlonrwydd, eto bob tro rydym yn marw rydym yn crefu am fwy. Mae'r crefu yma o dri math – am fwy o brofiad o'r synhwyrau, neu'n syml i barhau i fodoli, ac mae hyd yn oed crefu am ebargofiant yn dod â ni yn ôl i'r byd hwn, gan fod y dyhead hunanladd yma yn fath arall o hunanoldeb, eisiau osgoi trafferth. Gelwir yr ymateb gadwynol o'n dyheadau a'n chwantau ni sy'n arwain at brofiad anfoddhaol yn *punabbhava* (ailddod). Mae ailddod yn digwydd o eiliad i eiliad, gan fod yr hyn a wnawn mewn un eiliad yn arwain at achosion am yr hyn yr ydym a sut yr ydym yn teimlo yn y nesaf. Mae aileni, yn syml, yn eiliad weladwy mwy allanol o ailddod, pan fo un corff ffisegol wedi'i dreulio. Gelwir yr holl gylchred o ailddod o eiliad i eiliad a bywyd i fywyd yn *samsara*. Y grym sy'n cadw cylchred *samsara* i symud yw *karma* (S), *kamma* (P), yn llythrennol 'gweithred', sy'n golygu achos ac effaith. Un o fewnwelediadau yr oleuedigaeth oedd fod y Bwdha'n gallu gweld yn fanwl sut yr oedd chwant a *karma* yn arwain at aileni parhaus. Mae ar gof mewn fformiwla o'r enw *paticcasamuppada* ('cychwyniad dibynnol', 'cydgynhyrchiad amodol', neu sut mae amodau ac achosion amrywiol yn gweithio gyda'i gilydd i gynhyrchu effeithiau). Dywedir fel arfer mai'r rhain yw'r 12 dolen achosol sylfaenol, ond mae rhestri yn y Canon o 9 neu 10 o ddolennau sylfaenol. Felly efallai ei bod hi'n bwysicach i ddeall yr egwyddor gyffredinol o sut mae un peth yn arwain at un arall yn hytrach na phoeni gormod am y dolennau unigol. (Gweler y rhestr isod.)

Gan ddechrau yn y diwedd, sef y sefyllfa dukka yr ydym ynddi, y deuddeg dolen achosol yw:

Dolen	Symbol darluniadol yn 'Olwyn Bywyd'
12. DIODDEFAINT, DIRYWIAD A MARWOLAETH sy'n ddibynnol ar	Corff
11. AILENEDIGAETH i mewn i *samsara* ('y byd hwn') sy'n ddibynnol ar	Genedigaeth
10. Bod ynghlwm â'r broses a elwir yn 'DDYFODIAD' sy'n ddibynnol ar	Gwraig feichiog
9. CRAFANGU (wrth fywyd, pleserau synnwyr, a.y.b.) sy'n ddibynnol ar	Dyn yn hela ffrwythau
8. CHWANT (am brofiad, mwy o fywyd neu hyd yn oed ebargofiant) sy'n ddibynnol ar	Dyn yn cymryd diod oddi wrth wraig (syched)
7. TEIMLAD (un ai'n bleserus, yn boenus neu'n niwtral) sy'n ddibynnol ar	Dyn â saeth yn ei lygad
6. Dod i GYSYLLTIAD â gwrthrychau (o deimladau) sy'n ddibynnol ar	Dyn a gwraig yn cofleidio
5. Cael y CHWE MAES SYNNWYR – golwg, clyw, cyffyrddiad, arogl, blas a meddwl sy'n ddibynnol ar	Tŷ â chwe agoriad
4. Bodoli fel ENW A FFURF, h.y. yn y ffurf seicoffisegol sy'n ddibynnol ar	Cwch â phedwar teithiwr (pum cydran bod dynol)
3. YMWYBYDDIAETH, h.y. y 'grym bywyd' sy'n parhau o'r bywyd blaenorol sy'n ddibynnol ar	Mwnci mewn coeden flodeuog

Dolen	Symbol darluniadol yn 'Olwyn Bywyd'
2. FFURFIANNAU-KARMA, h.y. yr ysgogiadau neu dueddiadau sy'n ganlyniad i'n gweithredoedd neu feddyliau sy'n ddibynnol ar	Crochenydd
1.Ein HANWYBODAETH (o natur sylfaenol bywyd fel y'i dadansoddir gan y Bwdha)	Dyn dall

Mae'r fformiwla achosol yma braidd yn anodd ac wedi cael ei dehongli mewn amrywiol ffyrdd. Mae rhai wedi'i gweld hi fel ymgais i ddangos yr hyn sy'n digwydd dros dri bywyd:

Rhif 1 – 2 yn cyfeirio at un bywyd
Rhif 3 – 10 at ail fywyd, a
Rhif 11 – 12 at drydydd bywyd.

Gellir ei ddarlunio fel cylch yn hytrach na llinell syth, lle bo dioddefaint, dirywiad a marwolaeth yn arwain yn ôl i fwy o anwybodaeth ac yn y blaen, *ad infinitum*.

Cafodd ei awgrymu y gellid ei weld fel dau hanner – un hanner yw cyfansoddiad bod dynol, h.y. mympwyon, ymwybyddiaeth, enw a ffurf, synhwyrau, cysylltiad a theimladau, a'r hanner arall yw'r canlyniadau trist y gall y cyfansoddiad hwn, ond nid o reidrwydd, arwain ato – chwant, crafangu, dyfodiad, ailenedigaeth a dioddefaint/marwolaeth. Pa ffordd bynnag yr edrychir arno, y syniad pwysig yw bod ein cyflwr dynol gyda'i ddioddefaint, marwolaeth ac aileni cyson wedi'i achosi gan gasgliad o amodau achosol cydberthnasol. Ni ddigwyddodd ar hap, ac nid oes angen esboniad allanol chwaith megis Duw. A'r peth pwysicaf oll yw os medrwn ddeall achosion ein sefyllfa, yna gallwn fynd i'r afael â'r achosion hyn a datrys ein problem. Pe gallem dorri hyd yn oed un o'r dolennau yn y gadwyn, gallem osgoi'r canlyniadau eraill. Y dolennau sy'n amlwg fel y rhai y gallem eu torri o bosib yw chwant ac anwybodaeth, er gallem hefyd geisio lleihau cysylltiad a theimlad. Mae'r syniad hwn o fod wedi deall achosion ein cyflwr, ac y gallwn mewn gwirionedd wneud rhywbeth yn ei gylch, yn dod â ni i'r trydydd Gwirionedd Sanctaidd.

Y Trydydd Gwirionedd

'Dyma Wirionedd Nobl darfod dioddefaint; gwanhad a therfyniad y gweddill yw, yr ildio, rhoi'r gorau, gadael fynd a gwrthod yr un chwant hwnnw.' (*Samyutta Nikaya* 5:421-3)

Wedi adnabod achos ein dioddefaint, os medrwn ddileu yr achos hwn, gallwn ddileu ein dioddefaint. Neges y Bwdha yw y gallwn ni wneud hyn am iddo yntau wneud. Mae hi'n bosibl mewn gwirionedd i ddileu chwant ac anwybodaeth a gweddill y dolennau achosol. Y cwestiwn yw: Beth sydd ar ôl i ni os wnawn ni ddileu chwant ac anwybodaeth? Yr ateb yw am weddill ein hamser ar y ddaear bod gennym ymwybyddiaeth, corff, synhwyrau, cysylltiad a theimladau o hyd, ond ni chysylltir y rhain bellach ag unrhyw chwant, crafangu, dyfodiad, dioddefaint, ac ar ôl marwolaeth, does dim rhagor o aileni i mewn i'r sefyllfa hon byth eto.

Nirvana

Yr enw Bwdhaidd am y cyflwr lle bo chwant, anwybodaeth a dioddefaint wedi cael ei ddileu yw *nibbana* (P) neu *nirvana* (S). Mae'n gyflwr sy'n annisgrifiadwy yn ein geiriau ni, sydd wedi'u cynllunio i ddisgrifio'r cyflwr dynol trawsffurfiol yn unig, ac a'i gwnaeth hi'n anodd hyd yn oed i'r Bwdha ei fynegi. Mae dau gam i *nirvana,* y cam lle mae'r meddwl a'r galon wedi cyrraedd *nirvana* ond mae'r corff yn dal i fodoli, a *nirvana*-ar-ôl-marwolaeth.

Golyga'r gair yn llythrennol 'chwythu allan' – diffoddir tanau llosg chwant, casineb a thwyll. Mae'n swnio braidd yn negyddol, ac mae rhai pobl wedi cymryd *nirvana* i olygu ein bod ni'n dianc rhag dioddefaint yn yr ystyr o saethu anifail er mwyn ei roi allan o'i drallod, h.y. gan ein bod ni'n peidio â bodoli'n gyfan gwbl. Ymadroddion sy'n gwneud *nirvana* i swnio fel hyn yw disgrifiadau megis 'heb ei eni', 'peidio â bod', 'difodiant', 'darfod', 'heb chwant'. Eto er ein bod ar brydiau'n teimlo y byddai difodiaeth llwyr yn well na'n bywyd, i'r rhan fwyaf o bobl prin byddai hyn yn nod gwerth anelu ato, ac roedd yn un a welai'r Bwdha fel un o'n chwantau hunanol 'crefu am ddifodiant'. Beirniadodd y materolwyr a ddysgodd am ddifodiant ar ôl marwolaeth cymaint â'r rhai hynny a bregethodd am yr enaid anfarwol, ac *mae* disgrifiadau cadarnhaol am *nirvana*. Y pwysicaf yw ei ddatganiad bod *nirvana* yn rhywbeth: 'Y **mae** frodyr un heb ei eni, heb-ei-ddwyn-i-fod, heb ei wneud, heb ei ffurfio. Pe na byddai, ni fyddai dim dianc yn amlwg yma i un sydd wedi ei eni, dwyn i fod ...' Mae disgrifiadau cadarnhaol yn cynnwys Heddwch, Gwirionedd, y Tragwyddol, y Dedwyddwch pennaf, Purdeb, Rhyddid, annibyniaeth, 'Yr ynys, y noddfa, y lloches, yr harbwr, y tu hwnt.'

Gall fod yn ddiderfyn, tu hwnt i amser a gofod, tu hwnt i hyd yn oed bodolaeth neu anfodolaeth fel y gwyddom amdanynt. Gallwn gael syniad o'r hyn ydyw wedi'i ymgorffori mewn ffurf ddynol o fywydau'r Bwdha a'r *arhatau* sy'n hapus, heddychlon, egnïol, byth yn ddifater na'n ddiflas, gan wybod y peth cywir i'w wneud bob amser, yn dal i deimlo holl boenau a phleser bodau dynol eraill ond heb gael eu heffeithio ganddynt yn yr un ffordd. Felly, tra bod y person a ryddhawyd yn dal i fod yn ffisegol fyw, gellid disgrifio *nirvana* fel cyflwr gwahanol o ymwybyddiaeth. Mae'n ddadleuol p'un ai allwn ni siarad am ymwybyddiaeth ar ôl marwolaeth ai peidio; gwrthododd y Bwdha ateb y cwestiwn a oedd person goleuedig yn bodoli neu beidio ar ôl marwolaeth; yr argraff a roddir yw bod yr *arhat* marw yn bodoli mewn ystyr, ond mewn ystyr mor wahanol i'r hyn rydym ni'n ei adnabod fel bodolaeth nad yw'n werth defnyddio yr un gair. 'Does dim mesur i'r hwn a aeth i orffwys; nid yw'n cadw dim y gellid ei enwi.'

Teimla rhai pobl bod cyflyrau dyfnaf 'profiadau cyfriniol' (lle mae pobl yn adrodd colled arwahanrwydd personol mewn undod mwy y tu hwnt i amser a gofod, hapusrwydd llwyr, heddwch ac argyhoeddiad eu bod wedi cyrraedd y gwir realiti) yn gallu rhoi rhagflas o *nirvana*. Teimla eraill fod hyd yn oed y profiadau hyn yn rhan o'r byd hwn yn hytrach na'r 'tu hwnt', efallai profiad o un o'r teyrnasoedd uwch. Ni ellir deall *nirvana*, dim ond ei brofi – mae siarad amdano fel siarad am liwiau â dyn dall, neu dir sych i bysgodyn. (Am ragor o wybodaeth am *nirvana* yn y traddodiad Theravada gweler Pennod Tri).

Y Pedwerydd Gwirionedd, y Llwybr Wythblyg

Y pedwerydd gwirionedd Sanctaidd yw'r un ymarferol, y modd y medrwn ymosod ar chwant ac anwybodaeth, ac mae'n ffordd o fyw gyfan a elwir y 'Llwybr Canol' neu'r 'Llwybr Wythblyg Nobl' oherwydd cafodd ei grynhoi fel wyth elfen sy'n rhaid eu meithrin mewn bywyd.

Mewn ambell ran o'r Canon mae'r llwybr yn un degplyg, ond y ffurf wythblyg yw'r un mwyaf cyffredin.

'Dyma Wirionedd Nobl y Ffordd sy'n arwain at Ddarfod Dioddefaint: Y Llwybr Wythblyg Nobl hwn sy'n cynnwys yr agwedd gywir, bwriad cywir, lleferydd cywir, ymarweddiad cywir, bywoliaeth gywir, ymdrech gywir, gofal cywir a chanolbwyntio cywir'.
  Y ddau ffactor ychwanegol a geir ar adegau yw gwybodaeth gywir a rhyddhad

cywir. Gellir deall y ffordd o fyw hon fel un o foesoldeb, myfyrdod a doethineb. Yn syml mae'r holl ffordd o fyw Fwdhaidd, mynachaidd a lleyg ill dau, yn ffordd o fyw yn ôl y llwybr hwn. Yn y cyd-destun presennol fe esboniwn bob agwedd yn fyr.

Agwedd gywir: yn golygu cael yr agwedd gywir i fywyd, derbyn dadansoddiad y Bwdha o fodolaeth ddynol a.y.b. Heb dderbyniad cynnar ni fyddai neb yn poeni â gweddill y llwybr.

Bwriad cywir: yn golygu cael yr agwedd gywir at fywyd, yn sylfaenol gweld nod dyn fel goleuedigaeth a chariad anhunanol tuag at bopeth. Mewn moeseg Bwdhaidd, mae gweithredoedd yn cael eu barnu gan fwriad.

Gellid galw'r ddau yma'n 'ddoethineb cynnar'.

Lleferydd, ymarweddiad a bywoliaeth cywir: yn cyfeirio at ymddygiad moesol. Mae cod moesol sylfaenol Bwdhaeth wedi'i gadw'n gysegredig mewn pum rheol: i osgoi lladd, dwyn, lleferydd ffug, camymddygiad rhywiol a diodydd meddwol ond yn fwy sylfaenol i gymryd cyfrifoldeb am eich gweithredoedd a gwneud dim i niweidio, ond i gynorthwyo, eraill. Mae lleferydd wedi'i ddewis yn y llwybr wythblyg fel un o'r ffyrdd mwyaf cyffredin o niweidio neu gynorthwyo eraill – mae lleferydd anghywir yn cynnwys celwyddau, clepian, geiriau llym, mân siarad sy'n wastraff amser. Mae llawer mwy o gyfleoedd i frifo pobl gyda geiriau na thrawiadau corfforol gwirioneddol. Mae 'lleferydd cywir' yn cynnwys cyngor cynorthwyol, addysgu, geiriau o gysur a.y.b. Roedd y Bwdha'n pwysleisio'n aml gwerth tawelwch, lle na ellid gwneud dim gyda geiriau. Cymerir 'Bywoliaeth gywir' ar wahân oherwydd bod pobl sydd â 'moesoldeb personol' yn eu bywydau preifat ddim bob amser yn gweithredu hyn ym myd busnes. I fod o fywoliaeth gywir, rhaid i'ch ffordd o ennill bywoliaeth beidio niweidio bodau eraill; ni allech fod yn gigydd, gwneuthurwr arfau, gwerthwr alcohol neu gyffuriau, neu mewn unrhyw fusnes sy'n camddefnyddio pobl neu anifeiliaid mewn unrhyw ffordd – gyda chyflogau truenus er enghraifft. Mae amaethyddiaeth hyd yn oed, wedi'i wahardd i fynachod Theravada, gan fod llawer o greaduriaid bychain yn cael eu distrywio; dim rhyfedd bod mynachod Bwdhaidd Theravada yn gadael enillion 'bywoliaethau' i leygwyr.

Mae'r tri nesaf yn ymwneud â disgyblaeth y meddwl.

Ymdrech gywir: yw'r ddisgyblaeth gynnar o fod yn ymwybodol o'r ffactorau da a drwg ym mhersonoliaeth dyn a gweithio'n galed i ddileu'r negyddol a phwysleisio'r cadarnhaol.

Gofal cywir: yw ymadrodd Bwdhaidd am geisio llonyddwch ac ymwybyddiaeth, yn enwedig o gorff dyn ei hunan, cynyrfiadau, teimlad a meddyliau gyda golwg ar gael mwy o wybodaeth amdanynt a rheolaeth drostynt.

Canolbwyntio cywir: yw myfyrdod ffurfiol, ymarfer technegau a gynllunnir i arwain y meddwl i'r cyflyrau (a elwir yn *jhanau*) a lwyddwyd i'w cael gan y Bwdha, sy'n paratoi'r meddwl ar gyfer mewnwelediad i'r gwirionedd.

Gwybodaeth gywir a **rhyddhad cywir:** gellid eu disgrifio fel 'doethineb eithaf', dealltwriaeth gyflawn o neges y Bwdha a gyflawnir gan y doethineb llai, moesoldeb a myfyrdod wedi'u cyfuno ac sy'n union fel profiad goleuedigaeth y Bwdha.

Gellir dilyn y llwybr wythblyg (yn hytrach na'r degplyg) ar ddwy lefel – ar lefel fydol gall pobl dderbyn athrawiaeth y Bwdha â ffydd dduwiol, ceisio bod yn fwy moesol, myfyrio i wella'r meddwl, ac yn y blaen. Mae hyn yn arwain at ailenedigaeth mwy dedwydd ond nid at *nirvana*. Dyma feddylfryd y rhan fwyaf o Fwdhyddion heddiw. Yng nghyfnod y Bwdha ac i seintiau Bwdhaidd daw'r llwybr yn llwybr oruwchfydol (uwchlaw'r byd hwn) sy'n arwain mewn gwirionedd at gyrhaeddiad goleuedigaeth. Dechreua hyn gyda gweledigaeth wirioneddol i ddealltwriaeth o'r hyn a ddysgodd y Bwdha, a elwir yn y Canon yn 'weledigaeth *Dhamma*'. Arweiniodd hyn yn gyflym at oleuedigaeth lawn. Mae'r rhai hynny sydd â 'gweledigaeth *Dhamma*' wedi'u rhannu i bedwar dosbarth; sef yr 'ymgeisydd ffrwd' a gaiff gyflwr *arhat* mewn llai na saith o fywydau ychwanegol; yr 'un dychweledig' a fydd angen un bywyd ychwanegol yn unig; y 'byth-ddychweledig' na fydd rhaid iddo gael ei aileni fel bod dynol eto ond a gaiff gyrraedd goleuedigaeth mewn rhyw ddimensiwn uwch a'r *arhat* sy'n cyrraedd goleuedigaeth mewn gwirionedd yn y bywyd presennol, fel y gwnaeth cannoedd o ddilynwyr y Bwdha.

Eto, ni ddylid cymryd y llwybr wythblyg, fel y 12 dolen, yn rhy bendant fel yr unig ffordd o gyfleu y ffordd i *nirvana*. Ceir fformiwlâu gwahanol yn y Canon Pali megis 'saith aelod goleuedigaeth' – gofal, athrawiaeth gywir, ymdrech, llawenydd, tawelwch, myfyrdod a thegwch, neu'r 'pum gallu' – ffydd, egni, gofal, canolbwyntio a doethineb. Os caiff y rhestri hyn yn yr ysgrythurau eu gosod at ei gilydd mae mwy na 37 o ffactorau goleuedigaeth, sy'n ddiddorol i ysgolheigion, ond nid yr hyn roedd y Bwdha'n ei fwriadu, fel sy'n amlwg o'r ffaith bod yr un ffactorau yn bodoli mewn gwahanol restri. Hefyd, mae yna fersiwn gadarnhaol o'r 12 dolen, lle mae'r cyflwr dynol o ddioddefaint, yn lle ein harwain drwy anwybodaeth i chwant ac ailenedigaeth yn gallu achosi i ni (fel y gwnaeth i Siddartha Gautama) feddwl, mynd yn gynyddol o ffydd drwy hyfrydwch, brwdfrydedd, gwynfyd, llonyddwch, dedwyddwch, canolbwyntio, ffieidd-dod, diffyg angerdd a rhyddhad i wybodaeth gyflawn a goleuedigaeth.

O'r dadansoddiad hwn o bregeth gyntaf y Bwdha gwelwn er bod Bwdhaeth yn dechrau gyda golwg ar y cyflwr dynol sydd ar yr olwg gyntaf yn ymddangos yn eithaf negyddol a digalon, gwnaiff hynny ond i ddangos i bobl eu bod nhw eu hunain yn gallu cymryd cyfrifoldeb a gwneud rhywbeth i newid y cyflwr hwn, ac yn ei gysyniad o nod terfynol bywyd dynol mae mor ddyrchafedig a chadarnhaol ag sy'n bosibl i fod.

'Dim Hunan' a Dadansoddiad y Bersonoliaeth Ddynol

Ffordd arall Fwdhaidd o ddadansoddi'r cyflwr dynol yw 'tri arwydd bywyd'. Mae bywyd dynol yn cael ei nodweddu gan *anicca* (P), byrhoedledd, *dukkha (P)*, dioddefaint ac *anatta* (P), diffyg hunan neu hanfod. Ymdriniwyd â'r ddau arwydd cyntaf o dan y Gwirionedd Nobl Cyntaf, ond mae'r trydydd yn llai amlwg a'r cysyniad Bwdhaidd mwyaf hanfodol hwyrach i'w amgyffred, gan fod gwybodaeth wirioneddol o 'ddim hunan' yn ffordd arall o ddisgrifio goleuedigaeth. 'Dim hunan' oedd pwnc y Bwdha yn ei ail bregeth i'r pump asgetig, ar ôl yr hwn y daeth y pump i gyd yn *arhatau* goleuedig.

Roedd ein crynodeb o'r Gwirionedd Nobl Cyntaf yn cyfeirio heb sylw at 'y pump dosbarth a effeithiwyd drwy ymlynu'. Cyfieithiad yw hwn o *upadana-khandha*, y pum *khanda* (P) neu *skandha* (S) crafangog, 'pentyrrau' o fewn lle mae Bwdhaeth yn dadansoddi'r bod dynol.

Mae bod dynol wedi'i lunio o bum dosbarth o elfennau; FFURF (yr elfennau corfforol sy'n ffurfio'r corff dynol); SYNHWYRAU (y teimladau sydd gennym o ganlyniad i'r synhwyrau'n cysylltu â'r byd allanol); CANFYDDIADAU (yr hyn a ddown yn ymwybodol ohono o ganlyniad i'r synhwyrau'n cysylltu â'r byd allanol); FFURFIANNAU MEDDYLIOL neu FYMPWYON (o ganlyniad i'n hewyllys mewnol) ac YMWYBYDDIAETH (yr ymdeimlad sylfaenol o fod yn fyw gyda meddyliau a theimladau). Mae pob un o'r pum *skandha* hyn, neu unrhyw un o'u helfennau cyfansoddol yn fyrhoedlog, yn newid yn barhaus, ac yn tueddu i fod yn gysylltiedig ag ymlynu neu grafangu (fel y nodir gan y Gwirionedd Nobl Cyntaf). Ar wahân i'r pentwr hwn o fanion bethau corfforol, emosiynol a meddyliol, sy'n dod at ei gilydd adeg genedigaeth dim ond i chwalu adeg marwolaeth, does dim byd arall i fod dynol. Yn benodol, does dim byd sy'n cyfateb i'r cysyniad o 'enaid' neu 'wir hunan'. Roedd y gwrthodiad yma o'r 'hunan' yn un o'r pynciau a rannodd athrawiaeth y Bwdha oddi wrth yr hyn a oedd gan nifer o Shramanau eraill yn ei ddydd.

Credai llawer o athrawon crefyddol yn gadarn mewn endid neu sylwedd a elwid *atman* (hunan) a gyfieithir yn aml i'r Gymraeg fel 'enaid'. Diffiniwyd hwn fel tragwyddol, parhaol, digyfnewid, yn berffaith bur, hunangynhwysol, a heb fod yn ddibynnol ar y corff na'r amgylchedd. Adnabyddwyd hwn fel y 'gwir' chi a oedd, naill ai drwy ddamwain, ffawd neu *karma*, wedi'i garcharu mewn organeb faterol neu seicoffisegol ac â'r hwn nad oedd ganddo ddim cysylltiad angenrheidiol. Credwyd pe bai'r enaid hwn ond yn gallu cael ei ryddhau o'r carchar materol gallai drigo mewn tangnefedd tragwyddol. Dyma'r nod y tu ôl i ymarferion poblogaidd o ddarostyngiad y corff, yoga a myfyrdod. Dehonglwyd y profiadau cyfriniol a gafwyd mewn cyflyrau myfyriol fel profi'r enaid yn cael ei ryddhau o'r corff. Felly, er bod y person allanol efallai'n fyrhoedlog ac yn dioddef, roedd yr hunan mewnol heb ei gyffwrdd gan hyn. Dysgodd y Bwdha bod y credo yma yn rhith peryglus. Nid yn unig na chafodd ei gadarnhau gan brofiad a rheswm, ond gallai arwain at ganlyniadau peryglus fel hunanobsesiwn llwyr yn yr ymchwil i ryddhau eich enaid eich hunan, gan ddiystyru pobl eraill, neu fychanu pwysigrwydd ymddygiad moesol (gan na fedrwch frifo, mewn gwirionedd, 'hunan' person arall, ac na all eich 'hunan' gael ei effeithio gan weithredoedd drwg). Hynny yw, gall credu mewn 'hunan' arwain at hunanoldeb – os na chredwch mewn 'hunan', does dim pwrpas mewn bod yn hunanol.

Ni ddysgodd y Bwdha 'nid oes dim *atman*' fel dogma i'w derbyn, yn hytrach nododd na ellir dod o hyd i ddim mewn profiad sy'n cyfateb i'r cysyniad. Darganfyddodd, tra'n profi asgetigiaeth lem, bod agweddau corfforol, meddyliol ac ysbrydol bod dynol i gyd yn effeithio ar ei gilydd. Yn ei ail bregeth gofynnodd i'r pum asgetig i ddadansoddi'r bod dynol. Ni all ffurf corfforol fod ein 'hunan' gan ei fod yn newid ac yn dioddef, yn cael ei effeithio gan yr amgylchedd allanol ac nid yw o dan ein rheolaeth. Mae'r un peth yn wir am ein synhwyrau, ein canfyddiadau, ein mympwyon a hyd yn oed ein hymwybyddiaeth sylfaenol, a beth arall sydd? Felly, gallwn ddefnyddio'r gair 'hunan' er cyfleustra, i gyfeirio at gyflwr presennol ein personoliaeth seicoffisegol sy'n newid yn barhaus. Ond rhaid i hyn beidio â'n twyllo i feddwl bod yna endid mewn gwirionedd, dros ac uwch yr holl fân bethau, a elwir yn 'hunan'. Mae'r syniad o ddwy lefel o wirionedd yn bwysig mewn Bwdhaeth. Er ein bod ar lefel ddyddiol yn gallu siarad am fy 'hunan', ar lefel gwirionedd eithafol nid yw'r fath endid yn bodoli.

Mae dysgeidiaeth *anatta* (dim hunan) nid yn unig yn ddarn diddorol o athroniaeth Fwdhaidd, ond yn anghenraid hanfodol ar gyfer iachawdwriaeth Fwdhaidd. *Anatta* yw'r gred ynom ni ein hunain fel endid ar wahân, sy'n ein harwain i wahaniaethu rhyngom ni ein hunain ac eraill, i chwilio am ein da ni yn hytrach na'i un nhw, i afael mewn pethau fel 'fy rhai i' ac i aros yn ddall ac yn anwybodus o wir natur bodolaeth. Mae colled lawn o'r camsyniad hwn o'r hunan yn cyfateb i oleuedigaeth: 'o weld hyn, daw *bhikkhu*, disgybl nobl doeth, yn ddidaro tuag at ffurf materol, daw'n ddidaro tuag at deimlad, daw'n ddidaro tuag at ganfyddiad, daw'n ddidaro tuag at ffurfiannau, daw'n ddidaro tuag at ymwybyddiaeth. O ddod yn ddidaro mae ei chwant yn diflannu; gyda diflaniad chwant caiff ei galon ei rhyddhau; ar ôl ei rhyddhau daw'r wybodaeth; 'Mae wedi'i ryddhau. Mae e'n deall, Genedigaeth sydd wedi diffygio, mae'r Bywyd Sanctaidd wedi'i fyw, yr hyn a oedd i'w wneud a wnaed, nid oes rhagor o hyn i ddod.' (*Sutta Nipata* 3:66)

Mae pobl â chefndir Gorllewinol yn aml yn ei chael hi'n anodd i weld sut y gall Bwdhyddion gredu mewn ailenedigaeth ond nid mewn enaid. Rydym yn gyfarwydd â materolwyr nad sy'n credu mewn enaid, ond yn credu bod yr organeb yn gorffen gyda marwolaeth. Syniad y rhan fwyaf o bobl am ailenedigaeth yw'r syniad Groegaidd neu Hindŵaidd o ailymgnawdoliad – enaid anfarwol tragwyddol yn cael corff newydd megis set newydd o ddillad. Safbwynt y Bwdydd yw fod y person llawn yn gysylltiedig ag ailfodoli yn barhaol, mae ein corff, ein meddyliau, ein teimladau, a.y.b. yn newid o ennyd i ennyd. Dros y blynyddoedd mae'r newidiadau bychain hyn yn ffurfio newidiadau mawr, fel pan fydd gwraig mewn oed yn cymharu ei hun â'i lluniau pan yn faban. Nid yw yr hyn yr ydych yn awr yr un fath â'r hyn yr oeddech o'r blaen, ond rhywbeth sydd wedi datblygu'n uniongyrchol allan o'r hyn yr oeddech o'r blaen o ganlyniad i'r holl ddylanwadau allanol a phenderfyniadau mewnol o'r ewyllys a ddigwyddodd rhyngddynt. Mae marwolaeth ac ailenedigaeth yn rhan fwy dramatig o'r broses hon. O ganlyniad i'r broses achosol, daw adeg pan fo'r manion bethau sy'n ffurfio organeb seicoffisegol benodol, yn chwalu. Fodd bynnag, mae'r momentwm a adeiladir gan y mympwyon, chwantau, a.y.b. yr organeb hon (y *karma*) yn uniongyrchol yn achosi organeb seicoffisegol newydd i ddechrau tyfu, sydd â'r un berthynas â'r person marw, fel perthynas oedolyn i blentyn. Mae Bwdhyddion yn gwadu bod unrhyw 'beth' yn symud o un bywyd i'r nesaf; mae'r berthynas yn un o achos ac effaith. Y ddolen gyswllt yw ymwybyddiaeth sy'n fwy sylfaenol i bersonoliaeth na chorff ffisegol, teimladau, a.y.b. Nid bod 'peth' digyfnewid a elwir yn 'ymwybyddiaeth' yn mynd o un i'r llall, yn hytrach, mae gweithred olaf ymwybyddiaeth yn yr hen fywyd a'r gyntaf yn y bywyd newydd yn funudau dilynol mewn trefn ddi-dor – dyma'r sylfaen ddamcaniaethol i geisio cofio 'ein' bywydau blaenorol yn yr un modd ag yr ydym yn cofio 'ein' plentyndod. Gwelir mwy ar *anatta* yn y traddodiad Theravada ym Mhennod Tri.

Dysgeidiaeth Sylfaenol y Bwdha: Crynodeb

Dysgodd y Bwdha ei fod drwy brofiad uniongyrchol wedi dod i ddeall y cyflwr dynol, ac wedi darganfod ffordd o'i drosgynnu (mynd heibio). Mae'r cyflwr dynol yn un o ailenedigaeth barhaus i *samsara,* cyflwr a nodweddir gan ddioddefaint, byrhoedledd, a 'dim hunan' na hanfod. O fewn y gylchred yma nid yw ein profiad yn y cyflyrau amrywiol o fodolaeth – dynol, uwchddynol, anifail, ysbryd anfodlon, neu uffern – yn ffawd, ond wedi'u cyflyru'n uniongyrchol gan ein gweithredoedd blaenorol a'n meddyliau ni ein hunain. Darganfu mai'r hyn sy'n ein cadw ni yn y cyflwr hwn yw ein chwant a'n hanwybodaeth o wir natur pethau. Os gall dyn ddileu y pethau hyn mae dyn yn llwyddo i gyrraedd cyflwr o berffeithrwydd, rhyddhad a heddwch a elwir yn *nirvana,* a does dim rhaid i ddyn gael ei aileni yn *samsara* byth eto. Mae'r dull o ddileu anwybodaeth, chwant a chred mewn hunan ar wahân yn un triphlyg o ymddygiad moesol cyfrifol sy'n adlewyrchu tosturi anhunanol, disgyblaeth y meddwl drwy dechnegau myfyrdod a mewnwelediad i'r gwirioneddau a ddarganfyddodd drwy reswm, profiad a myfyrdod. Nid yw'n gymaint yn athroniaeth am fywyd ond cyngor ymarferol ar sut i fyw bywyd wedi'i seilio ar brofiad personol y Bwdha ei hun.

Cwestiynau a Wrthododd y Bwdha eu Hateb

Yn y Canon Pali, darllenwn am nifer o gwestiynau a adawyd gan y Bwdha fel 'nas cyhoeddwyd'. Cwestiynau oedd y rhain o'r math dan drafodaeth gan y Shramana ar y pryd, ac ar bedwar pwnc sylfaenol:

1.   A ellir dweud bod y byd yn dragwyddol neu beidio – mewn geiriau eraill, a gafodd y bydysawd ddechreuad mewn amser, neu a yw wedi bod yma erioed, yn newid cyflwr, ac a gaiff ddiwedd mewn amser?

2.   A yw'r bydysawd yn derfynol neu'n annherfynol – a oes ganddo derfynau gofodol? A fedrwch chi gyrraedd ymyl y bydysawd?

3.   Ydy 'bywyd' bod dynol yn gysylltiedig â'r bod ffisegol, neu a yw'n rhywbeth sydd ar wahân i'r bod ffisegol?

4.   Pan fydd bod goleuedig neu *Tathagata* (un sydd wedi mynd) yn marw, a ellir dweud ei fod yn bodoli, neu'n peidio â bodoli, neu'n bodoli **a** dim bodoli, neu ddim bodoli **na** chwith bodoli?

Ar un achlysur penderfynodd dilynwr y Bwdha a oedd yn pendroni ynghylch y fath bynciau roi'r gorau i Fwdhaeth os na fedrai'r Bwdha ateb y cwestiynau hyn. [*Majjhima Nikaya* 1:63] Fodd bynnag, gwrthododd y Bwdha ateb ac esboniodd pam. Y prif reswm yw bod y fath bynciau yn amherthnasol i brif bwrpas bywyd sef i ddileu chwant ac anwybodaeth ac ennill doethineb, heddwch a *nirvana*. Ni fyddai gwybod yr atebion i'r cwestiynau hyn yn ein cynorthwyo o gwbl ac mae meddwl amdanynt ond yn wastraff amser. Ar lefel mwy dwfn, nid yw'r cwestiynau hyn yn atebol yn y ffurf y cânt eu gofyn – pe byddai person hollwybodus (gwybod popeth) yn ceisio esbonio, ni fedrai ddweud yn syml 'ie' neu 'na' ond byddai rhaid iddo ddadwneud y rhagdybiaethau ynghylch amser, gofod a bodolaeth a gredir gan yr holwr. Yn drydydd, pe bai person hollwybodus yn ceisio esbonio, byddai'n amhosibl i feddwl cyfyng cyffredin, gyda'i eiriau a'i syniadau wedi'u ffurfio o fewn cyfyngiadau *samsara*, i ymdopi â'r ateb – ni fyddem yn medru ei ddeall , a gallem fod yn beryglus o ddryslyd.

Mae'r pedwerydd pwnc o bwysigrwydd penodol, sef a yw person goleuedig yn bodoli ar ôl marwolaeth. Nid yw ein gair dynol 'bodoli' yn berthnasol i gyflwr bod goleuedig ar ôl marwolaeth, a byddai'r pedwar posiblrwydd oll yn rhoi'r argraff anghywir i'r meddwl anoleuedig. Mae pobl oleuedig a fu farw yn 'bodoli' ar un ystyr, ond mewn ystyr mor wahanol i arwyddocâd arferol y gair hwn, fel byddai ei ddefnyddio yn anghywir.

Hawliai'r Bwdha bob amser ei fod wedi dysgu ei ddilynwyr bopeth roedden nhw angen ei wybod, h.y. y Pedwar Gwirionedd Nobl. Yn y Canon Pali honnir (mwy na thebyg gan ddilynwyr duwiol yn hytrach na'r Bwdha ei hun) y gellid cymharu'r wybodaeth a ddatgelai â'r hyn a wyddai mewn gwirionedd, i lond llaw o ddail yn erbyn coedwig lawn – ond mae gennym bopeth sydd ei angen arnom ar gyfer holl bwrpasau ymarferol.

Ynglŷn â'r testun hwn adroddodd y Bwdha un o'i ddamhegion enwog: mae dyn sy'n gofyn y fath gwestiynau fel dyn a gafodd ei saethu â saeth wenwynig a gwrthod gadael i'r llawfeddyg symud y saeth tan iddo gael yr atebion i bopeth amdani – gwneuthuriad y saeth, pen y saeth, y lliw, uchder a chefndir teuluol y dyn a saethodd y saeth, defnydd y llinyn bwa, y math o fwa a ddefnyddiwyd, a.y.b. Tra'n gofyn y cwestiynau amherthnasol hyn byddai'r dyn yn marw – yn yr un modd gallai dyn dreulio'i fywyd yn gyfan gwbl ar gwestiynau athronyddol am natur y bydysawd a marw heb fod gam yn nes i roi'r gorau i chwant ac anwybodaeth a chyrraedd *nirvana*.

Datblygiadau Hanesyddol yn India ar ôl y Bwdha

Yn ôl y Canon Pali, pan fu farw'r Bwdha, bu farw'n ffyddiog bod ei ddilynwyr wedi cael gwybod ac wedi cymathu popeth roeddent angen ei wybod. Roedd y *Dharma* wedi cael ei phregethu am 45 mlynedd ac wedi'i hen sefydlu mewn traddodiad llafar, roedd cannoedd o *arhatau* goleuedig a allai arwain y gymuned ac roedd y *sangha* fynachaidd wedi'i hen sefydlu, wedi'i threfnu ac yn alluog i ddiogelu'r ddysgeidiaeth. Yn union ar ôl marwolaeth y Bwdha dywedir bod Cyngor o 500 *arhat* wedi cael ei alw yn Rajagaha er mwyn casglu dysgeidiaeth ddilys y Bwdha. Dywedir bod Upali wedi adrodd y *Vinaya* (P) neu ddefnydd ar ddisgyblaeth fynachaidd, ac Ananda wedi adrodd y *Sutta* (P) neu'r dysgeidiaethau. Er nad oedd dim wedi cael ei gofnodi tan nifer o ganrifoedd yn ddiweddarach, cred y Theravadiniaid bod y deunydd hwn wedi'i gofnodi'n ffyddlon yn eu hysgrythur, y Canon Pali.

Ni phenododd y Bwdha olynydd ar wahân i'r traddodiad llafar hwn o'r *Dharma*. Oherwydd prinder ysgrythurau ysgrifenedig, a'r ffaith bod y *sangha* fynachaidd wedi'i threfnu mewn unedau lleol hunan-gynhwysol heb ddim awdurdod canoledig, nid yw'n syndod bod gwahaniaethau mewn arferion a dysgeidiaeth wedi dechrau ymddangos. Yn ystod yr ychydig ganrifoedd cyntaf ymddangosodd gwahanol ysgolion meddylfryd ac ar adegau roedd rhaniadau yn y *sangha* ynghylch ymarfer mynachaidd. Mae Bwdhaeth yn ymddangos yn oddefgar o'r cyntaf, ond yn gweld yr ail fel digwyddiad trist. Er bod ysgolheigion yn siarad am wahanol 'sectau', gellid dod o hyd i fynachod o wahanol grwpiau yn byw ochr yn ochr yn yr un fynachlog, a gallai'r gwahaniaethau fod wedi bod yn amherthnasol i nifer o Fwdhyddion lleyg.

Mae hanes y dadleuon cynnar ymhell o fod yn glir. Ymddengys bod ail Gyngor wedi'i alw yn Vesali tua 50 i 100 mlynedd ar ôl marwolaeth y Bwdha pan ddechreuwyd teimlo gwahaniaethau. Ymddengys bod y brif ddadl ynghylch ymarfer mynachaidd, gyda rhai grwpiau o fynachod â dehongliad mwy llac o'r vinaya nag eraill. Un enghraifft yw bod rhai yn derbyn arian oddi wrth gymwynaswyr lleyg. Un ai yn y cyngor hwn, neu ryw ddegawdau'n ddiweddarach mewn cyngor pellach yn Paliputra, holltodd y *sangha* yn ddau grŵp, y Sthaviravadin 'y rhai hynny sy'n dilyn dysgeidiaeth yr henaduriaid' a'r Mahasanghika 'y cynulliad mawr'. Yn ôl pa ochr oeddech chi'n ei chefnogi, roedd y Sthaviravadin yn cadw'r rheolau gwreiddiol a osodwyd gan y Bwdha ac roedd y Mahasanghika yn mynd yn amwys; neu roedd y Sthaviravadin yn ychwanegu rheolau llymach at ddysgeidiaeth y Bwdha, tra oedd y Mahasanghika yn cadw at y symlrwydd gwreiddiol. Un ai yn yr un cyfarfod(ydd), neu mewn eraill tua'r un adeg, roedd trafodaeth hefyd am bwyntiau athrawiaethol. Roedd un ddadl ynghylch natur *arhat* – 'pum pwynt Mahadeva' fel y'i gelwir – roedd amheuaeth ynglŷn â'u perffeithrwydd (e.e. gallent gael breuddwydion erotig o hyd; nid oeddent yn hollwybodus; gallent gael amheuon o hyd). Ymddengys hefyd bod y Mahasanghika wedi cael golwg mwy 'goruwchfydol' o'r Bwdha – nid bod dynol cyffredin mohono, ond bod a oedd yn berffaith bur, byth yn fudr, yn sâl neu'n anwybodus.

Digwyddodd rhaniadau pellach o fewn pob un o'r adrannau hyn o Fwdhaeth. O fewn adran y Sthaviravadin yn y drydedd ganrif COG, cyflwynodd y Pudgalavadin y gred mewn 'person' arall ar wahân i'r pum *skandha* yn y bod dynol, tra bod y lleill yn meddwl bod hyn yn beryglus o agos i *'atman'* neu 'hunan'. Yna rhannodd y Sarvastivadin a'r Vibhajhavadin ynghylch a fedrid dweud bod y *dhammau* (digwyddiadau byrhoedlog sy'n cyflenwi profiad) yn bodoli neu beidio. Dysgodd y Sarvastivadin bod gan *dhammau* y gorffennol, presennol a dyfodol fodolaeth go iawn, tra na wnaeth y Vibhajhavadin ddysgu hyn. (Am ragor ar *dhammau* gweler Pennod Tri.) Daeth y Sarvastivadin yn bwysig yng Ngogledd India, ac estynnwyd eu fersiwn nhw o'r Canon ymlaen i Tibet a China, tra'r aeth y Theravada, ysgol y Vibhajhavadin, ymlaen i ddod yn bwysig yn Ne India, Sri Lanka, Burma a Gwlad Thai.

Yn ôl traddodiad roedd 18 grŵp gwahanol yn yr ychydig ganrifoedd cyntaf o Fwdhaeth – ond mae rhai ysgolheigion wedi awgrymu y gallai fod deg ar hugain.

Ymlediad a Dirywiad Bwdhaeth

Er gwaethaf ei rhaniadau mewnol, lledaenodd Bwdhaeth yn gyflym iawn yn India a thu hwnt. Erbyn y drydedd ganrif COG roedd hi'n brif grefydd India ac yn barod wedi ymledu'n llwyddiannus i Sri Lanka. Mae nifer o resymau wedi'u rhoi am ei llwyddiant.

* Roedd dysgeidiaeth Fwdhaidd yn berthnasol ar draws y byd ac nid wedi'i chyfyngu i unrhyw grŵp llwythol neu ddiwylliannol, yn cynnig ffordd o fyw ddeheuig a gobaith am iachawdwriaeth.
* Pwysleisiodd bwysigrwydd profiad yr unigolyn ac o wneud eich penderfyniad eich hun, ar adeg pan oedd traddodiadau hynafol ac awdurdodau yn cael eu cwestiynu.

* Roedd nifer o agweddau ar fywyd na fynegodd y Bwdha farn arno, fel bod pobl yn rhydd i barhau â duwiau ac arferion traddodiadol pe dymunent. Roedd Bwdhaeth yn hyblyg ac yn addasadwy iawn.
* Roedd hi'n ddeniadol i'r dosbarth cynyddol o deithwyr a masnachwyr, a oedd wedi'u gwahanu oddi wrth gredoau traddodiadol gwledig, ac a oedd yn bwysig iawn wrth ledaenu dysgeidiaethau Bwdhaeth ar eu teithiau.
* Roedd y *sangha* fynachaidd wedi'i threfnu'n dda a gellid ei gweld fel enghraifft o lwybr ysbrydol llwyddiannus.
* Denodd Bwdhaeth gefnogaeth aelodau blaenllaw cymdeithas fel brenhinoedd a gefnogai ei lledaeniad. Un person penodol a gydnabyddir am hyrwyddo ymlediad llwyddiannus Bwdhaeth yn ei chanrifoedd cynnar yw Ashoka, y brenin Indiaidd, neu Ymerawdwr.
* Roedd y ddysgeidiaeth ei hun, a seiliwyd ar ddoethineb a chariad, yn ddeniadol iawn. Roedd ganddi lawer i ddenu deallusion yn ei chofnod resymegol a dadansoddol o realiti, ond hefyd yn cynnig ffordd o fyw ymarferol i bobl gyffredin.

Fodd bynnag, nid yw'r hanes bob amser yn un o lwyddiant a lledaeniad. Erbyn y 12fed ganrif OG roedd Bwdhaeth bron wedi diflannu yn India, ac ar hyd y ffyrdd sidan rhwng India a China. Cymerodd amser hir i gael ei sefydlu yn China ac ni wnaeth erioed ddisodli'r crefyddau eraill yno. Nid oedd cenadaethau cynnar i wledydd Gorllewinol (a anfonwyd yn y 3edd ganrif COG yn ôl pob sôn) yn llwyddiannus.

Mae'r ffactorau sy'n gwneud Bwdhaeth yn ddeniadol hefyd yn ei gwneud hi'n fregus. Mae'r dirywiad yn India fel arfer yn cael ei briodoli i ddau beth, cymathiad a choncwest milwrol. Mae hyblygrwydd Bwdhaeth yn golygu na ellir gwahaniaethu rhyngddi a'r grefydd werin, ac awgrymir ei bod hi yn India wedi tyfu yn anwahanol i Hindŵaeth. Mae ei natur heddychol ac arallfydol yn ei gwneud hi'n fregus i rym milwrol. Digwyddodd hyn yn India a Chanol Asia gyda'r mewnlifoedd Mwslimaidd, ac yn y ganrif yma yn China, Tibet, Laos a Viet Nam gyda Chomiwnyddiaeth. Mae pwysigrwydd y *sangha* fynachaidd yn golygu pan aflonyddir ar hyn (e.e. gan ddinistr mynachlogydd adeg rhyfel), bod dysgeidiaeth Fwdhaidd yn dioddef. Nid yw Bwdhaeth wedi ceisio gorfodi derbyniad o'i dysgeidiaethau ar bobl, felly lle daeth cenhadon at leoedd â diwylliant soffistigedig a oedd wedi'i sefydlu'n barod (e.e. yn China) roedd cynnydd yn araf.

Ashoka

Yn hanes gwleidyddol y canrifoedd ar ôl y Bwdha, amsugnodd teyrnasoedd Magadha a Kosala y grwpiau llwythol eraill yn fuan ar ôl marwolaeth y Bwdha. Erbyn yr Ail Gyngor (50-100 mlynedd ar ôl marwolaeth y Bwdha) roedd

Magadha wedi meddiannu holl ardal gweinidogaeth y Bwdha ac roedd yn cael ei reoli gan Chandragupta Maurya. Ymestynodd ei ŵyr, Ashoka, a ddaeth i'r orsedd yn 268 COG, y diriogaeth i ymerodraeth a oedd yn cynnwys pobman ond y de eithaf o India.

Mae e'n enwog mewn traddodiad Bwdhaidd fel noddwr mwyaf grymus Bwdhaeth. Mae gennym wybodaeth fanwl am ei deyrnasiad, gan fod archaeolegwyr wedi darganfod 32 o'i orchmynion neu ddyfarniadau a gadwyd ar wynebau creigiau neu bileri drwy India i gyd. Daeth i rym yn wreiddiol drwy lofruddio pob hawliwr arall i'r orsedd, yn cynnwys ei frodyr ei hun, ac ehangu ei ymerodraeth drwy ymgyrchoedd milwrol. Dywed y gorchmynion wrthym, ar ôl un ymgyrch filain benodol ei fod e wedi mynd yn sâl oherwydd y trais a throi at dangnefedd crefydd. Ceisiodd sefydlu cymdeithas a seiliwyd nid ar drais ond ar *Dharma* neu gyfiawnder. Roedd ei orchmynion yn gofyn i bobl ymddwyn yn foesol ac yn gyfrifol, gan ufuddhau i rieni a phenaethiaid, yn cynorthwyo'r tlawd, bod yn deg i weision a gweithwyr, ac yn hael i wŷr sanctaidd. Cynghorodd nhw i fod yn drugarog, yn onest ac yn bur, nid i fod â phryder gormodol ynghylch pethau materol, ac i atal rhag lladd neu niweidio bodau byw. Gwaharddodd aberthu anifeiliaid, ac efallai hefyd iddo wahardd y gosb eithaf.

Ceisiodd ef ei hunan osod esiampl a darparodd nifer o brojectau cymdeithasol fel gwasanaethau meddygol a milfeddygol, cododd ffynhonnau a chronfeydd, plannodd goed a darparodd wasanaethau lles i garcharorion. Rhoddodd y gorau i hela, hoff ddifyrrwch dosbarth y Kshatriya, ac yn lle hynny aeth ar bererindodau i'r lleoedd sanctaidd a oedd yn gysylltiedig â bywyd y Bwdha ac yno fe gododd gysegrleoedd coffaol. Anfonodd genhadon allan, yn ôl pob tebyg, mor bell i ffwrdd â Syria, Yr Aifft, a Macedonia er mwyn lledaenu dysgeidiaethau Bwdhaidd o gwmpas y byd. Menter a alwodd yn 'orchfygiad yn ôl *Dharma*'. Roedd ei genadaethau yn llwyddiannus yn Kashmir, ac yn enwedig yn Sri Lanka, lle cafodd Brenin yr Ynys, Tissa, dröedigaeth gan fab Ashoka ei hun. Mae'r ynys wedi aros yn Fwdhaidd i raddau helaeth byth ers hynny. Penododd swyddogion *Dharma* i archwilio sut roedd ei gynlluniau yn gweithio. Er gwaethaf ei ymlyniad i Fwdhaeth, cefnogodd hefyd athrawon o grefyddau eraill, ac er yr edrychir yn ôl ar ei deyrnasiad fel oes aur Bwdhaeth, mae haneswyr wedi cwestiynu pa mor Fwdhaidd oedd e mewn gwirionedd. Er enghraifft, mae Basham, yn *The Wonder That was India* yn honni 'mewn gwirionedd, nad Bwdhaeth o gwbl oedd y *Dharma* a ledaenwyd yn swyddogol gan Ashoka ond system o foesau a oedd yn gyson â daliadau y rhan fwyaf o sectau'r ymerodraeth, ac a dybiwyd i arwain at heddwch a chyfeillach yn y byd hwn a nefoedd yn y nesaf.'

Er i nawddogaeth Ashoka hybu lledaeniad Bwdhaeth, mae yna anfanteision o ddod yn grefydd sefydlog. Gellir ei ffurfioli a cholli ei hysbryd mewnol a gall safon ymroddiad ddod yn is wrth i bobl ymuno am resymau cymdeithasol. Ar ôl marwolaeth Ashoka dirywiodd y llinach, ac ymrannodd India eto i nifer o deyrnasoedd bychain.

BWDHAETH THERAVADA

Nodweddion Sylfaenol

O'r amrywiol ysgolion y mae'r Mahayanistiaid yn cyfeirio atynt fel 'Hinayana' (y cyfrwng lleiaf) yr unig un i oroesi hyd heddiw yw ysgol Theravada, 'ffordd yr henaduriaid'. Mae llawer o ysgolheigion sy'n siarad Saesneg yn gweld Theravada fel Bwdhaeth 'go iawn' neu 'wreiddiol' [John Snelling 1987 t.85] wrth iddynt ymgyfarwyddo'n gyntaf ag ysgrythurau'r Theravada (y Canon Pali). Ond mae'n bwysig cofio mai un fersiwn yn unig o'r traddodiad Bwdhaidd ydyw. Mae'n geidwadol ei natur ac yn hawlio ei fod wedi cadw *Dharma* pur y Bwdha, sy'n ddigyfnewid ers y 5ed ganrif COG. Pa mor wir bynnag fo hynny, yn bendant ychydig iawn o wahaniaeth sydd rhwng Bwdhaeth Theravada heddiw a'r cofnodion ohoni yn y 5ed ganrif OG, a mwy na thebyg ers y ganrif 1af COG pan ysgrifenwyd ei hysgrythurau. Gwledydd lle mae Theravada yn bodoli heddiw yw Sri Lanka, Gwlad Thai, Burma (Myanmar), Cambodia a Laos.

Y prif gredoau sy'n gwahaniaethu Theravada oddi wrth ffurfiau eraill o Fwdhaeth yw'r canlynol [dylid cymryd y rhestr hon yn ysbryd y 'rafft' – crynodeb gan yr awdur, sydd i fod o gymorth ond nid yn derfynol]:

1. Y Bwdha

Yn nysgeidiaeth Theravada dyn oedd y Bwdha, bod dynol yr un fath â ni ein hunain. Yn sicr, ef oedd y dyn mwyaf arbennig a fu fyw erioed yn ein cyfnod ni oherwydd iddo ef ei hun, wrth frwydro am filoedd o fywydau, lwyddo yn y diwedd i ennill iddo'i hun yr wybodaeth sy'n arwain at ryddhad. Fodd bynnag mae llawer o ymgysegriad poblogaidd yn priodoli nodweddion arbennig iddo – megis y 32 nod o uwchfod a'i enedigaeth wyrthiol. Mae'n anhepgor i beidio ag anghofio ei fod e'n un ohonom ni, ac mae galw arnom ni i ennill y cyflwr o oleuedigaeth y mae ef wedi'i sicrhau. Digwyddiad anaml iawn yw Bwdha, ac nid yw'n golygu unrhyw berson goleuedig; dim ond un sydd wedi ennill goleuedigaeth iddo'i hun, ac yn dysgu eraill. Mae Bwdha Shakyamuni wedi marw erbyn hyn a thu hwnt i unrhyw gysylltiad â bodau sy'n ymdrechu, fel ag y mae'r holl rai goleuedig marw. Fodd bynnag, mae'r traddodiad yn rhoi popeth sydd angen i ni ei wybod am yr hyn a ddysgodd pan oedd e'n fyw.

2. Duw a'r duwiau

Nid oes dim mewn Bwdhaeth sy'n cyfateb i greawdwr terfynol, personol. Nid oes person dwyfol a wnaeth y byd ac sy'n gwylio drosom, i'r hwn y dylai dyn weddïo arno am gymorth. Nid yw'r Bwdha fel Duw oherwydd y mae wedi mynd heibio i *nirvana* annychmygol ac ni ellir cysylltu ag ef. Mae'r Theravada yn ystyried nad yw'r cysyniad o Dduw yn ffeithiol gywir: does dim tystiolaeth am fodolaeth y fath fod, ac mae'r dystiolaeth yn pwyntio i'r gwrthwyneb. Os oes y fath fod cariadus, hollalluog, pam mae'n rhaid i greaduriaid diniwed ddioddef? Fodd bynnag, mae'r Theravada yn credu'n aml mewn 'duwiau' – sy'n fodau cyfyng sy'n bodoli yn y bydysawd, ac y gallant efallai gynorthwyo gyda phroblemau bach, bydol. Yn syml mae duwiau yn un o'r ffurfiau bywyd posibl mewn *samsara*, yn fwy dethol a hapusach na phobl, ond â llai o gyfle i symud ymlaen tuag at *nirvana*. Mae 26 o lefelau gwahanol o fodau fel duw, ac mae'r rhai is yn perthyn i'r un deyrnas – teyrnas chwant – fel bodau dynol, ac felly'n gallu rhyngweithio â bodau dynol. Nid yw'r duwiau hyn yn anfarwol, a rhaid iddynt farw a chael eu haileni eto.

3. Hunanddibyniaeth

Gan nad oes dim Duw, bod y Bwdha'n farw, a bod duwiau dim ond yn gallu cynorthwyo gyda phethau bydol, cyfrifoldeb pob unigolyn yw rhoi trefn ar ei fywyd ei hunan. Does dim gwaredwr i alw arno am gymorth; rhaid i ni oll gynorthwyo ein hunain drwy osod y llwybr wythblyg ar waith. Mae'r Bwdha wedi rhoi map i ni o'r ffordd i *nirvana*, ond rhaid i ni gael ein hunain yno. Y ddelfryd i anelu ati yw dod yn *arhat* (S) *arahat* (P), person goleuedig sydd wedi cyrraedd gwybodaeth am ddiwedd pob chwant ac anwybodaeth. Mae angen ymroddiad llawn i gyrraedd y cyflwr hwn. Mae'r rhan fwyaf o'r Theravada yn teimlo, er bod y Canon Pali yn cynnwys hanesion o bersonau lleyg goleuedig, mai ffordd o fyw fynachaidd yw'r dull mwyaf addas i gyrraedd y cyflwr. Mae hyd yn oed mynachod heddiw yn teimlo bod *nirvana* yn nod pellgyrhaeddol ac yn gweithio yn lle hynny tuag at well ail-enedigaeth – er gall fod rhai *arhatau* mae'n siwr, nad sy'n ymffrostio yn eu cyraeddiadau. Ambell waith, teimlir bod y grefydd hunanddibynnol hon braidd yn hunanol, yn ymwneud ag arbed eich hun yn unig rhag dioddefaint, ond byddai hyn yn camddeall Bwdhaeth Theravada. Mae'n groesddywediad i ymdrechu i achub 'eich hunan'. Drwy ddiffiniad, *arhat* yw un sydd wedi colli pob synnwyr o 'hunan' ar wahân i eraill, a phob mympwy hunanol. Mae tosturi tuag at eraill, a'u cynorthwyo ar eu llwybr ysbrydol, yn rhan hanfodol o Fwdhaeth Theravada. Mae'r mynachod yn dysgu 'er mwyn lles a hapusrwydd duwiau a dynion.' Heb fwddwl tosturiol, ni châi goleuedigaeth ei chyrraedd byth.

4. Defod grefyddol

Mae gan Fwdhyddion Theravada ddefodau crefyddol (a ddisgrifir ymhellach ymlaen yn y bennod hon), ond dywedir bod hyn yn gyffelyb i anrhydeddu gŵr mawr, ac yn atgof o'i ddysgeidiaeth, yn hytrach na defod grefyddol. Caiff defod grefyddol yn ystyr gweddïau ac offrymau sy'n disgwyl ffafr yn gyfnewid, ei gwneud i'r duwiau a'r bodau goruwchnaturiol eraill a all eich helpu chi gyda cheisiadau bydol ond nid gyda rhai ysbrydol. Ystyrir defodau i fod yn gymwys ar gyfer Bwdhyddion lleyg yn hytrach na mynachod.

5. Athroniaeth – *Abhidhamma* neu '*Dharma* uwch'

Mae athroniaeth Theravada yn ymarferol ac yn seiliedig ar ddadansoddi ffactorau bodolaeth. Caiff ei chyflwyno yn *Abhidhamma Pitaka* y Canon Pali ac mae'n nodi y gall bodolaeth gael ei dadansoddi i ddigwyddiadau amhersonol a elwir yn *dharmau* a ellir eu cyfieithu fel atomau, elfennau neu ddirgryniadau. At ddibenion ymarferol, mae 171 *dharma* (S) *dhamma* (P) megis 89 cyflwr gwahanol o ymwybyddiaeth, 28 rhinwedd faterol, 5 math o deimladau. Mae dysgeidiaeth Theravada yn dysgu y dylai dyn sylwi ar y bydysawd fel petai o wneuthuriad cyfres o *dhammau* sy'n gyson yn arwain yn ddynamig o un i'r nesaf, heb osod meddyliau ffug, megis fy 'hunan', arnynt. Mae'r theori yma o *dharmau* yn ddatblygiad ar athrawiaeth y Bwdha ar y 5 *skandha*. Os ymddengys hyn braidd yn dywyll, dylid ei ddeall fel rhywbeth ymarferol hollol yn ei fwriad – mae cadw at *dharmau* yn gymorth i gael gwared ar ein rhithiau. Er enghraifft, os cadwn at y *dharmau* sy'n ffurfio ein cyflwr presennol, byddwn yn cadw at elfennau sylfaenol fel ymdeimlad o angen bwyd, o ofn sydyn, a gweld mai'r elfennau newidiol diddiwedd hyn yw'r gwirionedd, ac mai rhith yw ein cysyniad o 'fy hunan'. Mae athroniaeth Theravada â chyswllt agos â dadansoddiad seicolegol.

6. Ysgrythurau

Y Canon Pali yw'r enw a roddir ar yr ysgrythurau sy'n ymgorffori traddodiadau ysgol Theravada Bwdhaeth, gan eu bod nhw wedi'u hysgrifennu yn nhafodiaith Indiaidd hynafol Pali. Maen nhw'n cael eu rhannu i dair adran: *Vinaya* neu reolau disgyblaeth ar gyfer urdd y mynachod, *Sutta* neu areithiau'r Bwdha ac *Abhidhamma* neu weithiau athronyddol pellach.

Ysgrythurau Theravada – y Canon Pali

Y Canon Pali yw'r enw a roddir ar ysgrythurau Bwdhaeth Theravada. 'Pali' yw'r enw ar iaith Indiaidd hynafol ac mae 'Canon' yn cyfeirio at gasgliad awdurdodol o ysgrythurau. Mae'n cynnwys deialogau, storïau, esboniadau a rheolau mynachaidd dywedir iddynt gael eu hysgrifennu i lawr yn gyntaf yn Sri Lanka yn y ganrif 1af COG.

Cred Bwdhyddion bod cynnwys y Canon wedi'i drosglwyddo'n gywir gan draddodiad llafar. O'i gasglu ar ffurff llyfr, byddai'r Canon cyflawn yn llanw sawl silff lyfrau. Yn wreiddiol, cafodd ei ysgrifennu ar lawysgrifau dail palmwydd a gafodd eu storio mewn basgedi – felly yr enw arall *Tipitaka* (P) *Tripitaka* (S) – y 'tair basged', sy'n cyfeirio at dair adran yr ysgrythurau. Y tair adran yma yw'r *Vinaya Pitaka* neu adran ddisgyblaeth, y *Sutta Pitaka* neu adran areithiau a'r *Abhidamma Pitaka* neu dysgeidiaeth athronyddol.

I.   Vinaya Pitaka

Mae'r *Vinaya Pitaka* yn cynnwys datganiadau a briodolir i'r Bwdha yn nodi nifer o reolau ar gyfer ymddygiad yr urdd. Gyda'r rheolau hyn, rhoddir yr amgylchiadau a arweiniodd at gyhoeddiad o'r rheolau, gan roi gwybodaeth ddiddorol i ni am fywyd y Bwdha a/neu'r *sangha* cynnar. Fe'i rhennir yn dair adran:

A. *Suttavibhanga:* yn rhoi'r 227 o reolau ar gyfer mynachod yn ymdrin ag wyth dosbarth o dramgwyddau. Mae'n dechrau gyda'r pedair rheol a fydd, os cân nhw eu torri, yn golygu diarddeliad o'r urdd. Y rhain yw cyfathrach rywiol, lladrad, llofruddiaeth a ffug honni galluoedd goruwchnaturiol. Yn dilyn hyn mae 13 rheol sy'n galw am gyfarfod o'r *sangha* i ymdrin â nhw, 2 reol amhendant, 30 rheol sy'n gysylltiedig â phenyd a fforffediad, 92 rheol sydd angen cyffes, 4 rheol sydd ond angen cydnabyddiaeth, 75 rheol o hyfforddiant a 7 rheol ynghylch cytundeb ar ddulliau cyfreithiol. Ar ôl y rhain mae adran ar reolau i leianod, sy'n debyg ond ychydig yn fwy llym. Edrychir ar y rheolau yma'n fwy manwl yn nes ymlaen.

B. *Khandhaka*: sy'n cynnwys rheolau sy'n rheoli trefniant y *sangha* yn hytrach nag ymddygiad mynachod unigol. Mae hyn yn cwmpasu testunau megis mynediad i'r urdd, yr *uposatha* bob pythefnos (cyfarfod i adrodd y rheolau), yr enciliad yn ystod y tymor glawogydd, y seremoni ar ddiwedd yr enciliad, rheolau ynglŷn â gwisg, dodrefn, meddyginiaeth, bwyd, mentyll, edrych ar ôl y *bhikkhu* sâl, sut i ymdrin â rhwygau, y drefn i ailsefydlu mynachod a gafodd eu diarddel, dyletswyddau gwahanol ddosbarthiadau o fynachod, ordeinio lleianod, ynghyd â chofnod o'r ddau Gyngor cyntaf ar ôl marwolaeth y Bwdha.

C. Crynodeb o'r holl reolau hyn wedi'u trefnu fel catecism ar gyfer pwrpas hyfforddiant ac arholiad. (Mewn cyfieithiad Saesneg, llenwa'r deunydd hwn 3-6 llyfr.)

II.   Sutta Pitaka

Mae'r adran hon yn cynnwys areithiau'r Bwdha (ynghyd ag ychydig o bregethau gan amrywiol ddisgyblion) ac yn ffynhonnell ysgrifenedig o'r *Dharma* Bwdhaidd. Fe'i rhennir i 5 adran yn ôl hyd a chynnwys y pregethau, yn hytrach nag mewn unrhyw drefn gronolegol.

A. Digha Nikaya (casgliad o ddeialogau hirion): sy'n cynnwys 34 o areithiau, pob un ohonynt ag enw y gellid cyfeirio ati. Mae'r 34 pregeth yma yn cwmpasu'r pynciau hyn: dysgeidiaethau ffug; manteision y bywyd digartref; safle cast; gwir ystyr 'brahmin' (yn y ddau achos barn y Bwdha bod statws nobl yn cael ei ennill drwy ymddygiad yn hytrach nag yn ôl genedigaeth); anfadrwydd aberthu anifail; galluoedd goruwchnaturiol a chyflyrau uwch o ymwybyddiaeth; y berthynas rhwng bywyd a'r corff ffisegol; drygau hunanboenydio gormodol; mater yr enaid; araith Ananda ar foesoldeb, myfyrdod a doethineb; perygl gwyrthiau; moeseg dysgeidiaeth; storïau chwe Bwdha blaenorol mewn oesoedd cynharach; deuddeg dolen achosol; *parinirvana*'r Bwdha a'i eiriau olaf; bywyd blaenorol y Bwdha fel brenin; stori'r diafol; stori bywyd blaenorol arall; math uwch o dduwiau; pregeth i Sakka, brenin yr is-dduwiau; pedwar math o fyfyrdod; tröedigaeth heretic nad oedd yn credu mewn bywyd ar ôl marwolaeth; pam nad yw'r Bwdha'n gwneud gwyrthiau nac yn esbonio dechreuadau'r bydysawd; asgetigiaeth; y syniad o deyrn byd-eang a'r broffwydoliaeth am Maitreya; sut cychwynnodd cast yn hanesyddol; ffydd Sariputta; dysgeidiaeth, 32 nod dyn arbennig; dyletswyddau penteulu; amddiffyniad 4 duw gwarcheidiol y ddaear; ac yn olaf, dwy bregeth gan Sariputta. Yn y cyfieithad Saesneg mae'r 34 pregeth yma'n llanw 3 cyfrol.

B. *Majjhima Nikaya* (Casgliad o areithiau hyd canolig): sy'n cynnwys 152 pregeth hyd canolig wedi'u rhannu i 15 isadran, sydd gyda'i gilydd mewn cyfieithad Saesneg yn llenwi tair cyfrol. Byddai'n cymryd gormod o le i restru cynnwys yr holl 152 o areithiau – bydd detholiad yn rhoi syniad cyffredinol. Mae araith rhif 4 yn rhoi un o gyfrif y Bwdha am ei Oleuedigaeth; mae rhif 17 am fywyd yn y goedwig; mae rhif 21 yn rhoi cymhariaeth enwog y llif – y dylai dyn gynnal cariad trugarog a hunanreolaeth o dan y gwaethaf o amgylchiadau, dylech garu'ch gelynion er eu bod nhw'n eich llifio yn ddarnau; mae rhif 26 yn adrodd am ymwrthodiad, ymchwil a chyrhaeddiad goleuedigaeth Bwdha; mae rhif 44 yn ddiddorol, gan mai pregeth ydyw gan ddisgybl benywaidd y Bwdha sy'n dangos sut roedd gan wragedd le mewn Bwdhaeth gynnar; mae rhif 48 yn cofio'r achlysur pan adawodd y Bwdha ei ddisgyblion mewn anniddigrwydd oherwydd eu cweryla a'i ddysgeidiaeth ar osgoi cwerylon; mae rhif 49 yn dangos sut darbwyllodd y Bwdha y duw Brahma – a ystyrir gan lawer i fod yn dduw'r creu – nad oedd yn dragwyddol nac yn hollalluog wedi'r cwbl; mae rhif 55 yn esbonio safle'r Bwdhydd ar fwyta cig – ni ddylai disgybl yn fwriadol amddifadu anifail o fywyd er mwyn ei fwyd, ond gall dderbyn cig a gynigwyd os yw e'n gwybod nad yw wedi cael ei ladd yn arbennig ar ei gyfer. Yn rhif 62 mae'r Bwdha'n cynghori ei fab, Rahula, ar sut i fyfyrio gydag ymarferion anadlu, ac mae rhif 63 yn ymwneud â'r 'cwestiynau annatrys' y gwrthododd y Bwdha eu hateb. Mae yna nifer o storïau 'bywyd blaenorol', tröedigaeth y pen-lleidr a stori a seiliwyd ar alar gŵr a oedd wedi colli mab, a ddefnyddiodd y Bwdha i ddangos sut mae'r fath gysylltiadau oll yn arwain yn anochel at dristwch. Mae rhif 112 yn rhoi'r nodweddion yn ôl yr hyn y gall dyn adnabod *arhat*, ac mae rhif 116 yn esbonio am Fwdhau-Pratyeka, sy'n fodau sy'n cyrraedd goleuedigaeth ar eu pennau eu hunain, ond nad sy'n mynd ymlaen i ddysgu. Dyma'r gydnabyddiaeth Fwdhaidd bod pobl mewn oesau a lleoedd eraill efallai wedi cyrraedd rhyddhad heb ddysgeidiaethau Bwdhaeth. Mae rhif 117 yn esbonio'r Llwybr Wythblyg Nobl ac mae rhif 129 yn esbonio am y gwobrau a'r cosbau ar ôl marwolaeth ar gyfer gweithredoedd da a drwg mewn bywyd. Mae rhif 141 yn amlinellu'r Pedwar Gwirionedd Nobl.

C. *Samyutta Nikaya* (Casgliad o areithiau 'grŵp' neu 'Ddywediadau Perthynol'): sy'n cynnwys 2,889 o areithiau byr a drefnwyd mewn 56 o grwpiau pynciol. Mae'r 56 grŵp pynciol hyn wedi'u trefnu i 5 adran. Mae'r cyfieithiad Saesneg mewn 5 cyfrol. Enghreifftiau o bynciau a ymdrinir â nhw yw duwiau, Mara yr un drwg, cythreuliaid, deuddeg dolen paticcasamuppada, y pum *skandha*, lefelau gwahanol *jhana* neu lesmair, *nirvana*, y 37 rhinwedd sy'n arwain at oleuedigaeth, y Llwybr Wythblyg a'r Pedwar Gwirionedd Nobl.

Ch. *Anguttara Nikaya* (casgliad o 'Ddywediadau Graddol'): sy'n cynnwys areithiau byrion a drefnwyd mewn grwpiau rhifol, o un i unarddeg, fel cymorth i'r cof. Mae 2,308 o ddywediadau byrion sy'n llenwi 5 cyfrol yn y cyfieithiad Saesneg. Enghreifftiau o'r pynciau yw un Bwdha; y ddau fath o *karma* (h.y. naill ai a gyflawnwyd yn y bywyd hwn neu ar ôl marwolaeth); y ddau fath o rodd, h.y. pethau materol a rhodd *Dharma* neu wirionedd; y tair gweithred dda o haelioni, ymwrthod a chynnal rhieni; tair golwg hereticaidd ar achosion ein profiadau; y pedwar math o gariad – caredigrwydd cariadus, tosturi, llawenydd cydymdeimladol a thawelwch meddwl; y pedwar safbwynt anghywir o gred mewn sefydlogrwydd, pleser, hunan a phurdeb lle nad oes yr un o'r rhain yn bodoli; y pedwar canlyniad da o gynnig bwyd i fynachod – bywyd hir, prydferthwch, hapusrwydd a nerth; pedwar safle o bererindod a'r pum rhwystr meddyliol o chwant, ewyllys ddrwg, diogi, aflonyddwch neu ofid ac amheuaeth. Dywedir bod chwe dyletswydd ar gyfer mynach – i ymwrthod â gweithredoedd, dadleuon, cwsg a chwmni, ac i ymarfer gostyngeiddrwydd a chysylltiad â'r doeth.

Mae saith math o gyfoeth ysbrydol megis gwyleidd-dra, wyth achos o ddaeargrynfeydd megis genedigaeth Bwdha, naw math o berson, deg myfyrdod yn cynnwys pedwar math gwahanol o gyrff, y llwybr degplyg ac unarddeg ffordd i *nirvana*.

D. *Khuddaka Nikaya* (casgliad o destunau bychain): sy'n dod â 15 gwaith a oedd yn wreiddiol ar wahân, o natur amrywiol, at ei gilydd. Cred ysgolheigion fod yr adran yma wedi'i hychwanegu at y Canon yn ddiweddarach na'r Pedwar Nikaya a grybwyllwyd yn flaenorol, er gall rhai o'r gweithiau eu hunain fod yn hynafol iawn, gyda deunydd o gyfnod y Bwdha. Mae'r 15 gwaith fel a ganlyn:

1. Y *Khuddakapatha* – sydd â naw *sutta* neu bregeth yn cynnwys y fformiwla noddfa driphlyg, y bendithion mwyaf (hoff *sutta* i adrodd ar adegau o bryder), yr offrymau i'w cyflwyno i berthnasau meirw a'r *metta sutta* enwog ar garedigrwydd cariadus.

2. Y *Dhammapada* – cerdd sy'n crynhoi calon Bwdhaeth sy'n ffefryn mawr gyda Bwdhyddion heddiw.

3. Yr *Udana* – wyth deg o 'fynegiadau dwys' y Bwdha sy'n cynnwys dameg y gwŷr deillion a'r eliffant, diffiniad *nirvana* a stori pryd bwyd olaf y Bwdha.

4. Yr *Itivuttaka* – 112 o ddywediadau byrion ar bynciau moesol yn bennaf.

5. Y *Suttanipata* – casgliad o 71*sutta*, rhai ohonynt a ystyrir i fod yn hen iawn gan eu bod nhw'n cyfeirio at fywyd crwydryn digartref yn hytrach na mynach trefnus. Mae'r *metta sutta* yn ymddangos yma eto, ac mae'r disgrifiad o demtasiynau'r Bwdha gan Mara. Mae nifer o bregethau ar oferedd dadleuon athronyddol a deallusol.

6. Y *Vimanavatthu* – 85 o gerddi am y bydoedd nefol lle gall dyn gael ei aileni os yw dyn yn cael teilyngdod trwy ei weithredoedd.

7. Y *Petavatthu* – 51 o gerddi ar ailenedigaeth yng nghyflwr *preta* neu ysbryd, yn crwydro ac yn ddiflas o ganlyniad i weithredoedd annheilwng.

8. *Theragatha* – 107 o gerddi gan y *therau* (uwchfynachod) sy'n disgrifio eu teimladau megis dedwyddwch o gael rhyddhad.

9. *Therigatha* – 73 o gerddi gan y *theri* (uwchleianod), eto'n dathlu'r rhyddhad a ddaeth gyda Bwdhaeth, yn arbennig rhyddid rhag y gorthrymderau a ddioddefwyd gan y rhyw fenywaidd.

10 Y *Jataka* – 547 o storïau o fywydau blaenorol y Bwdha, ynghyd ag esboniad rhagarweiniol ar fywyd y Bwdha.

11. *Niddesa* – llyfr o esboniad ar adrannau penodol y *Sutta nipata*.

12. *Patisambhidamagga* – arolwg mwy dadansoddol o gysyniadau Bwdhaidd o'r pedwar prif *nikaya* megis y Pedwar Gwirionedd, *nirvana*, a.y.b.

13. *Apadana* – chwedlau ar ffurf penillion o fywydau blaenorol 550 *bhikkhu* (mynach) a 40 *bhikkhuni* (lleian).

14. Y *Buddhavamsa* – hanes 24 Bwdha blaenorol.

15. *Cariyapitaka* – 35 stori o fywydau blaenorol y Bwdha a ddewiswyd i egluro rhinweddau Bwdhaidd.

III.   Abhidhamma Pitaka

Nid gair uniongyrchol y Bwdha yw trydydd prif raniad y Canon Pali ond ymdriniaeth mwy athronyddol o'r *Dharma* a gyflwynwyd yn *Suttau*'r Bwdha. Ystyr *Abhidhamma* yw 'dysgeidiaeth uwch' ac mae ar gyfer y Bwdhydd ysgolheigaidd, mwy blaengar, yn fynach addysgedig, fel arfer. Ystyrir iddo gael ei gyfansoddi yn y Trydydd Cyngor yn y 3edd Ganrif COG pan ddaeth y gymuned yn bryderus ynghylch cynnal purdeb yr athrawiaeth a chau allan heresi. Mae'n cynnwys saith gwaith gwahanol:

1. Mae **Dammasangani** yn dadansoddi bodolaeth i'r 171 *dhamma* sylfaenol neu 'ffactorau' o'r hyn y gwnaethpwyd pob bod arall. Ystyrir hyn yn ymarfer pwysig i fwrw golwg yn barhaus ar y byd yn nhermau y *dhammau* hyn ac osgoi arosod dehongliadau meddyliol ffug megis fy 'hunan' neu 'fy nhŷ', a ellir eu camgymryd fel gwir ddisgrifiad o'r bydysawd.

2. Mae **Vibhanga** a

3. **Dhatukatha** yn parhau â'r dadansoddiad o elfennau a chategorïau gyda chyfeiriad penodol at yr elfennau meddyliol.

4. Mae **Puggalapannatti** yn dosbarthu'r gwahanol fathau o bersonoliaeth ddynol, gwybodaeth o'r hyn sy'n angenrheidiol ar gyfer dysgu technegau myfyriol.

5. Mae **Kathavatthu** yn trafod holl bwyntiau dadleuol athrawiaeth a rannodd sectau cynnar Bwdhaeth. Ym mhob pwynt dangosir bod barn y Theravada yn gywir. Mae'n anodd ail-greu safbwyntiau'r sectau eraill o'r adroddiad braidd yn unochrog yma ohonyn nhw.

6. Mae **Yamaka** yn rhoi dadansoddiad rhesymegol o seicoleg Bwdhaidd.

7. Mae **Patthana** yn ymchwilio i weithrediadau achosiad a rhyng-berthynas ffenomena.

Sut y defnyddir y Canon Pali?

Yn amlwg nid oes yr un Bwdhydd yn eistedd i lawr ac yn darllen drwy'r Canon Pali yn ei gyfanrwydd, ac ni fydd y Bwdhydd lleyg cyffredin, mwy na thebyg, byth mewn gwirionedd yn darllen y deunydd Canonaidd ond yn dibynnu ar y mynachod i drosglwyddo'r dysgeidiaethau. Mae nifer o wahanol fathau o lenyddiaeth yn y Canon Pali gyda defnydd gwahanol mewn bywyd Bwdhaidd. Mae rheolau a chyfreithiau y *Vinaya* yn cael eu cadw'n fanwl gan y gymuned o fynachod, ac mae pob mynach yn ymuno yn adrodd y 227 o reolau bob pythefnos. O'r adran *Sutta,* mae rhai rhannau yn gyfarwydd i bawb – damhegion a dywediadau'r Bwdha yn cael eu dweud eto ac eto gan fynachod ac athrawon ysgol. Mae hanes bywyd y Bwdha wedi'i seilio'n rhannol ar ddeunydd o'r Canon ac yn rhannol o esboniadau a thraddodiadau diweddarach. Mae'r cyngor ar fyfyrdod yn dal i gael ei ddilyn heddiw. Mwynheir storïau'r Jataka gan blant, ac maen nhw'n ffordd ddefnyddiol o ddysgu ymddygiad moesol mewn ffordd ddiddorol a chofiadwy. Mae rhai rhannau o'r Canon ar gof pob Bwdhydd, megis y fformiwla noddfa, ac mae adrannau eraill – yr *Abhidhamma* yn benodol – sydd o ddiddordeb pennaf i ysgolheigion. Weithiau mae Bwdhyddion Theravada yn adrodd adrannau penodedig o'r ysgrythurau fel ffordd lled-ddewinol i'w gwarchod ar adeg o drafferthion – gelwir yr adroddiadau hyn yn *paritta* neu *pirit*. Defnyddir y *metta sutta* ar gariad byd-eang, a'r *mangala sutta* ar fendithion bywyd i hybu lles. Adroddir y *Angulimala sutta* i ddiogelu gwragedd adeg genedigaeth. Ymhlith mynachod Theravada, hyd yn oed yn y dyddiau hyn o lyfrau argraffedig, fe'i hystyrir o hyd yn deilwng i ddysgu adrannau o'r ysgrythur ar gof, fel y bwriadwyd yn wreiddiol. Mae'r *Dhammapada* yn ffefryn mawr gyda Bwdhyddion lleyg modern, a'r rhan fwyaf tebygol o'r ysgrythurau Bwdhaidd y gellir ei darganfod yn nhŷ lleygwr. Defnyddir detholiadau o'r Canon yn siantiau boreol a hwyrol cymunedau mynachaidd Theravada.

Mae copïau o adrannau o'r Canon yn cael eu trin â pharch mawr. Ystyrir ysgrythurau hynafol i fod yn greiriau'r Bwdha, ac fe'u darganfyddir wedi'u claddu mewn cysegrleoedd.

Ffordd y Theravada – Moesoldeb

'Peidiwch â gwneud drygioni, dysgwch wneud daioni, purwch y meddwl, dyma ddysgeidiaeth yr holl Fwdhau.' (*Dhammapada* 184) Mae'r dyfyniad enwog yma o'r Canon Pali yn arddangos canolrwydd ymddygiad moesol yn y Ffordd Fwdhaidd, a hefyd y ddysgeidiaeth bod ymddygiad, da neu ddrwg, yn deillio yn y diwedd nid o'r corff ond o'r meddwl. Yn enwedig ar gyfer lleygwyr, gellid dweud mai byw bywyd moesol yw calon Bwdhaeth – roedd dysgeidiaeth y Bwdha ar gyfer lleygwyr wedi'i seilio ar 'roi, moesoldeb, nefoedd a datgysylltiad'.

Moesoldeb Lleyg

Pan ddowch yn Fwdhydd rydych yn adrodd dair gwaith drosodd y fformiwla noddfa driphlyg, gan gymryd lloches yn nhair gem y *Bwdha*, y *Dharma* (ei ddysgeidiaeth) a'r *Sangha* (cymuned o fynachod).

Buddham saranam gacchami	Af am noddfa at y Bwdha
Dhammam saranam gacchami	Af am noddfa at y *Dhamma*
Sangham saranam gacchami	Af am noddfa at y *Sangha*
(Ailddywedir hwn ail a thrydydd tro.)	

Rydych hefyd yn ymgymryd â chadw 5 rheol moesoldeb Bwdhaeth:

'Ymgymeraf ag ymwrthod rhag lladd
Ymgymeraf ag ymwrthod rhag mynd â'r hyn na chafodd ei roi
Ymgymeraf ag ymwrthod rhag camddefnyddio pleserau nwydus
Ymgymeraf ag ymwrthod rhag lleferydd ffug
Ymgymeraf ag ymwrthod â chyffuriau ac alcohol gan eu bod nhw'n tueddu i gymylu'r meddwl.'

Mae'r rheolau hyn yn weddol hunaneglurhaol. Mae **lladd** yn golygu nid cymryd bywyd bodau dynol yn unig ond unrhyw 'fod ymdeimladol' sy'n cynnwys anifeiliaid ond nid planhigion. Mae rhai Bwdhyddion yn bwyta cig, ond ni fyddant byth yn lladd yr anifail eu hunain, gan adael y gwaith i gigydd o grefydd arall. Mae **mynd â'r hyn na chafodd ei roi** yn cynnwys lladrata yn ei holl ffyrdd megis gwastraffu amser eich cyflogwr, a.y.b. Mae llawer o Fwdhyddion yn gweld gwahardd hap-chwarae gan y rheol hon. Mae **camddefnyddio pleserau nwydus** yn cyfeirio'n bennaf at gamymddwyn rhywiol, a benderfynir yn rhannol gan arferiad cymdeithasol. Yn gyffredinol fe'i dehonglir fel gwahardd godineb, llosgach, a'r defnydd o buteiniaid neu gaethweision. Mae'n well gan rai athrawon Bwdhaidd modern i ymestyn ei ystyr i gynnwys boddhad hunanol mewn unrhyw ystyr o bleser, fel gorfwyta. Mae **lleferydd ffug** yn cynnwys nid dweud celwydd yn unig, ond mân siarad, taenu sïon, siarad yn llym ac yn greulon ac achosi cwerylon. Rhoddir y gorau i **gyffuriau ac alcohol** nid am ryw dabŵ afresymol, ond yn syml oherwydd bod Bwdhaeth yn anelu at gael mwy o reolaeth dros feddwl ac ymddygiad dyn, ac mae cyffuriau ac alcohol yn cael effaith i'r gwrthwyneb. Mae gan Fwdhyddion agwedd synnwyr cyffredin tuag at hyn ac ni chânt eu syfrdanu gan yfed sieri cymdeithasol, ond maent yn ystyried y defnydd o alcohol fel rhywbeth dibwrpas ac a allai fod yn foesol beryglus.

Gall Bwdhyddion duwiol gymryd tair rheol ychwanegol, yn aml ar ddiwrnod sanctaidd: ymataliad rhag gwely moethus (cysgu ar fat), ymataliad rhag bwyd ar ôl canol dydd ac ymataliad rhag difyrion ac addurniadau (gemwaith, dillad ffansi, dawnsio, sioeau, a.y.b.). Mae hyn yn ymarfer poblogaidd neilltuol gan bobl hŷn, a all dreulio'r dydd yn gyfan gwbl yn y deml, yn myfyrio a gwrando ar bregethau.

Ynghyd â rheolau ynghylch yr hyn na ddylid ei wneud, mae Bwdhaeth yn annog rhinweddau cadarnhaol – i fodloni ar fywyd syml, datgysylltiad rhag gofalon materol, cariad a thosturi dros bob bod, hunanddisgyblaeth a goddefgarwch. Dylai pob person gyflawni ei ddyletswyddau neu ei dyletswyddau ar gyfer person lleyg, gallai hyn olygu edrych ar ôl teulu a pherthnasau, ennill bywoliaeth a bod yn synhwyrol ag arian. Mae'r canlynol yn grynodeb (o'r Canon Pali) o gyngor y Bwdha i ŵr ifanc o'r enw Sigala, ynghylch cyfrifoldebau deiliad tŷ (*Digha Nikaya* 3.185-191):

1. Mae hi'n bwysig cymryd gofal o'ch teulu. Rhaid i chi barchu, gwrando ar ac ufuddhau i'ch rhieni pan rydych yn ifanc a gofalu amdanynt pan fyddan nhw'n mynd yn hen. Rhaid i chi edrych ar ôl eich plant, nid yn unig yn faterol ond rhaid i chi eu dysgu nhw sut i fod yn dda, gweld eu bod nhw'n cael eu haddysgu a'u cynorthwyo nhw i wneud dewisiadau synhwyrol ynghylch gyrfa a phriodas.

2. Mae'n bwysig cael priodas lwyddiannus. Rhaid i chi fod yn gariadus ac yn ffyddlon i'ch partner a gweithio'n galed ar eich ochr chi o'r bartneriaeth p'un ai yw'n golygu mynd allan i weithio neu ofalu am y tŷ. Dylai gwŷr a gwragedd fod yn deg â'i gilydd, ymddiried yn ei gilydd a pheidio â gwastraffu'r cydarian. Dylent hefyd fwynhau eu hunain gyda'i gilydd, er enghraifft, awgryma'r Bwdha y dylai'r gŵr brynu anrhegion i'w wraig neu ddillad neu emwaith!

3.   Mae'n bwysig dewis ffrindiau cywir. Dylech gadw draw rhag y rhai hynny a fydd yn cael dylanwad drwg arnoch a dewis ffrindiau sydd, os rhywbeth, yn well pobl na chi eich hunan. Efallai mai ffrindiau yw'r dylanwad mwyaf sydd gennym, yn enwedig pan rydym yn ifanc. Dylech bob amser fod yn garedig i'ch ffrindiau, cadw addewidion, eu cynorthwyo ar adegau o drafferth, eu cynghori ynghylch eu problemau, dweud wrthyn nhw (yn dyner!) os rydych yn credu eu bod yn gwneud yr hyn sy'n anghywir a'u cynorthwyo i edrych ar ôl eu teulu a'u heiddo.

4.   Mae'n bwysig cael cysylltiadau da rhwng athrawon a disgyblion. Dylech barchu eich athrawon, gwerthfawrogi eu bod nhw'n eich cynorthwyo chi i ddysgu, bod yn foesgar wrthynt a gweithio'n galed. Os mai athro ydych dylech barchu eich disgyblion, ceisio rhoi iddyn nhw yr addysg orau bosibl a'u cynorthwyo nhw i fod yn bobl dda ynghyd â phobl sy'n gwybod llawer.

5.   Mae'n bwysig cael perthynas dda rhwng cyflogwyr a chyflogai, neu weithwyr a rheolwyr. Rhaid i gyflogwyr ofalu am eu gweithwyr, rhoi cyflogau ac amodau teg iddynt weithio ynddyn nhw, budd-daliadau salwch a gwyliau sy'n deg. Os ydych yn gweithio i rywun arall, dylech barchu eich cyflogwr, gweithio'n galed a pheidio â gwastraffu amser yr ydych yn cael ei dalu amdano, peidio â gofyn yn farus yn barhaus am ragor o dâl a.y.b. Dylai cyflogwyr a chyflogai wneud eu gorau i weithio gyda'i gilydd ac nid i gwyno'n barhaus am ei gilydd, ond canmol ei gilydd.

6.   Mae'n bwysig ennill bywoliaeth mewn ffordd dda, a dewis gyrfa dda, nid yw arian yn ddrwg ynddo'i hun, mae angen arian arnoch i edrych ar ôl eich teulu a'ch cyfeillion. Ni ddylid gwastraffu arian, na bod yn gybydd. Dylech ddefnyddio arian yn synhwyrol i gadw eich teulu a'ch ffrindiau'n hapus, i barhau a'ch busnes ac i gynorthwyo eraill sydd mewn angen. Yn y Llwybr Wythblyg, rhestrodd y Bwdha 'Bywoliaeth Gywir' fel un o feysydd pwysig moesoldeb. Dylem ddewis gyrfa nad sy'n niweidio bodau dynol neu'n torri'r rheolau.

Mae cyngor y Bwdha'n hollol gall ac ymarferol, fel y gwelir yn yr aralleiriad canlynol o ychydig mwy o gyngor i Sigala (*Digha Nikaya* 3.181):

Cofiwch fod chwe phrif ffordd o wastraffu amser ac arian. Yfed, crwydro'r strydoedd yn hwyr y nos, mynd i ffeiriau a gwyliau, hapchwarae, cymysgu gyda phobl ddrwg a bod yn ddiog.

Mae chwe rheswm pam mae yfed yn ddrwg. Mae'n gwastraffu arian, mae'n arwain at gwerylon ac ymladd, yn eich gwneud chi'n sâl, yn rhoi enw drwg i chi, yn eich arwain at bethau anfoesol y byddwch chi'n edifar amdanynt ac yn gwanhau'r ymennydd.

Mae chwe rheswm pam mae crwydro'r strydoedd yn hwyr y nos yn ddrwg. Rydych yn fwyaf tebygol o gael eich mygio, mae eich teulu gartref heb amddiffyniad, mae eich eiddo yn fwy tebygol o gael ei ladrata, byddwch yn cael eich drwgdybio o droseddau gan yr heddlu, credir straeon amdanoch chi a byddwch yn agored i bob math o drafferthion.

Mae mynd i ffeiriau a gwyliau yn golygu y byddwch yn treulio'ch amser yn meddwl am gerddoriaeth, offerynnau, dawnsio a'r holl adloniannau eraill ac yn anghofio'r pethau pwysig.

Mae hapchwarae'n ddrwg, oherwydd os rydych yn colli rydych yn colli arian, os rydych yn ennill rydych yn gwneud gelynion, nid oes neb yn ymddiried ynoch, mae ffrindiau'n eich ffieiddio chi ac ni fydd neb eisiau bod yn briod â chi.

Mae cymysgu â phobl ddrwg, yn golygu mai hwliganiaid, meddwon, caethion i gyffuriau, twyllwyr a throseddwyr yw eich ffrindiau a byddwch yn sicr o gael eich arwain ar gyfeiliorn ganddynt.

Mae bod yn segur yn ddrwg, oherwydd rydych yn gwastraffu eich bywyd yn llwyddo i wneud dim byd, dim arian wedi'i ennill. Gall y person segur ddod o hyd i esgus dros beidio â gweithio bob amser, 'mae hi'n rhy boeth', 'mae hi'n rhy oer', 'mae hi'n rhy gynnar', 'mae hi'n rhy hwyr', 'rwy'n rhy llwglyd', 'rwy'n rhy llawn'.

Mae pregethau ar foesoldeb ar gyfer lleygwyr yn tueddu i osod pwys mawr ar *karma*, a'r ofn o ailenedigaeth ddrwg a gobaith am ailenedigaeth dda. Pan siaradodd y Bwdha â lleygwyr roedd e'n barhaus yn canolbwyntio ar bynciau 'moesoldeb, rhoi, nefoedd a datgysylltiad', gan fod y rhan fwyaf o leygwyr yn fodlon ar obeithio am well ailenedigaeth yn hytrach na gwneud unrhyw ymgais ddifrifol ar gyrraedd *nirvana*. Mae'r ysgrythurau Bwdhaidd yn cynnwys darluniau brawychus o ddioddefaint yr amrywiol fydoedd uffern, a bywyd fel ysbryd diflas. Mae gan *karma* drwg effaith ddeublyg – byddwch yn ddigalon yn y bywyd hwn wrth i chi golli ffrindiau neu ddioddef o euogrwydd, ac fe'ch ailenir mewn rhyw gyflwr digalon. Mae *karma* da yn arwain at heddwch, llonyddwch, cwsg dibryder, cariad at gyfeillion ac iechyd da yn y bywyd hwn, ac ailenedigaeth dda ar ôl marwolaeth – efallai arhosiad yn un o'r bydoedd nefol lle mae bywyd fel paradwys.

Fodd bynnag, mae pobl sy'n fwy ysbrydol yn sylweddoli nad yw Bwdhaeth yn ceisio gwobrau nefolaidd am weithredoedd da; y ffordd Fwdhaidd yw gwneud gweithredoedd da er mwyn helpu eraill, lleihau eich chwant a chyrraedd anhunanoldeb llwyr *nirvana*. Er bod dysgeidiaethau moesol Bwdhaeth yn edrych mwy neu lai yr un peth â'r rhai hynny o grefyddau eraill (e.e. peidio â lladd, dwyn, dweud celwydd) mae'r cymhelliad sydd y tu ôl iddynt yn wahanol.

Nid gorchmynion ydynt oddi wrth fod dwyfol sy'n rhaid ufuddhau iddo, ond canllawiau ar gyfer gwneud cynnydd ysbrydol. Felly, nid yw Bwdhyddion yn dilyn y cynghorion yn wasaidd, ond yn ystyried yr amgylchiadau. Fel arfer, mae'n ddrwg i ddweud celwydd, ond ar adegau ymddengys fel pe bai y peth mwyaf cariadus a chymwynasgar i'w wneud. (Gelwir yr ystyriaeth yma o amgylchiadau yn *upaya kausalya*, 'dulliau medrus', ym Mwdhaeth Mahayana. Dywedir bod gan berson goleuedig y gallu i wybod beth yw'r peth iawn i'w wneud neu i'w ddweud ym mhob amgylchiad – mae'r anoleuedig fel arfer yn fwy diogel o gadw at y canllawiau.)

P'un ai cadw at y canllawiau neu beidio, y peth pwysig yw eich bwriad – p'un ai yw eich gweithredoedd yn deillio o gymhellion hunanol neu anhunanol. Bwriad cywir yw un o wyth agwedd y Llwybr Nobl. Nid cymaint â beth rydych yn ei wneud ond yn hytrach pam rydych yn ei wneud sy'n bwysig ar gyfer eich cynnydd ysbrydol. Mae'n bwysig hefyd bod y meddwl yn cael ei buro drwy fyfyrdod a hyfforddiant meddyliol, oherwydd mae'n hawdd bod yn ddryslyd ynghylch gwir gymhellion dyn dros weithredoedd.

Moesoldeb Mynachaidd

Mae'r rheolau moesol ar gyfer mynachod yn llawer mwy manwl ac yn amlinellu ffordd o fyw llawer llymach. Pan fo dyn yn cael ei ordeinio fel mynach neu hyd yn oed nofis, ar ôl cymryd y tair noddfa mae dyn yn derbyn y pum rheol sylfaenol ynghyd â phump arall fel a ganlyn:

I ymwrthod rhag bwyd ar ôl canol dydd;
I ymwrthod rhag gwely moethus, h.y. i gysgu ar fat;
I ymwrthod rhag difyrrwch gwamal, e.e. cerddoriaeth, dawnsio, sioeau;
I ymwrthod rhag addurniadau personol, h.y. dim gemwaith, ac i wisgo dim ond y fantell sylfaenol;
I beidio â chyffwrdd dim arian nac aur, h.y. i beidio â chael dim i'w wneud ag arian.

Mae'r rhan fwyaf o fynachod Theravada yn cadw'r rheolau hyn yn llym, nid yn unig ar gyfer eu hyfforddiant eu hunain, ond hefyd oherwydd byddai'r lleygwyr yn colli pob parch tuag atynt os gwelir nhw'n torri'r rheolau ac o bosib colli ffydd yn y ffordd Fwdhaidd. Mae dyletswydd arnynt i ddangos esiampl dda.

Ynghyd â'r deg rheol yma, rhaid i fynachod Bwdhaidd gadw'r 227 rheol o ddisgyblaeth *Vinaya* (gweler Ysgrythurau Theravada), sy'n gymysgedd o reolau moesol a rheolau moesgarwch a threfniadaeth. Mae'r pedair rheol gyntaf yn bynciau moesol difrifol, sy'n arwain at ddiarddeliad o'r urdd os cânt eu torri:

1.   Dim cyfathrach rywiol o unrhyw fath p'un ai hetrorywiol neu gyfunrhywiol;
2.   Lladrad difrifol;

3. Llofruddiaeth neu ddulliau cynnil o lofruddiaeth megis anogaeth i hunanladdiad;
4. Yn fwriadol ac yn bwrpasol gwneud honiadau ffug i bwerau goruwchnaturiol.

Mae'r pedwar hyn yn arwain at ddiarddeliad llwyr gan eu bod nhw'n dirmygu bywyd y Bwdhydd. Mae tair trosedd ar ddeg yn arwain at waharddiad dros dro ac yn golygu gweithrediadau difrifol gan gymuned fynachaidd lawn a defod arbennig o ailsefydliad. Mae'r rhain yn cynnwys tramgwyddau rhywiol llai megis mastyrbiad, anwylo gwraig, ceisio cymell gwraig i gyfathrach rywiol, a.y.b. tramgwyddau sy'n camddefnyddio safle mynach megis gweithredu fel canolwr neu'n mynnu triniaeth arbennig, achosi cwerylon yn y gymuned a gwneud cyhuddiadau ffug ynghylch mynachod eraill, adeiladu annedd preifat ar wahân a gwrthod symud os yw ei ymddygiad yn achosi sgandal.

Mae tramgwyddau llai yn cynnwys penydiau fel fforffedu'r hawl i eiddo cymunedol penodol, neu i'w gadael i *karma* ac ailenedigaeth wael – er gall effeithiau hyn gael eu lleihau gan gyfaddefiad ac edifeirwch didwyll. Enghreifftiau o dramgwyddau llai yw derbyn arian ac ymhél â masnach, pregethu i wraig ar ei ben ei hun, dysgu'r Canon Pali air am air i leygwyr, ymffrostio am gyrhaeddiad goruwchnaturiol i leygwr, mân siarad am fynachod eraill, dinistrio bywyd anifeiliaid neu lysieuol, ymhél ag amaethyddiaeth, yfed alcohol, cysgu am fwy na dwy noson yn yr un ystafell â lleygwr, a hyd yn oed edrych ar fyddin.

Mae rheolau eraill yn y Vinaya yn rhai ymarferol fel y rhwymedigaeth i ofalu am fynachod sâl, fel y gwnaeth y Bwdha ei hun, a'r rheol sy'n gwahardd esgidiau ar wahân i sandalau meddal, oherwydd yr achlysur pan darfodd mynachod a oedd yn gwisgo clocsiau ar fyfyrdod eu cydfynachod a dinistrio bywyd trychfilod yn ddianghenraid.

Mae 227 o reolau'r Vinaya yn cael eu hadrodd unwaith bob pythefnos yn y gymuned. Maen nhw'n hysbys fel rheolau y *Patimokka* (P) neu *Pratimoksha* (S) a gelwir y ddefod adrodd yn *Uposatha*. Disgwylir i fynachod sydd wedi torri'r rheolau i gyffesu. Mae hyd yn oed mwy o reolau ar gyfer lleianod (pan fodolodd lleianod) sy'n ceisio sefydlu awdurdod uwch y *bhikkhu* gwrywaidd. Rhaid i leianod gadw wyth rheol bwysig:
1. Parchu fel uwchberson unrhyw fynach, dim ots pa mor ifanc
2. Cadw enciliad y glawogydd dim ond lle mae mynachod yn bresennol
3. Disgwyl i'r mynachod benodi dydd yr uposatha a phregethu pregeth y patimokka
4. Gellir ond ymgymryd â'r ddefod ar ddiwedd yr enciliad ym mhresenoldeb mynachod
5. Rhaid rhoi penyd am dramgwyddau llai gan y ddwy urdd
6. Gellir rhoi ordeiniad llawn dim ond ym mhresenoldeb mynachod ynghyd â lleianod

7. Ni all yr un lleian farnu mynach
8. Ni all yr un lleian geryddu mynach yn swyddogol.

Mae nifer o'r rheolau ar gyfer mynachod yn wirioneddol ymwneud â hyrwyddo lleihad mewn chwant a'r llwybr i *nirvana*; fodd bynnag, mae nifer o reolau eraill yn ymarferol ac ymddengys eraill i gynnal delwedd dda y *sangha* yn llygaid y cyhoedd.

Er enghraifft, nid yw'n ddigon i beidio â chyffwrdd gwraig, ond rhaid i ddyn osgoi unrhyw bosiblrwydd o gael ei amau o'r fath beth drwy beidio ag eistedd ar ei ben ei hun gyda gwraig. Ystyrir delwedd dda y *sangha* yn angenrheidiol i gyflawni ei swyddogaeth fel esiampl i'r bobl. Am ragor ar y ffordd o fyw fynachaidd, arferion ordeinio a.y.b., gweler 'Y *Sangha* Fynachaidd'.

Ffordd y Theravada – Myfyrdod

Mae myfyrdod yn ganolog ym Mwdhaeth oherwydd dim ond trwy hyfforddiant bwriadol o'r citta (meddwl-a-chalon) y gall dyn ddechrau puro'r meddwl o safbwyntiau ffug, chwantau, casineb, a dilyn y llwybr sy'n arwain i *nirvana*. O ganlyniad uniongyrchol i fyfyrdod y cyrhaeddodd y Bwdha ei hun oleuedigaeth, ac mewn cyflwr o fyfyrdod dwys y bu e farw yn y diwedd.

Mae myfyrdod yn cynnwys un rhan o dair o'r Llwybr Wythblyg Nobl – ymdrech gywir, gofal cywir a chanolbwyntio cywir. **Ymdrech gywir** yw meithrin bwriadol agweddau da personoliaeth dyn ac ataliad bwriadol yr agweddau annymunol. Hefyd rhaid i ddyn feithrin rhinweddau newydd ac osgoi ennill unrhyw wendid newydd. Gelwir y rhain y 'Pedair Ymdrech Gywir'. **Gofal cywir** yw datblygiad ymwybyddiaeth ac mae **canolbwyntio cywir** yn cyfeirio at feithrin bwriadol y cyflyrau uwch o ymwybyddiaeth drwy fyfyrdod.

Mae myfyrdod mewn nifer o ffyrdd yn bersonol ac yn ymarferol ac ni ellir ei ddisgrifio'n gywir mewn geiriau, dim ond ei brofi. Yn ddelfrydol dylai dyn gael athro unigol a all eich tywys fel bo'n briodol ar gyfer eich problemau eich hunain; gall myfyrdod anaddas arwain at ganlyniadau peryglus fel y darganfuwyd yn oes y Bwdha pan gyflawnodd nifer o fynachod hunanladdiad pan yn canolbwyntio gormod ar ffieidd-dod ynghylch y corff. Gall myfyrdod ddod yn gythryblus os yw'r meddwl yn cyrraedd cyflyrau gwahanol o ymwybyddiaeth neu'n dadorchuddio ofnau a gelwyd ers tro yn yr isymwybod. Gan mai nod myfyrdod yw i ddatgelu 'y gwirionedd am sut y mae pethau' (*dhamma)*, gall achosi trawma cyn llonyddwch.

Mae'n bwysig cael yr amodau cywir i fyfyrio. Roedd dilynwyr cynnar y Bwdha yn aml yn dewis y coedwigoedd unig; bydd ymarferwyr modern hwyrach yn dewis ystafell dawel. Mae o gymorth i gael amser rheolaidd wedi'i neilltuo bob dydd pan nad yw dyn naill ai'n rhy llwglyd, yn llawn neu'n gysglyd. Gallai cerflun Bwdha a channwyll gynorthwyo i greu'r amgylchedd cywir. Yr ystum traddodiadol yw'r safle lotus coesgroes h.y. gyda gwadnau'r traed ar y glun gyferbyn. Dywedir bod yr ystum hwn yn cadw'r meddwl yn effro. Dewis arall yw eistedd i fyny mewn cadair â'r traed gyda'i gilydd, y cefn yn syth a'r dwylo wedi'u plethu yn y côl a chledrau'r dwylo wedi'u troi ar i fyny. Yn draddodiadol, mae'r llaw dde yn gorwedd ar y chwith.

Mae dau fath sylfaenol o fyfyrdod – *samatha* (sy'n arwain at lonyddwch a rheolaeth dros y meddwl) a *vipassana* (sy'n arwain at fewnwelediad i natur realiti).

Myfyrdod *Samatha*

Mae myfyrdod *samatha* fel arfer yn dechrau gyda meithrin **gofal** – ymwybyddiaeth o'r hunan a'r amrywiol gyflyrau y mae dyn ynddo. Mae pedwar prif fath o ofal – cymryd gofal o'r corff, teimladau, cyflyrau meddyliol a meddwl, mewn geiriau eraill dod yn ymwybol o gyflwr presennol y pum *skandha* o gorff, synwyriadau, canfyddiadau, ysgogiadau ac ymwybyddiaeth – sylwi'n syml ar yr hyn sydd yna a sut mae un cyflwr yn dilyn un arall, fel rhagarweiniad i reolaeth bellach dros yr hunan. Mae gofal yn tueddu i arwain at dawelu cyflyrau corfforol a meddyliol, sydd nid yn unig yn ddefnyddiol ynddo'i hun ond yn anhepgor ar gyfer myfyrdod pellach. Yr arfer yw i ddechrau gydag ymwybyddiaeth o'r corff sydd yn ymarferol yn golygu sylwi ar rai o weithrediadau'r corff fel anadlu neu gerdded. Dysgir myfyrdod anadlu, fel arfer, i ddechreuwyr. Y syniad yw i geisio canolbwyntio'n unig ar anadlu, gan adael pob teimlad a meddwl sy'n denu'r sylw i ddiflannu. Mae'n gymorth i gyfrif yr anadliadau – hyd at tua un cant – a cheisio teimlo'r aer yn mynd i mewn ac allan trwy'r trwyn.

Mae myfyrdod *samatha* yn cynnwys cyrhaeddiad cyflyrau uwch o ymwybyddiaeth yn raddol drwy ddod yn hollol ddatgysylltiedig o'r byd allanol o ganfyddiad synwyriadol ac oddi wrth rediad arferol meddyliau a theimladau. Mae'r cyflyrau y gellir eu cyrraedd yn *samatha* yn anodd iawn i'w disgrifio, ond mae'r ysgrythurau Bwdhaidd yn sôn am bedair lefel *jhana* (P) neu *dhyana* (S) lle bo'r meddwl yn gynyddol ddatgysylltiedig o'r ymwybyddiaeth arferol, ac yn mynd heibio y tu hwnt i synhwyriad-dyhead i ffurf bur. Y tu hwnt i'r bedwaredd lefel honnir y gall dyn fynd ymlaen i gyflyrau dethol cynyddol o ymwybyddiaeth a elwir y 'Pedwar *Jhana* Di-ffurf' neu ymlaen at y chwe 'uwchwybodaeth' o alluoedd seicig, clyw goruwchnaturiol, y gallu i ddarllen meddyliau, y gallu i weld i'r gorffennol, clirwelediad a'r wybodaeth derfynol bod holl all-lifoedd chwant, casineb, safbwyntiau gweddus ac anweddus wedi cael eu dinistrio (sy'n cyfateb i gyrraedd *nirvana*).

Daw '*jhana* di-ffurf' ac 'uwchwybodaeth' yn gynyddol anodd i'w dychmygu ond mae'r pedwar *jhana* cyntaf yn cael eu disgrifio'n aml, ac yn benodol bwysig

wrth i'r Bwdha fynd heibio i *parinirvana* (S) yn y pedwerydd *jhana*. Cânt eu
disgrifio yn yr ysgrythurau Bwdhaidd fel a ganlyn: **Lefel cyntaf *jhana*** yw cyflwr
o ddatgysylltiad fel yr hyn a gyflawnwyd gan y *bodhisattva* pan yn fachgen o dan
y goeden adeg aredig. Wedi llenwi ag ymdeimlad o wynfyd a llawenydd, mae dyn
yn dal i feddwl yn y ffordd gyffredin, gwmpasog, ond gyda gradd uchel o eglurder
a chanolbwyntio. Cyrhaeddir **ail lefel *jhana*** pan fo dyn yn dysgu i dawelu siarad
di-ddiwedd y meddwl ac yn gallu preswylio mewn cyflwr o ymwybyddiaeth
lonydd, ddwys, orfoleddus a llawen. Cyrhaeddir **trydydd lefel *jhana*** pan mae
cyffro gwynfyd yn pylu gan adael llawenydd mwy ysbrydol a dethol. Mae
pedwerydd lefel *jhana* yn mynd y tu hwnt i hyd yn oed llawenydd i gyflwr o
ymwybyddiaeth glir, ddigyffro, bur, sy'n hollol heddychlon a llonydd. Cyfeirir
at y cyflwr hwn ar adegau fel *samadhi* (y gallu i ganolbwyntio) ac fe'i disgrifir yn
yr un geiriau ag a ddefnyddir i geisio disgrifio *nirvana* – darfyddiad, heddwch,
purdeb, a.y.b.

Mae'r pedwerydd *jhana* i'r dyn cyffredin, yn ymddangos fel y cyflwr uchaf o
ymwybyddiaeth y gall dyn ddychmygu ei gyrraedd, ond mae testunau Bwdhaidd
yn sôn am bedwar 'cyflwr di-ffurf' pellach a ddisgrifir fel 'gofod diderfyn',
'ymwybyddiaeth ddiderfyn', 'dim byd o gwbl' a 'nid canfyddiad na diganfyddiad'.
Efallai na fwriedir i'r rhain fod yn gyflyrau 'uwch' o ymwybyddiaeth na'r
pedwerydd *jhana*, ond disgrifiadau o gyflyrau 'dyfnach' o ymwybyddiaeth y gall
y meddwl a hyfforddwyd yn llawn ei archwilio. Ni sonnir am y cyflyrau hyn yng
ngoleuedigaeth y Bwdha ac felly efallai nad ydynt yn hanfodol ar gyfer rhyddhad.

Mae'r **myfyrdod ar gariad** yn fath realistig o fyfyrdod sy'n gallu cael ei
gymeradwyo'n ddiogel i ddechreuwyr a di-Fwdhyddion. Mae'n golygu y galw
am deimladau cariadus a anfonir allan wedyn at bob bod yn y bydysawd. Mae
pedwar math o deimlad cariadus, sy'n cael eu hadnabod fel y *Brahma-viharau* neu
'gyflyrau duwiol' gan eu bod nhw'n ymdebygu i'r math o gariad llawn a diamod a
briodolir i Dduw.

Y cyntaf yw *metta* (cyfeillgarwch neu garedigrwydd cariadus), yr ymdeimlad o
ddymuno'n dda i bob bod, 'boed i bob bod fod yn hapus ac yn gysurus, boed
iddynt fod yn llawen a byw mewn diogelwch'. Wrth ymarfer y myfyrdod hwn
fe gynghorir dyn i ddechrau drwy deimlo'r cariad at ei hunan yn enwedig os
yw'r ymdeimlad o hunan-barch yn isel, ac yna ymestyn y teimlad yma mewn
cylchoedd cynyddol i gyfaill o'r un rhyw, yna i berson eithaf niwtral ac yn olaf
i elyn. Yn y diwedd, dylai'r cariad gofleidio'r bydysawd oll hyd at y pryfyn olaf.
Bwriedir bod y math yma o fyfyrdod yn eich bywyd beunyddiol ac yn eich
cynorthwyo i ddod yn berson mwy cariadus; ond mae hyd yn oed meddwl
meddyliau cariadus yn gymorth i buro'r meddwl, a gall gael mewn gwirionedd
ryw fath o effaith ar y byd.

Yr ail fath o gariad yw *karuna* (tosturi), y tristwch diffuant dros yr holl
ddioddefaint a brofir gan bobl yn y byd hwn a'r dymuniad y gallent gael eu

rhyddhau o ddioddefaint, gyda'r penderfyniad y byddwch yn gwneud popeth y medrwch i'w helpu.

Y trydydd math o gariad yw *mudita* (llawenydd cydymdeimladol), y gorfoledd diffuant yn hapusrwydd pobl eraill, balchder diffuant dros yr adegau pan aiff pethau'n dda i eraill, yn gorfforol ac yn ysbrydol ill dau – mae hyn yn anoddach i rai i'w deimlo na thosturi a all gynnwys elfennau o dosturi nawddoglyd.

Y pedwerydd math o gariad yw *upekkha* (tegwch), caru pob bod yn gyfartal, peidio â bod yn ddetholus gysylltiedig â theulu neu ffrindiau, ond teimlo y math o gariad sydd gan fam at ei phlentyn tuag at bob bod heb eithriad. Mae tegwch hefyd yn golygu peidio â gadael i'r teimladau hyn gael y gorau arnoch yn emosiynol, ond cael ewyllys da clir a diffuant tuag at bawb.

Myfyrdod *Vipassana*

Mae myfyrdod *vipassana* yn broses fwy deallusol ac yn cynnwys meddwl dadansoddol. Mae'n debyg i ofal mwy dwys lle bo'r meddyliwr yn dadansoddi gwir gyfansoddiad ei gyflyrau corfforol a meddyliol ei hun, a'r amgylchedd y mae'n byw ynddo. Mae'n golygu ystyriaeth ddwys o wirioneddau Bwdhaeth, megis y Pedwar Gwirionedd Nobl, byrhoedledd, a 'dim-hunan', hyd y gwelir bod y rhain yn wir ym mhrofiad dyn ei hun – gellir dweud wedyn bod dyn wedi cyrraedd *vipassana* (mewnwelediad) i mewn i'w hunan a'r byd, ac wedi dod yn fwy doeth.

Pwysleisia rhai Bwdhyddion bwysigrwydd *samatha* ac mae eraill yn pwysleisio *vipassana*. Yr hyn sy'n glir yw bod angen llonyddwch a mewnwelediad i ymdreiddio i 'wirionedd sut mae pethau go iawn'.

Mae'r union bynciau ar gyfer myfyrdod, yn enwedig o'r math mwy meddyliol, yn ddiderfyn, ond mae rhestr o ddeugain pwnc traddodiadol a gafwyd yn ddefnyddiol ar gyfer y gwahanol fathau o berson. Mae'r awdur Theravadaidd, Buddhaghosa o'r 5ed ganrif OG, yn rhannu pobl i chwe math sylfaenol ac yn cymeradwyo ymarferion penodol ar gyfer pob math. Dylai'r person allblyg, sy'n gogwyddo tuag at **chwant** ac yn rhy glwm i'r byd materol, fyfyrio ar y deg math gwahanol o gyrff pydredig er mwyn ceisio rhyddhau ei gysylltiad â phleserau bydol. Ambell waith âi meddylwyr hyd yn oed i diroedd amlosgfa i ddysgu'r wers hon. Pwnc defnyddiol arall yw i ddadansoddi cyfansoddiad y corff dynol o dan y croen, a ddylai gynorthwyo i beri ffieidd-dod tuag ato. Nid yw hyn yn briodol ar gyfer pobl mewnblyg neu isel eu hysbryd fodd bynnag ond ar gyfer y rhai hynny sydd â'u hafiaith tuag at fywyd yn rhy gryf. Dylai'r math hwyliog o berson gyda natur syml, siriol â thuedd at **ffydd** ganolbwyntio ar agweddau hapus a ffydd galonogol Bwdhaeth, megis yr atgof o'r Bwdha a'i rinweddau da, rhyfeddodau'r *Dharma, ac* esiampl ddisglair y *Sangha*. Dylai feddwl am foesoldeb a haelioni i ysbrydoli ei hun i weithredu cadarnhaol, ac am y duwiau a'r nefoedd.

Dylai'r math negyddol o berson sy'n tueddu at **gasineb** feithrin y pedwar *vihara-brahma* neu fathau o gariad, a cheisio ymlacio drwy ganolbwyntio ar ddisgiau o liw pur – glas, melyn, coch neu wyn. Dylai'r ddau fath cymysglyd, a reolir un ai gan **rithdybio** neu ormod o **feddwl gwasgarog** geisio ymgrynhoi drwy anadliad gofalus a thrwy ganolbwyntio ar un gwrthrych.

Gall y math o berson a reolir gan **ddeallusrwydd** ac felly y lleiaf pell o nod y Bwdhydd, symud ymlaen orau drwy fyfyrio ar wirioneddau marwolaeth, heddwch, dadansoddi'r corff i'r pedair elfen, a chanfod agweddau ffiaidd proses bwyd.

Yn ddefnyddiol ar gyfer unrhyw fath o berson ar unrhyw adeg yw'r deg pwnc terfynol – canolbwyntio ar *kasina* (dyfais) megis daear, dŵr, tân, aer, golau neu le caeëdig e.e. cylch neu sgwâr. Os gellir eu cyflawni cymeradwyir y *jhanau* di-ffurf o ofod diderfyn, ymwybyddiaeth ddiderfyn, dim byd o gwbl a nid canfyddiad na diganfyddiad ar gyfer pob math o bersonoliaeth.

Mewn ymarfer gwirioneddol bydd pobl yn datblygu eu cyfuniad eu hunain – patrwm cyffredin fyddai dechrau gyda gofal am anadlu, mynd ymlaen at ganolbwyntio ar un gwrthrych, yna meddwl am ryw agwedd o Fwdhaeth, yna'n derfynol anfon allan meddyliau o gariad.

Galluoedd Dewinol

Dywedir yn aml y gellir cael galluoedd goruwchnaturiol drwy gael meddwl wedi'i wneud yn gryfach drwy fyfyrdod. Fe briodolir y Bwdha ei hun â galluoedd goruwchnaturiol ynghyd â rhai o'i ddisgyblion, yn enwedig Moggallana. Fodd bynnag, mae'r rhain yn cael eu bychanu mewn Bwdhaeth, mae'r Bwdha'n aml yn gwahardd ei fynachod rhag arddangos y galluoedd hyn, ac mae yn erbyn rheolau'r *Vinaya* i arddangos galluoedd dewinol i leygwyr. Ystyrir y gallant fod yn tynnu'r sylw rhag y llwybr i *nirvana* (gellir eu cyflawni gan ddi-Fwdhyddion), nid ydynt yn angenrheidiol, ond gallant ar adegau fod yn ddefnyddiol ar gyfer dibenion dysgu. Y pump uwchwybodaeth cyffredin (o'u cyferbynnu â'r chweched uwchwybodaeth sy'n uwchfydol ac yn gyfatebol i *nirvana*) a ddywedir eu bod yn gyraeddadwy gan y meddwl a wneir yn ystwyth gan fyfyrdod *jhana* yw galluoedd dewinol, clyw goruwchnaturiol, gwybodaeth am feddyliau eraill, atgof bywydau blaenorol a gwybodaeth glirweledol o sefyllfa pob bod a'r *karma* â'u hachosodd. Mae dau o'r galluoedd hyn yn ymddangos ym mhrofiad goleuedigaeth y Bwdha, ac fe welir y Bwdha yn ymarfer y gweddill yn y Canon Pali. Dywedir bod y galluoedd dewinol yn cynnwys y gallu i greu dyblau dewinol o'r hunan, y gallu i ddod yn anweledig, i fynd drwy waliau neu gyrff cadarn eraill, i wibio i mewn ac allan o'r ddaear fel pe bai'n ddŵr, i gerdded ar ddŵr fel pe bai'n ddaear, i hedfan drwy'r awyr, i gyffwrdd y lleuad neu'r haul, i deithio un ai mewn person neu mewn dwbl dewinol i fydoedd eraill a phlanedau, yn cynnwys teyrnasoedd y duwiau, y gallu i droi ychydig fwyd yn llawer, neu fwyd cyffredin yn fwyd danteithiol a'r gallu i ymddangos mewn ffurfiau eraill, h.y. fel person gwahanol, neu anifail.

Gan fod y galluoedd hyn yn cael eu cadw'n dawel gan feddylwyr medrus, mae'n anodd gwneud sylw. Er bod llawer o hyn yn ymddangos yn eithaf anghredadwy yn yr oes wyddonol fodern nid yw efallai'n hollol fytholegol. Mae'n ddiddorol bod galluoedd tebyg yn cael eu priodoli i ddynion sanctaidd mewn crefyddau eraill, megis Iesu. Mae'n bosibl eu bod nhw i'w cymryd mewn ffordd symbolaidd, ond mae rhai pobl yn hawlio eu bod nhw wedi tystio'r fath ryfeddodau.

Ffordd y Theravada – Doethineb

Ystyr 'doethineb' mewn Bwdhaeth Theravada yw mewnwelediad llawn i bethau fel ag y maent. Ar ei lefel uchaf mae'n air arall am oleuedigaeth. I fodau llai mae'n golygu rhyw lefel o ddeall y gwirionedd a ddarganfuwyd gan y Bwdha. Mewn athroniaeth Indiaidd nid yw 'deall y gwirionedd' byth yn fater deallusol yn unig; ond mae'n effeithio bywyd dyn yn gyfan gwbl – ni chaiff person ei ystyried yn ddoeth os nad yw ei wybodaeth ef neu hi yn cael ei adlewyrchu mewn cyflyrau ymddygiad moesol, meddyliol ac emosiynol. Felly, nid yn unig gwnaeth y Bwdha ddarganfod sut i feistroli chwant ac anwybodaeth a dianc rhag *samsara*, ond mewn gwirionedd, llwyddodd yn y ddihangfa yma. I ennill doethineb felly, yw i weld gwirionedd darganfyddiad y Bwdha, y Pedwar Gwirionedd Sanctaidd, dolennau achosol, y byrhoedledd, natur anfoddhaol a diffyg hanfod mewn bywyd, a realiti *nirvana*. Cyfeirir at hwn yn y llwybr wythblyg fel cael yr 'agwedd' gywir a'r 'bwriad' cywir (h.y. defnydd ymarferol o ddoethineb). Ar y dechrau, mae'r Bwdhydd yn derbyn dros dro y gwirioneddau hyn gyda ffydd, gan ymddiried yn awdurdod y Bwdha. Fodd bynnag, gydag ymdrech barhaus at feddwl dadansoddol a myfyrdod dwys dylai dyn ymdreiddio i'r gwirioneddau drosoch eich hun, i gyrraedd y cyflwr lle nad oes rhaid i chi bellach gredu ond **gwybod** mewn gwirionedd. Mae rhai agweddau o ddoethineb Bwdhaidd angen mwy o ffydd nag eraill; mae'n weddol hawdd gyda pheth myfyrdod difrifol i dderbyn gwirionedd *dukkha* (dioddefaint), braidd yn fwy anodd i dderbyn gwirionedd *anatta* (dim-hunan), ac ni ellid dweud bod dyn wedi cadarnhau'n bersonol gwirionedd ailenedigaeth tan iddo gael y gallu i gofio bywydau blaenorol, sy'n ddigwyddiad prin.

Mae'r modd o ennill doethineb mewn Bwdhaeth yn gyfuniad o astudiaeth a myfyrdod dwys. Mae athro dawnus yn gymorth amhrisiadwy, ac mae traddodiad wedi bod ers tipyn o amser yn y grefydd Indiaidd o gael cynghorwr crefyddol personol sy'n arwain eich cynnydd ar y raddfa briodol. Enghraifft o athro Bwdhaidd dawnus yw'r mynach a'r athronydd Nagasena o'r 2il ganrif COG a esboniodd brif gysyniadau Bwdhaeth i frenin o darddiad Groegaidd a llwyddo i'w droi at Fwdhaeth. Mae eu sgyrsiau wedi'u cofnodi yn *The Questions of King Milinda,* llyfr nad yw yn y Canon Pali ond mae'n cael ei barchu fel llyfr ysgrythurol Theravada. [Am ddetholiadau o'r llyfr hwn, gweler *Buddhist Scriptures,* Conze 1959.]

Mae Brenin Milinda yn cael ei adnabod fel ffigur hanesyddol gwirioneddol, a lywodraethodd dros ardal yng Ngogledd Orllewin pellaf India, a oedd wedi cael ei gorchfygu gan ymsefydlwyr o Asia Ganol a oedd yn rhan o'r Ymerodraeth Roegaidd bryd hynny. Milinda yw'r fersiwn Indiaidd o'r enw Groegaidd Menander. Fel rheolwr da, roedd gan Milinda ddiddordeb yng nghredoau crefyddol ei ddeiliaid a chynhaliodd ddefodau yr offeiriaid Brahmin. Fel enghraifft, edrychwn ar esboniad Nagasena o ddau gysyniad Bwdhaidd anodd, dim-hunan a *nirvana.*

Anatta (dim-hunan)

Mae Nagasena yn cyflwyno'n ddeheuig iawn y cysyniad dim-hunan pan gyflwynir ef gyntaf i'r Brenin. Pan ofynnwyd iddo ei enw, yn lle'r ateb cwrtais a ddisgwylid, mae Nagasena'n ateb er ei fod wedi'i enwi'n Nagasena – dim ond label yw yr un fath â phob enw, ac nid yw'n golygu bod endid cyfatebol mewn gwirionedd – 'ni ellir dirnad unrhyw berson dilys'. Mae Nagasena yn ddiau'n gwadu syniad yr *atman* ond mae'r Brenin i ddechrau yn dychmygu bod Nagasena yn gwadu bodolaeth yr organeb seicoffisegol a wêl y Brenin yn sefyll ger ei fron, sy'n gwbl afresymol. Pwy fyddai wedyn yn gwneud y gwadu? Ceisia'r Brenin amlygu'r gwiriondeb yma drwy ddadlau os nad oes unrhyw wir berson, mae'n gwneud nonsens o Fwdhaeth hyd yn oed. Pwy wedyn sy'n rhoi i'r mynachod, sy'n cyflawni gweithredoedd anfad, sy'n dilyn y llwybr Bwdhaidd, sy'n myfyrio, a.y.b.? Fodd bynnag, mae'r Brenin wedi camddeall. Nid yw Nagasena'n honni nad yw e'n bodoli mewn ystyr gonfensiynol ond nad yw'n bodoli fel endid parhaol, ar wahân, annibynnol – yr *atman* a gredir ynddo gan yr Hindŵiaid. Mae person dim ond yn bodoli fel casgliad o ffactorau byrhoedlog a gyfunir dros dro mewn ffordd benodol, sy'n gyd-ddibynnol ar ei amgylchedd ac a bennir gan ffactorau allanol. Galwn hwn yn 'fy hunan' er cyfleustra, ond mae'r defnydd yma o eiriau yn gamarweiniol – gallwn ddechrau meddwl bod realiti annibynol ar wahân tragwyddol a elwir 'myfi'. Yr ateb i'r perygl hwn yw dadansoddiad o'r bod dynol, o'r math a ddefnyddir mewn myfyrdod Bwdhaidd. Nid yw Nagasena'n pregethu 'gwirionedd dim-hunan' ond yn herio'r Brenin i ddadansoddi'r bod dynol a gweld a yw'n gallu dod o hyd i 'hunan'.

Aiff y Brenin yn ei flaen i wneud hyn a rhestru deuddeg ar hugain o rannau ffisegol y corff a gydnabyddir gan Fwdhyddion – ewinedd, esgyrn, calon, ysgyfaint, gwaed, bustl, troeth, a.y.b. (Ffurf ddadansoddol o fyfyrdod a argymhellir i'r rhai hynny sydd angen meistroli chwant rhywiol). Nid yw'r un o'r rhain yn haeddu cael eu hystyried fel y 'fi gwirioneddol'. Nac unrhyw un o'r pum *skandha* sy'n ffurfio bod dynol – eich ffurf ffisegol, eich teimladau, eich canfyddiadau, eich mympwyon neu eich ymwybyddiaeth. Ni ellir dweud bod yr un o'r rhain yn 'chi gwirioneddol', gan eu bod nhw'n newid yn barhaus heb i chi honni bod yn berson arall. Maen nhw y tu allan i'ch rheolaeth lawn. Mae'r hyn sy'n berthnasol i'r *skandhau* ar wahân, yn berthnasol iddyn nhw pan gymerir nhw gyda'i gilydd; eto, ar wahân i'r *skandhau*, ni ellir darganfod unrhyw 'chi'. Yn syml, ni ellir dod o hyd i 'hunan' (fel endid yn hytrach na gair) wrth ddadansoddiad.

I wneud hyn yn gliriach, mae Nagasena yn cymharu'r label 'hunan' â'r label 'cerbyd rhyfel'. Mae dyn yn defnyddio'r ymadrodd cerbyd rhyfel heb unrhyw broblem mewn sgwrs, eto os gweithredir yr un dechneg o ddadansoddi, ni all dyn ddod o hyd mewn gwirionedd i endid i'r hwn mae'r ymadrodd cerbyd rhyfel yn berthnasol. Nid yw'r ymadrodd yn cyfeirio at unrhyw un o ddarnau cydrannol cerbyd rhyfel megis echel neu olwyn, nac at gyfuniad o'r fath ddarnau a allent yr un mor rhwydd fod yn gert, neu'n bentwr o ddarnau sbâr; nid yw 'cerbyd rhyfel' chwaith yn rhyw endid hynod anweledig ar wahân i'r darnau. Nid yw'r ymadrodd cerbyd rhyfel ond yn label i ddisgrifio casgliad o ddarnau a roddir at ei gilydd mewn ffordd benodol i bwrpas penodol. Ni olyga hyn nad yw cerbydau rhyfel na phobl yn bodoli yn ystyr gyffredin yr ymadrodd; mae'n gymwys i ddefnyddio'r ymadrodd pan fo'r darnau angenrheidiol yn bresennol yn y cyfuniad cywir. Fodd bynnag, golyga nad yw cerbydau rhyfel na phobl yn bodoli ar lefel realiti terfynol, y lefel dragwyddol, ddigymell o fodolaeth. Nid yw'r gair 'hunan', wedyn, yn golygu'r *atman* – yn endid real terfynol digymell tragwyddol, ond yn syml yn label cyfleus ar gyfer casgliad o atomau a phrosesau meddyliol, dros dro, byrhoedlog ac sy'n ddibynnol ar amodau, ac a welir mewn ffordd benodol.

Ailenedigaeth

Os nad oes *atman* na hunan-enaid, ni ellir deall ailenedigaeth fel yn y syniad Groegaidd neu Hindŵaidd o gyrff newid enaid tragwyddol fel diosg hen ddillad am rai newydd. Os nad oes enaid yn symud ymlaen, sut y gall dilyniant fod rhwng un bywyd a'r nesaf? Gofynna'r Brenin Milinda i Nagasena a ellir dweud bod y person mewn un bywyd yr un peth â'r person yn y bywyd nesaf, neu a yw'r ddau mewn gwirionedd yn ddau berson gwahanol. Ateb Nagasena yw nad yw'r ddau yn hollol yr un fath nac yn hollol wahanol. Mae'r berthynas yn un o achos ac effaith; rydych chi yn eich bywyd nesaf yn perthyn i chi yn eich bywyd yn y gorffennol gan fod y ddau wedi'u cyplysu mewn cyfres o achos ac effaith parhaol. Mae'r sefyllfa dim ond yr un fath â'r hyn a sylwn yn digwydd yn ystod cwrs un bywyd; nid yw'r berthynas rhyngoch 'chi' fel baban a 'chi' fel oedolyn yn un o union debygrwydd nag o wahaniaeth llwyr, ond mae'r oedolyn yn ganlyniad uniongyrchol o'r plentyn ynghyd â phopeth sydd wedi digwydd iddo ers hynny. Mae person yn gyfres o ddigwyddiadau, un yn codi o'r un blaenorol, yn amodol iddo. Mae hyn yn digwydd o un ennyd i un arall wrth i un *dharma* ddilyn y llall, o un dydd i'r nesaf, o un flwyddyn i'r nesaf, o un degawd i'r nesaf, o un bywyd i'r nesaf. Gwna Nagasena gymariaethau eraill a all helpu; nid yw'r fflam mewn lamp sy'n llosgi ar ddiwedd nos yr un fath â'r fflam a oedd yn llosgi ar ddechrau'r noson, ond yn ganlyniad uniongyrchol ohoni. Nid yw llaeth, ceuled, menyn a 'ghee' (menyn gloyw a ddefnyddir mewn coginio Indiaidd) yn union yr un fath ond yn ganlyniad o fod o dan amodau penodol.

Oherwydd bod pob bywyd yn ganlyniad uniongyrchol o'r un blaenorol, gall y broses o *karma* weithredu; bydd yr hyn a fyddwch yn eich bywyd nesaf yn ganlyniad uniongyrchol i'r hyn rydych 'chi' yn ei wneud yn yr un hwn, yr un fath ag y gall person a gafodd ei gamfaethu mewn plentyndod ddioddef salwch fel oedolyn. Mae Nagasena yn cymharu'r broses o *karma* i blannu hadau. Os yw lleidr yn dwyn mangos o goeden, nid yw mewn gwirionedd yn dwyn yr union fangos a blannwyd yn y ddaear gan y ffermwr, ond gan fod y mangos ar y goeden yn ganlyniad uniongyrchol i'r mangos a blannwyd yn y ddaear, bydd yn dal i gael ei gosbi am fynd ag eiddo'r ffermwr. Yn yr un modd, mae gweithredoedd a gyflawnir mewn un bywyd yn arwain at ganlyniadau yn y nesaf.

Nirvana

Mae *nirvana* yn anodd siarad amdano, eto oni bai bod bodau sy'n dioddef yn cael rhyw amcan o'r hyn ydyw, ni chânt eu hysbrydoli i ymdrechu i'w ennill. Llwydda Nagasena i roi syniad digonol o *nirvana* i'r Brenin Milinda i'w ysbrydoli i ddod yn Fwdhydd, drwy drafodaeth a chymariaethau. Mae llawer o'r hyn a ddywed o ganlyniad i gwestiynau'r Brenin ac felly'n briodol i dybiaeth y Brenin.

Mae *nirvana* yn gyntaf oll yn ddarfyddiad; mae'n derfyn llwyr o gylch truenus bywyd a elwir *samsara* ac felly diwedd pob trallod. Nid llwyddiant awtomatig mohono a gellir ei gyrraedd dim ond gan y rhai hynny sy'n gwneud ymdrech bersonol. Ni allwn ei ddychmygu, ond gallwn wybod ei fod yn hollol werthfawr o esiampl y rhai hynny a'i cyflawnodd, yn yr un modd nad oes angen i ni gael ein dwylo wedi'u torri i ffwrdd cyn i ni gredu y byddai'n brifo. Mae *nirvana* ynddo'i hun y tu hwnt i eiriau, yn annisgrifiadwy, ond gall rhai o'i nodweddion gael eu lledawgrymu drwy gymariaethau. Mae'n rhwyddineb, yn heddwch. Mae fel dŵr claear yn symud y gwres a'r syched o'n chwantau. Mae fel moddion sy'n gwella ein dioddefaint a'n gadael ni mewn iechyd sicr. Mae fel gofod gan ei fod yn anfesuradwy ac yn annherfynol, ni ddaeth i fodolaeth erioed ac ni fydd byth yn darfod, ni ellir ei afael na'i ddwyn, nid yw'n ddibynnol ar unrhywbeth arall ac mae'n darparu amgylchedd ar gyfer bodau goleuedig, fel mae'r awyr ar gyfer adar. Yr un fath â gem dymuno hudol llên gwerin Indiaidd, mae'n caniatáu holl ddyheadau'r galon ac yn dod â llawenydd mawr. Megis copa mynydd creigiog mae'n anhygyrch i deimladau digalon *samsara* ac ond yn **bod**, heb unrhyw gyfeiriad at resymau a dyheadau dynol.

Nid canlyniad proses achosol yw *nirvana*. Ni chaiff ei effeithio na'i reoli gan ffactorau allanol. Camddefnydd o eiriau yw i honni bod *nirvana* yn cael ei 'achosi' gan y llwybr wythblyg – nid yw'r llwybr yn achosi *nirvana*, yn hytrach mae'n galluogi dyn i sylweddoli *nirvana*, sydd wedi bod yno erioed. Cymherir hyn â'r ffordd y gall dyn deithio i weld Mynyddoedd Himalaya ond ni all achosi iddyn nhw ddod ato ef neu achosi eu bodolaeth; neu'r ffordd y gall dyn deithio i draeth pell, ond ni all achosi i'r traeth ddod ato ef, ac ni achosodd ei fodolaeth. Yn yr un modd ag y mae Mynyddoedd Himalaya heb eu heffeithio gan y dyn, mae *nirvana* heb ei effeithio gan unrhyw amodau allanol.

Gan fod *nirvana* wedi'i ddisgrifio fel diamod, heb ei wneud, heb ei gynhyrchu, heb fodoli mewn amser naill ai gorffennol, presennol neu ddyfodol, heb fod yn ganfyddadwy gan synhwyrau, mae'n hawdd iawn i gael yr argraff bod *nirvana*'n rhywbeth negyddol. Fodd bynnag, mae 'rhywbeth sy'n bod' oherwydd gellir mewn gwirionedd ei brofi gan feddwl pur person goleuedig. Fel y gwynt, ni allwch ei ddangos neu gydio ynddo, ond gellir ei adnabod o'i effeithiau.

Pan fo person yn cyrraedd *nirvana* ond yn dal i fyw bywyd dynol, mae'n dal i deimlo poen corfforol fel unrhyw un arall (gan fod y nerfau a.y.b. yn dal i fod yn bresennol) ond mae e'n rhydd o bob poen meddyliol a dryswch a gall ymdopi'n haws â'r poen corfforol. Nid yw *arhat* yn cyflawni hunanladdiad, oherwydd mae'n fodlon i adael cylch ei fywyd ddarfod i'w ddiwedd, gan fynd heibio holl chwantau hunanol. Gall fwynhau pleserau corfforol o hyd fel bwyta bwyd da, ond gwna hyn heb unrhyw gysylltiadau na chwantau. Bydd yn gofalu am y corff a rhoi iddo ei anghenion, ond nid allan o chwant am bleser ond yn syml i gadw'n fyw ac yn iach fel y gall ei gorff a'i feddwl weithio fel y dylent.

Mae esboniadau Nagasena am *anatta,* ailenedigaeth a *nirvana* o gymorth hyd yn oed heddiw, oherwydd gallem ofyn cwestiynau tebyg i'r rhai hynny gan Frenin Groegaidd o'r 2il ganrif COG. Mae e'n esiampl ardderchog o athro doeth gyda'r ddawn o *upaya* neu wybod y peth cywir i'w ddweud. Mae e'n gweithio ar lefel wybodaeth a deallatwriaeth y Brenin, gan ymateb i gwestiynau a ofynnwyd gan y Brenin. Nid yw'n ddirmygus o syniadau'r Brenin, ond yn gadael iddo eu datrys drosto'i hun. Yn lle pregethu wrth y Brenin, mae e'n ei arwain i ganfod yr atebion drosto'i hun, drwy annog meddwl dadansoddol; eto nid yw'n gadael y Brenin heb gymorth, gan arwain a rheoli'r drafodaeth o'r dechreuad cyntaf oll – Nagasena sy'n rheoli cyfeiriad y drafodaeth, eto gwneir i'r Brenin deimlo mai ef sy'n rheoli.

Yn olaf, dywedir wrthym nad oedd Nagasena yn siarad am Fwdhaeth yn unig, ond mewn gwirionedd yn ei fyw, gan ddysgu'r *Dharma* yn ôl esiampl. Heb hyn, byddai'n ddeallusyn medrus, ond nid yr hyn y byddai Bwdhyddion yn ei alw'n ddyn o ddoethineb.

Gwledydd Theravada – Sri Lanka

Mae gwledydd sy'n ymarfer Bwdhaeth Theravada heddiw yn cynnwys Sri Lanka, Burma (Myanmar), Gwlad Thai, Laos a Cambodia. Gwêl y tri cyntaf eu hunain fel cadarnleoedd y traddodiad Theravada, gyda Sri Lanka'n hawlio arbenigedd yn adran y *Sutta* o'r ysgrythurau, Gwlad Thai yn yr adran *Vinaya* a Burma yn yr adran *Abhidhamma*.

Hanes

Sri Lanka oedd y wlad gyntaf tu draw i dir mawr India lle ymledodd Bwdhaeth iddo ac mae Bwdhyddion Sri Lanka yn falch iawn o'u traddodiad 2,300 mlwydd oed o Fwdhaeth. Mae 80% o bobl Sri Lanka o'r hil Sinhalaidd, y rhan fwyaf ohonynt yn Fwdhyddion. Mae eraill yn 'Tamiliaid' Hindŵaidd, gyda rhai Mwslimiaid a Christnogion. Credir bod y Sinhaliaid wedi cychwyn yng Ngogledd Ddwyrain India ac wedi heidio i Sri Lanka yn y 5ed ganrif COG. Sefydlodd Tamiliaid o Dde India hefyd yng Ngogledd a Dwyrain yr ynys.

Sefydlwyd y brifddinas Sinhalaidd yn Anuradhapura. Yn y 3edd ganrif COG anfonodd y Brenin Asoka ei fab, mynach o'r enw Mahinda, gyda phedwar mynach arall, i bregethu Bwdhaeth i'r Brenin Tissa. Cafodd y Brenin droëdigaeth lwyddiannus, sefydlwyd *sangha* a mynachlog, a dygwyd creiriau sanctaidd o'r India. Ceisiodd y Brenin Tissa, yr un fath ag Ashoka, sefydlu gwareiddiad a seiliwyd ar reolau Bwdhaidd ac adeiladodd lawer o gronfeydd dŵr i helpu ei bobl. Parhaodd Anuradhapura i fod yn brifddinas ac yn ganolfan Bwdhaeth tan yr 11eg ganrif OG. Gellir gweld llawer o gofebau hynafol a chreiriau o'r cyfnod hwn heddiw. Efallai mai'r mwyaf sanctaidd yw'r Goeden-bo Gysegredig a ddywedir iddi gael ei thyfu o doriad o'r Goeden-bo wreiddiol (y goeden lle cafodd y Bwdha ei oleuedigaeth oddi tani) a ddygwyd o'r India gan ferch Asoka, lleian o'r enw Sanghamitta. Gellir gweld sawl *stupa* enfawr (neu *dagobau* fel y'i gelwir yn Sri Lanka) yn dyddio'n ôl i'r 3edd a'r 2il ganrif COG. Dywedir bod un yn cynnwys crair o asgwrn pont ysgwydd y Bwdha. Nid oedd yr hanes cynnar yma heb ei drafferthion. Yn ystod yr 2il ganrif COG rheolodd y goresgynwyr Tamil dros y Sinhaliaid, gan arwain at y frwydr enwog gan Dutthagamani yr arwr Sinhalaidd yn y ganrif 1af COG. Adenillodd y Sinhaliaid Anuradhapura ar ôl llawer o dywallt gwaed, mewn rhyfel a ymladdwyd yn enw Bwdhaeth. Ymunodd mynachod hyd yn oed yn yr ymladd, ar sail bod trais yn cael ei gyfiawnhau i ddiogelu eu traddodiad Bwdhaidd. Yn y ddwy fil o flynyddoedd ers hynny, mae Bwdhaeth erioed wedi bod ynghlwm yn agos â chenedlaetholdeb Sinhalaidd. Yn yr amserau cythryblus hyn y cafodd y Canon Pali ei ysgrifennu lawr rhag ofn y byddai'r traddodiad Bwdhaidd yn mynd ar goll.

Yn y canrifoedd cynnar OG sefydlwyd nifer o fynachlogydd yn dilyn sectau Bwdhaidd gwahanol, yn cynnwys rhai o ddylanwad Mahayana. Er gwaethaf

terfysgoedd, ymddengys fod Bwdhaeth wedi ffynnu a rhoddwyd llawer o ofal
i adeiladu *stupau* a cherfluniau, megis cerflun hardd y Bwdha'n myfyrio o'r
4edd ganrif. Yn yr 11eg ganrif roedd llinach o Frenhinoedd Tamil yn rheoli a
dirywiodd Bwdhaeth. Ysbeiliwyd nifer o fynachlogydd. Pan adfywiwyd Bwdhaeth
yn 1065 bu rhaid ailgyflwyno urdd y mynachod o Burma, ac roedd urdd y
lleianod wedi peidio â bod yn llwyr. Gorchfygodd Brenin Parakramabahu,
o'r 12fed ganrif, y Tamiliaid ac adeiladodd nifer o *stupau*, mynachlogydd a
cherfluniau ym mhrifddinas newydd Polonnaruwa. Eto gellir gweld adfeilion y
rhain o hyd heddiw. Cofgolofn hynod o brydferth yw cerfiad anferthol y Bwdha'n
myfyrio a *parinirvana* y Bwdha, wedi'i naddu o graig. Roedd Brenhinoedd yn
y cyfnod hwn yn cael eu hanrhydeddu fel *bodhisattva* neu Fwdha'r dyfodol.
Syrthiodd Polonnaruwa yn y 13eg ganrif a rhannwyd yr ynys yn deyrnasoedd
llai, rhai a reolwyd gan y Tamil. Ar yr un pryd sefydlwyd cysylltiad â'r byd y tu
allan drwy fasnachwyr Arabaidd sydd â'u disgynyddion Mwslimaidd yn dal i
fyw yn Sri Lanka heddiw ac ymhlith masnachau eraill yn ddefnyddiol iawn fel
cigyddion. Yn y 15fed ganrif goresgynnodd y Tsieiniaid yr ynys, a oedd mwy na
thebyg yn gysylltiad olaf yr ynys â Bwdhaeth Mahayana. Yn 1505, goresgynnodd
y Portiwgeaid a meddiannu'r deyrnas arfordirol o gwmpas Colombo. Cafodd rhai
pobl dröedigaeth i Gatholigiaeth a mabwysiadodd llawer enwau Portiwgeaidd.

Arhosodd teyrnas ganolig mynydd Kandy yn annibynnol, ond ar adegau fe'i
rheolwyd gan Frenhinoedd a oedd yn ffafrio addoliad-Shiva Hindŵaidd. Roedd
Bwdhaeth yn yr 16eg a'r 17eg ganrif yn wan iawn. Nid oedd hyd yn oed y
cworwm o bum mynach a oedd ei angen ar gyfer defodau ordeinio, a olygai
fod rhaid i'r Brenin anfon am fynachod o Burma i berfformio'r rhain. Roedd
ysgoloriaeth Pali wedi plymio i'r dyfnderoedd eithaf ac roedd y bobl gyffredin yn
llithro'n ôl i ofergoelion.

Yn 1658 goresgynnodd yr Iseldirwyr, a wahoddwyd yn wreiddiol i gynorthwyo
i yrru'r Portiwgeaid allan. Dechreuon nhw'r gyfundrefn drefedigaethol o dyfu
cnydau-gwerthu fel siwgr, baco a choffi, ac ymdrechu i droi'r bobl i Gristnogaeth
Protestannaidd. Roedd hyn yn llai llwyddiannus oherwydd nid oedd mor apelgar
â'r Gatholigiaeth fwy lliwgar.

Yn gynnar yn y 18fed ganrif roedd adfywiad mewn Bwdhaeth o dan Frenin
Kandyaidd a oedd yn 'Tamil' mewn gwirionedd. Y tro hwn dygwyd mynachod
o Wlad Thai i'r ynys a sefydlwyd urdd o fynachod sy'n dal i gael eu galw heddiw
yn Urdd Siám, a rannwyd yn ddau grŵp a leolwyd mewn dwy fynachlog
ddylanwadol iawn yn Kandy. Cyflwynwyd urdd ar wahân yn 1802 o draddodiad
Burma, a thrydedd un yn 1864 ar gyfer mynachod o gast is, a ddiarddelwyd o
urdd Siám.

Yn 1796 daeth yr ynys yn rhan o'r Ymerodraeth Brydeinig ac fe syrthiodd Teyrnas
annibynnol Kandy o'r diwedd yn 1815. Parhaodd y Prydeinwyr â'r polisi cnydau-
gwerthu a chanolbwyntio ar dyfu te, rwber a chnau coco, sydd wedi ennill lle

blaenllaw yn economi Sri Lanka hyd heddiw. Daethon nhw â gweithwyr Tamil hefyd ar gyfer gwaith yn y planhigfeydd, a gynyddodd y broblem hiliol gan achosi'r fath drais yn yr 1970au a'r 1980au.

Achosodd presenoldeb y Prydeinwyr ychydig o lacio ar ffydd ym Mwdhaeth draddodiadol, yn enwedig yn wyneb datblygiadau gwyddonol Gorllewinol. Fodd bynnag, denwyd Gorllewinwyr eraill gan Fwdhaeth gan gynorthwyo yn ei hadfywiad. Roedd Cymdeithas Theosoffaidd ddiwedd y 19eg ganrif a dechrau'r 20fed ganrif yn ddylanwadol iawn yma (gweler Pennod 5). Dechreuodd Cyrnol Olcott, un o sylfaenwyr Theosoffi, Gymdeithas Fwdhaidd y Gwŷr Ifanc i wrthweithio atyniadau'r 'YMCA' ac arloesi Ysgolion Sul Bwdhaidd. Cynlluniodd y faner Fwdhaidd, sy'n dal i gael ei defnyddio heddiw. Hefyd anogodd Olcott Dharmapala, gŵr Sinhalaidd a ddechreuodd Fudiad yr Anagarika. Roedd hyn yn ffordd o fyw hanner ffordd rhwng bod yn fynach a lleygwr. Mae'r Anagarika yn gwisgo gwyn ac yn cyfuno eiddo ysbrydol mynach â bywyd mwy ymarferol lleygwyr. Cysylltwyd Dharmapala â sefydlu Cymdeithas y Mahabodhi a anelai at uno Bwdhaeth yn rhyngwladol ac adennill y cysegrleoedd yn India rhag perchenogaeth Hindŵaidd. Ymwelodd Dharmapala â Lloegr yn 1925 a ffurfiodd Y Gymdeithas Mahabodhi Brydeinig, sy'n parhau hyd heddiw. Mae'n eironig bod nifer o'r Bwdhyddion deallusol o'r ganrif hon yn Sri Lanka wedi dysgu am Fwdhaeth o lyfrau a ysgrifennwyd gan ysgolheigion Gorllewinol, ac yn dilyn math o Fwdhaeth 'ddiwygiedig', wedi'i had-drefnu, yn wahanol i'r ymarfer traddodiadol 2,300 o flynyddoedd yn ôl.

Yn wleidyddol, enillodd Sri Lanka annibyniaeth yn 1984 a sefydlu llywodraeth ddemocrataidd ar linellau Prydeinig. Mae'r grym wedi symud rhwng plaid geidwadol a phlaid sosialaidd/genedlaethol. Mae'r ddwy blaid wedi cymeradwyo hyrwyddo Bwdhaeth, yn rhannol fel datganiad o hunaniaeth cenedlaethol yn groes i Gristnogaeth yr Ymerodraeth Brydeinig. Mae hyn wedi bodloni'r mwyafrif Bwdhaidd Sinhalaidd ac wedi cael cefnogaeth yr urddau Bwdhaidd gwleidyddol grymus. Mae'r ymagwedd pro-Fwdhaidd yma wedi ymddieithrio llawer yn y lleiafrif Tamil Hindŵaidd, sy'n ofni gwahaniaethu yn erbyn eu hiaith a'u diwylliant. Mae hyn wedi arwain at yr ymgyrch bresennol am wladwriaeth Tamil ar wahân yn hanner Gogleddol Sri Lanka.

Y *Sangha* Fynachaidd

Y *sangha* (cymuned neu urdd o fynachod) yw canolbwynt bywyd Bwdhaidd; ble bynnag mae'r *sangha*'n ffynnu, mae ffydd y bobl yn dilyn. Roedd y *bhikkhu* gwreiddiol a oedd yn dilyn y Bwdha yn grwydriaid digartref wedi'u gwisgo mewn hen gadachau, yn cysgu dan goed, ond bydd mynach heddiw mwy na thebyg yn byw mewn mynachlog ac yn gwisgo mentyll a roddwyd iddynt gan leygwyr, arferiad a oedd wedi dechrau yn ystod bywyd y Bwdha. Yn Sri Lanka heddiw mae tua 15,000 o fynachod sy'n dal i hawlio parch mawr gan y gymuned.

Yn Sri Lanka, er nid mewn gwledydd Theravada eraill, mae bachgen yn tueddu i ddod yn fynach am oes, er nad oes dim cywilydd gadael y fynachlog os dymunant, gan fod popeth yn fyrhoedlog. Gall un ddod yn fynach nofis ar unrhyw adeg yn ei fywyd; ymuna llawer adeg llencyndod – dros saith oed, eraill fel ieuenctid yn chwilio am ystyr mewn bywyd, ac eto eraill ar ôl ymddeol.

Mae'r ddefod o ordeiniad yn dilyn cyfarwyddiadau traddodiadol sy'n mynd yn ôl i gyfnod y Bwdha. Mae dwy lefel o ordeiniad – ordeiniad fel *samanera* (nofis) ac ordeiniad llawn fel *bhikkhu* (mynach), ac ar gyfer hwn mae angen i ddyn fod o leiaf ugain mlwydd oed. Os yw bachgen yn ymuno â'r urdd fel nofis ar oedran ifanc mae fel arfer yn mynychu *pirivena*, yr ysgol fynachaidd neu goleg offeiriadol.

Mae'r ymgeisydd ar gyfer ordeiniad yn cael ei ben a'i farf wedi'u heillio ac yn ystod hyn dylai fyfyrio ar ei wallt ymadawedig fel gwers mewn byrhoedledd a gostyngeiddrwydd. Caiff ei drochi â dŵr fel symbol o buro, a pharatoir anghenion ei fywyd mynachaidd megis mantell, powlen, sandalau, ymbarél. Rhoddir y rhain fel arfer gan ei deulu. Os mai ordeiniad ar gyfer bod yn fynach llawn ydyw, bydd yr ymgeisydd wedi cael ei arholi ynghynt am ei wybodaeth o ddysgeidiaeth y Bwdha a'r rheolau mynachaidd. Ar gyfer yr ordeiniad mae angen presenoldeb o leiaf pum mynach uchel eu parch, ac mae'n digwydd o fewn y *sima* (ffiniau'r fynachlog), a amlinellir mewn defod arbennig. Fel arfer cyflwynir yr ymgeisydd ar gyfer ordeiniad gan ei diwtor fel noddwr. Mae'n penlinio o flaen y mynach gweinyddol yn gwisgo gwyn y lleygwr ac yn cario ei fantell felen. Mae'n gofyn caniatâd i wisgo'r fantell felen a chael ei ordeinio. Mae'r mynach gweinyddol yn clymu gwregys y fantell o gwmpas gwddf yr ymgeisydd, tra'i fod yn adrodd ffurf o fyfyrdod ar natur ddarfodus y corff. Yna mae'r ymgeisydd yn gwisgo'i fantell gyda geiriau arbennig sy'n cyfleu pwrpas y wisg fel gorchudd angenrheidiol yn unig, ac nid ar gyfer defnydd addurniedig. Wedyn mae'n ymbil maddeuant am feiau ac yn gofyn am gael tair noddfa a deg rheol mynach. Adroddir y ffurf noddfa driphlyg deirgwaith ac adroddir y deg rheol ar ôl ei diwtor. Os defod *Upasampada* ydyw (ordeiniad llawn), mae defodau pellach yn gysylltiedig. Clymir ei bowlen gardod ar ei gefn ac fe'i arholir ar rai pwyntiau traddodiadol ynghylch ei addasrwydd i ymuno â'r urdd. Golyga hyn arddel ei wir enw, enw ei diwtor, ei feddiant o'r anghenion materol megis mantell a phowlen. Rhaid iddo wedyn dyngu nad yw'n dioddef o unrhyw glefyd anghymwys, ei fod yn ddynol ac yn wryw, yn rhydd o gaethwasiaeth, o ddyled neu o wasanaeth milwrol; bod ganddo ganiatâd ei rieni, ac yn ugain mlwydd oed. Os yw'r urdd yn fodlon, a bod dim gwrthwynebiad yn cael ei arddangos drwy dawelwch, derbynnir yr ymgeisydd fel *bhikkhu*.

Rhoddir y teitl *thera* (henuriad) i fynach sydd wedi cael ei ordeinio ers deng mlynedd, a *mahathera* (henuriad uwch) i un sydd wedi cael ei ordeinio ers ugain mlynedd. Gall fyw mewn amrywiol fathau o fynachlog. Gall fod yn un o'r sefydliadau mynachaidd mawr sy'n cynnwys ysgol neu hyd yn oed sefydliad addysg uwch; gall fod mewn sefydliad bach o un neu ddau fynach sy'n gweithredu fel math o offeiriad plwyf i gymuned bentrefol; neu gall fod yn fywyd annedd goedwigol neu fynach meudwyol, sy'n byw'n hollol i ffwrdd o gymdeithas mewn bywyd a gysegrwyd i fyfyrdod. Yr enw ar fynachlog yw *vihara*. Mae'n cynnwys yn nodweddiadol y *pansala* (trigfan mynach), teml neu gysegr gyda cherflun y Bwdha, neuadd bregethu, *stupa* (olion cofadail) a choeden-bo, wedi'i hamgylchynu gan ragfur amddiffynnol.

Mae ffordd o fyw y mynach yn llym, yn ôl y 227 o reolau moesol a rheolau eraill y *Vinaya*. Mae trefniant y gymuned yn ddemocrataidd, ac mae safle'r abad yn un etholedig. Dangosir parch i hynafedd yn yr urdd, yn dibynnu ar ba mor hir mae dyn wedi cael ei ordeinio. Ychydig eiddo personol sydd gan fynachod fel eu bod mor wahanedig â phosibl oddi wrth ofalon bydol. Byddai angenrheidiau personol arferol yn cynnwys dwy set o fentyll, powlen, offer gwnïo er mwyn trwsio mantell, rasel, gwyntyll, ymbarél, sandalau a gleiniau gweddïo. Yn aml, rhoddir y mat gweddïo a dillad gwely eraill gan y rhieni. Mae mentyll mynachod o liw oren llachar yn Sri Lanka. Y syniad gwreiddiol oedd i wnïo clytiau at ei gilydd a oedd wedyn yn cael eu lliwio â phigment naturiol yn y ddaear – yn cynhyrchu lliw ocr (melyn-frown). Y dyddiau hyn rhoddir y mentyll gan leygwyr unwaith y flwyddyn neu fwy.

Nid oes hawl gan fynachod weithio am arian ac maent yn dibynnu ar leygwyr am gefnogaeth. Gall hyn gael ei roi yn y cylch-elusen traddodiadol, lle mae mynachod yn teithio drwy bentrefi ac mae pobl yn rhoi bwyd iddynt. Gall mynachod gael eu gwahodd i dai teuluoedd penodol i brydau bwyd ar system rota neu gall lleygwyr ddod â bwyd i'r mynachlogydd. Gwell gan rai mynachod ymarfer y cylch elusen traddodiadol gan eu bod nhw'n teimlo ei fod yn fwy urddasol, yn ffordd ddefnyddiol o hunanddisgyblaeth ac yn ymarfer mewn gostyngeiddrwydd. Dylai hefyd fod yn achlysur ar gyfer myfyrdod gofalus. Er gwaethaf tlodi damcaniaethol, mae rhai o'r mynachlogydd mawr wedi dod yn dirfeddianwyr cyfoethog drwy gyfraniadau a chanddynt ddylanwad bydol aruthrol. Fodd bynnag mae gan fynachod unigol y mymryn lleiaf o hyd. Mae mynachod hefyd yn rhoi'r gorau i fywyd teuluol ac yn aros yn ddi-briod. Mae gwraig a phlant yn eich rhwymo chi'n dynn i faterion bydol, pryderon a llawenydd, ac ystyrir dyheadau rhywiol yn un o'r mwyaf grymus o'r chwantau hunanol sy'n eich clymu chi i lawr wrth *samsara*.

Mae diwrnod nodweddiadol mynach yn cynnwys codi'n fore, dau bryd bwyd, brecwast a chinio gyda dim ond te yn cael ei ganiatáu ar ôl canol dydd. Neilltuir cyfnodau o'r dydd ar gyfer myfyrio, astudio testunau Bwdhaidd, a gwasanaethau i'r lleygwyr. Mae'r rhain yn cynnwys cyflawni defodau, pregethu, gweinyddu'r rheolau a chynghori. Mae'r mynachod meudwyol yn treulio llawer o amser mewn myfyrdod, gall mynachod eraill fod yn athrawon gydag ychydig oriau rhydd ar gyfer myfyrdod. Unwaith y flwyddyn mae'n rhaid iddyn nhw gadw'r *vassa* (enciliad tymor y glawogydd) yn ystod yr hyn mae eu symudiadau yn fwy cyfyngedig ac mae ymarfer crefyddol yn dwysáu. Ar ddiwedd yr enciliad mae defod yn ymwneud â'r lleygwyr (*Kathina*).

Nid oes *bhikkhuni* (lleianod) wedi'u hordeinio'n llawn yn y traddodiad Theravada ers i linell ordeinio beidio â bod yn yr 11eg ganrif. Fodd bynnag, mae gwragedd sy'n eillio eu pennau ac yn gwisgo'r mentyll oren. Cadwant ddeg rheol y mynach a chyfeirir atynt fel 'deg mam rheol'. Fodd bynnag, yn dechnegol dim ond chwiorydd lleyg neu *upasika* ydynt ac nid oes ganddynt yr un statws cymdeithasol â mynachod. Tueddant i gael mwy o drafferthion wrth sicrhau rhoddion ac efallai'n gorfod gwneud eu siopa a'u coginio eu hunain. Efallai bydd hyn yn newid gyda newidiadau cymdeithasol.

Bwdhyddion Lleyg

Mewn gwledydd Theravada ystyrir Bwdhyddion lleyg yn israddol mewn statws crefyddol i fynachod. Gall eu crefydd ddim ond bod yn rhan o fywyd sydd â nifer eraill o ofalon, megis ennill bywoliaeth a bywyd teuluol. Yn draddodiadol, câi mynachod addysg grefyddol uwch a byddai lleygwyr yn cael dysgu eu crefydd ganddynt. Heddiw, fodd bynnag, mae athrawon astudiaethau Bwdhaidd lleyg, ac, fel mewn crefyddau eraill, mae'r berthynas rhwng mynachod a pherchenogion tai yn newid rhywfaint. Mae gan Fwdhyddion lleyg wahanol lefelau o ymrwymiad i'r grefydd. Mae rhai yn Fwdhyddion enwol neu 'gymdeithasol' ar adegau fel angladdau, mae eraill yn dduwiolfrydig iawn mewn defodau crefyddol, a bydd eraill yn ymchwilio i athroniaeth ac athrawiaethau'r grefydd, yn ymarfer myfyrdod a dod mor ddysgedig yn y grefydd â nifer o fynachod.

Nid yw'r Bwdhydd lleyg cyffredin nodweddiadol yn Sri Lanka yn anelu at *nirvana* fel nod di-oed. Gall ei syniad o *nirvana* fod yn annelwig iawn, ond bydd ef yn ei gydnabod fel nod terfynol ar gyfer rhyw fywyd arall. Yn y cyfamser, ei brif dasg grefyddol ef neu hi yw i grynhoi *punya* (teilyngdod) neu *karma* da i sicrhau y bydd ei fywyd neu ei bywyd nesaf yn un da.

Mae gan leygwyr Bwdhaidd gredo gref mewn ailenedigaeth a *karma*. Tuedda hyn i roi iddyn nhw agwedd o dderbyniad o'u hamgylchiadau presennol; os yw dyn mewn sefyllfa dlawd ac mae gan eraill gyfoeth, rhaid derbyn hyn gan ei fod yn ganlyniad, mwy na thebyg, i'r *karma* o fodolaethau blaenorol dyn. Fodd bynnag, nid yw pob anffawd yn cael eu priodoli i *karma* drwg. Mae gan rai digwyddiadau achosion ffisegol amlwg, neu yn cael eu hachosi gan fodau goruwchnaturiol fel duwiau neu gythreuliaid. Er bod cred mewn *karma* yn arwain at dderbyniad o'r sefyllfa bresennol, golyga hefyd y gall dyn wneud rhywbeth am ei ddyfodol drwy gasglu teilyngdod. Gellir ennill teilyngdod mewn tair prif ffordd – drwy ymddygiad moesol, drwy gymryd rhan mewn defodau crefyddol a thrwy gefnogi'r *sangha*. Nid yw llwybr y Bwdhydd lleyg yn gymaint o foesoldeb, myfyrdod a doethineb ag o foesoldeb, haelioni a duwioldeb.

Mae'r prif reolau moesol a gafodd eu cadw gan leygwyr Bwdhaidd wedi cael eu disgrifio yn y bennod ar foesoldeb (dechrau Pennod Tri). Mae'r rhan fwyaf o bobl yn parchu'r rheolau hyd yn oed os ar adegau y gallant gael eu torri neu eu plygu. Mae lladd bodau byw yn wrthun, ond bydd llawer o bobl Sri Lanka yn bwyta cig, os medran nhw fforddio hynny, ac yn enwedig pysgod. Cyfaddawdu â realiti yw hyn, gan na all yr ynys fforddio anwybyddu ffynhonnell protein ar ei thraethau a'i llynnoedd. Mae'r rhai hynny sy'n bwyta cig yn esgusodi eu hunain yn gyffredinol drwy beidio â lladd yr anifail eu hunain, hyd yn oed os ydynt wedi'i fagu ar gyfer bwyta. O ganlyniad i'r cydwybod drwg yma gan Fwdhyddion Sinhalaidd, ymddengys bod y rhan fwyaf o gigyddion yn Fwslimiaid. Mae alcohol yn gyfreithlon ac ar gael yn rhwydd, ond gwgir ar yfed gan y rhai parchus ac fe'i gwaherddir yn ninas sanctaidd Anuradhapura allan o barch tuag at y Bwdha. Ystyrir chwant materol yn ddi-Fwdhaidd iawn, er bod rhaid i Fwdhaeth yma gystadlu â phwysau hysysebu modern cynhyrchion defnyddwyr dull-Gorllewinol. Ynghyd â dilyn y rheolau, mae deg gweithred dda draddodiadol (er nid yn ganonaidd) mewn Bwdhaeth Sinhalaidd. Mae gweithredoedd haeddiannol yn cynnwys haelioni, moesoldeb, myfyrdod, llawenhau yn nheilyngdod person arall, rhoi teilyngdod i ffwrdd, gwasanaethu eraill, dangos parch tuag at hen bobl, pregethu Bwdhaeth, gwrando ar bregethu a chredoau cywir.

Addoli, gwyliau a defodau

Gellir cael teilyngdod drwy ymweld â'r deml i berfformio *puja* (addoliad), cymryd rhan mewn gwyliau, mynd ar bererindodau a chymryd rhan mewn defodau arbennig. O'i gymharu â'r mewnwelediad personol a ddisgwylir o'r mynach, mae Bwdhaeth y person lleyg cyffredin yn fwy o fater o ffydd yn y Bwdha a bod ei ddysgeidiaeth a'i *sangha* yn gywir, p'un ai ydynt wedi'i deall yn llawn neu beidio yn y ffordd y bwriadodd y Bwdha iddynt yn wreiddiol. Mynegir y ffydd yma drwy adrodd cyson fformiwla 'mynd am noddfa' i'r *Bwdha,* y *Dharma* a'r *Sangha* (gweler dechrau Pennod Tri), ynghyd ag ymgymryd eto â'r pum rheol. Gellir gwneud hyn yn ffurfiol fel math o weddi ddyddiol o flaen cysegr fechan y Bwdha yn y cartref. Mae gan nifer o gartrefi modern o leiaf gerflun o'r Bwdha gyda chanhwyllau a blodau o'i flaen; fodd bynnag, mae hyn yn gymharol ddiweddar, ers i gerfddelwau plastr rhad ddod ar gael. Ar unrhyw adeg o'r dydd neu'r wythnos, gall y lleygwr duwiol ymweld â'r deml a chynnig offrwm i gerflun y Bwdha, *stupa* neu goeden-bo. Mae hyn yn arbennig o boblogaidd ar ddyddiau *poya,* y dyddiau sanctaidd sy'n digwydd bedair gwaith y mis adeg prif gyfnodau'r lleuad. Mae'r lleuad lawn yn arbennig o sanctaidd. Tuedda temlau modern fod yn lliwgar a llachar iawn, gyda thair prif nodwedd. Bydd ystafell gysegr gyda phrif ddelw Bwdha a llawer o ddelwau eraill, un ai cerfluniau neu baentiadau wal yn dweud hanes bywyd Bwdha, ei fodolaethau blaenorol, neu'n portreadu Bwdha Maitreya y dyfodol, Bwdhau o oesau a fu, *arhatau,* neu dduwiau presennol. Gall delwau'r Bwdha fod yn eistedd gyda'u coesau wedi'u croesi, yn sefyll, neu'n gorwedd (un ai'n gorffwys neu'n portreadu'r *parinirvana*). Mae tueddiad i wneud y delwau'n fawr iawn, fel bod hyd yn oed y person mwyaf diaddysg neu blentyn bach yn ymwybodol o bwysigrwydd y dyn hwn. Mae'r deml felly'n gweithredu fel cymorth gweledol addysgiadol, fel roedd ffenestri lliw yn arfer eu gwneud mewn eglwysi Prydeinig. Mae pobl yn cynnig offrymau gerbron cerflun y Bwdha o'r math o bethau a gynigiwyd i dduwiau yn India – bwydydd, blodau, goleuadau, arogldarth a dŵr. Ar ddyddiau *poya* yn y temlau cynigir bwyd ddwywaith y dydd, ynghyd â drymio. Er ei fod yn edrych yn debyg iawn i addoli duw, dehonglir *puja* Bwdhaidd fel rhoi parch i ddyn mawr. Nid rhoi rhodd i fod goruwchnaturiol yn y gobaith o wobr goruwchnaturiol ydyw ond yn hytrach gweithred gysegru i ffordd y Bwdha, a ffordd o atgoffa'ch hunan am ei ddysgeidiaeth. Mae'n dod â chlod ac yn puro'r meddwl. Gwelir y dehongliad hwn yn adnodau'r Pali sy'n cael eu hadrodd tra bod offrymau'n cael eu cynnig. Pan yn offrymu blodau, mae dyn yn atgoffa'i hun o wirionedd byrhoedledd. Tra'n offrymu arogldarth, dylai dyn fyfyrio ar rinweddau anfeidraidd y Bwdha sydd y gwir bersawr. Mae'r offrwm o olau yn symbol o'r oleuedigaeth y mae dysgeidiaeth y Bwdha yn ei ddwyn.

Yn y ffordd hon, mae defod grefyddol draddodiadol wedi newid ei hystyr, ac wedi dod bron yn ffurf o fyfyrdod. Mae'r offrymau a gynigir gan bobl gyffredin wedi cymryd arnynt ystyr symbolaidd, a anelwyd at ledu'r neges Fwdhaidd. Ymddengys bod rhai o'r defodau a ymrwymir iddynt gan y lleygwyr â nawsau sy'n mynd yn erbyn athrawiaeth Theravada llym, ond ymddengys y goddefwyd hyn yn achos pobl gyffredin ers cyfnod y Bwdha ei hun; rhaid i bobl symud ymlaen yn ôl eu hamser eu hunain. Felly, wrth ddisgrifio arfer Bwdhaidd Sinhalaidd, awgryma Richard Gombrich er bod y Bwdhydd cyffredin yn deall bod y Bwdha'n farw ac na fedr eich cynorthwyo, yn emosiynol, yn ei galon, mae e eisiau perthynas gyda bod a all ei gynorthwyo. Er enghraifft, gyda'r offrwm o fwyd dywedir 'Bydded i Dduw dderbyn y bwyd hwn oddi wrthym, gan ddangos tosturi tuag atom.' Mae Gombrich yn cyfleu hyn yn eithaf da yn ei sylw bod y Bwdha, i'r Sinhaliad cyffredin, 'yn wybyddol ddynol ond yn ddwyfol effeithiol'. [Gombrich 1971] Defod arall â nawsau goruwchnaturiol yw'r ddefod arbennig sydd ei hangen ar gyfer peintio llygaid delw Bwdha, gan ymddangos wedyn, rhywffordd, yn 'gysegredig' ac yn 'fyw'. Ymddengys bod rhai ymarferion yn perthyn i ymarferion cynt – bydd Bwdhyddion yn addurno'r goeden-bo gysegredig â baneri Bwdhaidd llachar (strepiau glas, melyn, coch, gwyn ac oren) a all fynd yn ôl i'r arfer o addoli ysbrydion coed. Ymarfer clodwiw arall yw i gylchdeithio *stupa* yn glocwedd. Cofeb ffurf cromen yw *stupa* a adeiladwyd i ddal gweddillion y Bwdha, neu bobl sanctaidd eraill. Yn Sri Lanka fel arfer cânt eu peintio'n wyn llachar.

Gall lleygwyr sy'n neilltuol dduwiol – a gyfeirir atynt fel *upasaka* (os yn wryw) neu'n *upasika* (os yn fenyw) – dreulio dydd *poya* ar ei hyd yn y deml, yn cynnig offrymau, yn gwrando ar bregethu ac yn cadw'r wyth rheol, a weinyddir yn ffurfiol ac a ollyngir yn hwyrach gan fynach. Maen nhw'n gwisgo gwyn ac yn ymatal rhag bwyta ar ôl canol dydd, gan ddefnyddio cadeiriau a gwelyau cyffordddus, addurniadau a difyrrwch personol. Caiff hyn ei gyfyngu fel arfer i bobl hŷn, yn enwedig gwragedd.

Mae Bwdhyddion lleyg yn mwynhau gwyliau crefyddol lliwgar. Yn Sri Lanka y prif wyliau yw *Wesak, Poson, Asala*, y *Perahera*, a'r ddefod ar ddiwedd enciliad glawogydd y mynach (*Kathina*).

Mae **Wesak** yn digwydd ar leuad lawn mis Mai ac yn dathlu genedigaeth, goleuedigaeth a marwolaeth y Bwdha. Mae mwy o bobl nag arfer yn mynychu'r deml, rhoddir cardiau ac anrhegion i ffrindiau a pherthnasau, gwneir gorymdeithiau, addurnir tai.

Mae **Poson** ar leuad lawn ym mis Mehefin yn perthyn yn arbennig i Sri Lanka gan ei bod yn dathlu dyfodiad cyntaf Bwdhaeth i'r ynys pan roddodd mab Asoka dröedigaeth i Frenin Tissa.

Mae **Asala** ar leuad lawn ym mis Gorffennaf yn dathlu cenhedliad, ymwrthodiad a Phregeth Gyntaf y Bwdha.

Mae'r **Perahera** (gorymdaith) yn ŵyl sy'n digwydd yn Kandy yng nghanol yr ynys, o gwmpas y deml lle cedwir dant y Bwdha. Mae'n digwydd dros 15 noson sy'n arwain i fyny at y lleuad lawn ym mis Awst. Mae gorymdeithiau lliwgar o eliffantod addurniedig, dawnswyr, chwaraewyr drymiau a cherddorion. Mae'r ŵyl yn anrhydeddu crair dant y Bwdha, ac mae replica o'r blwch euraidd lle caiff ei gadw yn cael ei gario mewn safle anrhydeddus ar gefn eliffant.

Ar ddiwedd enciliad y glawogydd i'r mynachod, mae defod lawen (Kathina) lle mae'r lleygwyr yn rhoi mentyll newydd i'r mynachod ac anrhegion eraill, ac yn coginio bwyd arbennig iawn iddyn nhw.

Mae pererindodau yn ffordd boblogaidd o ennill clod, gan eu bod nhw'n cyfuno dyletswydd crefyddol â syniad o wyliau ac o nod mewn bywyd. Mae un ar bymtheg o leoedd pererindod yn Sri Lanka, a gysylltir ag ymweliad chwedlonol gan Shakyamuni Bwdha ei hun yn ystod ei fywyd. Hoff bererindod yw dringo'r mynydd a elwir Siripada, neu Gopa Adda, a ddywedir iddo gofnodi ôl troed y Bwdha. Un arall fyddai i ymweld â'r goeden-bo gysegredig a golygfeydd hynafol a sanctaidd eraill yn Anuradhapura.

Yr unig ddefodau 'cylch bywyd' a gaiff eu cyflawni mewn Bwdhaeth yw'r ddefod ordeinio a'r defodau angladdol. Does dim defod grefyddol ar gyfer genedigaeth neu briodas a ystyrir yn ddigwyddiadau bydol gyda dim byd i'w ddathlu mewn Bwdhaeth. Mae'r ddefod angladdol cyn amlosgiad yn cynnwys y mynachod, gan fod marwolaeth yn arwyddocaol mewn meddylfryd Bwdhaidd. Mae'n achlysur da i achosi'r byw i fyfyrio ar wirioneddau'r Bwdhydd ynghylch dioddefaint a byrhoedledd a bydd mynachod yn traddodi pregeth ar y themâu hynny. Cyflawnir gweithrediadau hefyd a ystyrir o gymorth i'r person marw. Rhoddir gorchudd y corff i'r mynachod, adroddir y tair noddfa a'r pum rheol a chaiff clod y ddefod ei drosglwyddo i'r person marw drwy'r weithred symbolaidd o arllwys dŵr. Gellir gorchuddio'r goelcerth angladdol â *stupa* bapur a gaiff ei chynnau wedyn. Mae'r galarwyr yn gwisgo gwyn, ac mae baneri gwyn yn addurno tai'r galarwyr a'r ardal o gwmpas. Ar gyfnodau penodedig ar ôl yr angladd – un wythnos, tri mis a blwyddyn – mae'r galarwyr yn cynnig prydau bwyd i'r mynachod er mwyn iddynt drosglwyddo'r clod i'r person a fu farw drwy'r ddefod arllwys dŵr.

Bwriad y rhannu teilyngdod yma â pherson marw yw i wella eu hailenedigaeth, ond mae'n ymddangos yn groes i ddehongliad athrawiaethol llym o ffawd unigolyn yn ddibynnol ar ei *karma* ei hun. Fodd bynnag, mae rhannu clod yn draddodiad hen iawn mewn Bwdhaeth. Anogir dyn i rannu ei glod â'r duwiau a *phretau* na fedrant wneud eu hunain, hyd yn oed yn y Canon Pali. Wrth amddiffyn yr ymarfer yma, gall Bwdhyddion Sinhalaidd ddweud mai'r hyn sy'n digwydd mewn gwirionedd yw eich bod yn rhoi i'r person a fu farw gyfle i lawenychu yn eich defod gwneud-teilyngdod chi, ac felly creu ei deilyngdod ei hun. Neu gallant gyfeirio at wirionedd *anatta* i ddangos nad ydym yn fodau ar wahân, yn hollol ar ein pennau ein hunain a heb fod dan ddylanwad pobl eraill. Gellir ei ddehongli fel diddanwch seicolegol yn unig i'r rhai byw sydd angen teimlo eu bod nhw'n gwneud rhywbeth dros eu perthnasau meirw. Fodd bynnag, p'un ai yw rhannu teilyngdod yn 'gweithio' mewn gwirionedd neu beidio, mae'n ymddygiad Bwdhaidd nodweddiadol i fod eisiau rhannu eich *karma* da â bodau eraill, ymddygiad a ddatblygir ymhellach mewn Bwdhaeth Mahayana. Hyd yn oed yn y Canon Pali cynghorodd y Bwdha wneud offrymau bwyd i'r *pretau* (ysbrydion newynog), er gallai hyn fod yn ddim ond goroesiad o ddefodau hynafol i liniaru ysbrydion meirw.

Defod Fwdhaidd arall sy'n ceisio cymorth goruwchnaturiol yn erbyn dysgeidiaeth Theravada llym yw defod *pirit,* neu adrodd testunau Bwdhaidd fel amddiffyniad yn erbyn drygioni. Fel y soniwyd ynghynt, adroddir yn ddefodol rhai testunau penodol o'r Canon Pali gan y mynachod er nodded, a fyddai'n gwneud synnwyr pe bai nhw'n gofyn i dduw am gymorth, ond nid os gwneuthuriad dyn ei hun yw ei ffawd. Ymgymerir â defod y *pirit* ar adeg o salwch, cysegru tŷ newydd, neu drafferthion penodol. Mae'r mynachod yn dal ril o edau gan ei hestyn o gwmpas y lleygwyr sy'n gysylltiedig. Adroddir testunau ac ysgeintir dŵr. Mae rhai pobl yn esbonio'r datganiadau fel ymgais i droi ysbrydion aflan at ymddygiad Bwdhaidd, mwy caredig, ond mae'n cynrychioli ymgais i harneisio gallu Bwdhaeth i bwrpas mwy bydol. Dywed rhai Bwdhyddion nad unrhyw beth goruwchnaturiol ond pŵer eich ffydd eich hunan sy'n eich diogelu, ac felly'n cymodi'r ddefod ag athrawiaeth uniongred.

Mae'r fath ymarferion yn datgelu bwlch mewn Bwdhaeth Theravada, gan ei fod yn grefydd nad yw'n cynnig atebion goruwchnaturiol i broblemau bydol, sy'n weithrediad mae llawer o bobl yn ei geisio mewn crefydd. Llenwir y bwlch yma yn Sri Lanka drwy droi at dduwiau, nad oedd y Bwdha'n gwadu eu bodolaeth hyd yn oed. Gall duwiau gael y grym i gynorthwyo gyda phroblemau bydol, er sylweddolir eu bod nhw'n fodau byrhoedlog ac na allant eich cynorthwyo'n ysbrydol. Felly, mae addoli'r duwiau prin yn grefydd o gwbl i bobl Sri Lanka, ond mae'n fwy o fater o bragmatiaeth fydol. Yn aml mae'r duwiau a addolir yn dduwiau Hwndŵaidd, sydd â'u teml neu *devale* eu hunain neu'n rhannu teml â'r Bwdha efallai. Yr hoff dduwiau yw'r duwiau Hindŵaidd Vishnu a Skandha neu Kataragama.

Ynghyd â duwiau Hindŵaidd, mae duwdodau lleol, a all fod yn ysbrydion natur hynafol, neu'n bobl dduwiol o amser maith yn ôl, hefyd yn derbyn ceisiadau am gymorth. Un duw o'r math yw Dadimunda, a gysylltir â bwrw allan ysbrydion drwg o wragedd sydd wedi'u meddiannu ganddynt. Mae'r defodau ynglŷn â'i addoliad yn fwy cyffrous ac emosiynol na'r rhai Bwdhaidd tangnefeddus. Gall fod dawnsio, a datganiadau oraclaidd a gyflwynir gan bobl sydd wedi'u meddiannu dros dro. Hefyd mae pobl Sri Lanka yn credu mewn cythreuliaid neu ysbrydion drwg ac mae defodau amrywiol i gadw eu dylanwad drwg i ffwrdd. Fodd bynnag, ychydig iawn sydd gan hyn i'w wneud â Bwdhaeth. Tuedda'r uniongrededd Bwdhaidd gael agwedd o oddefgarwch tuag at y fath ymarferion, yn yr un modd ag a wnaeth y Bwdha â chredoau gwerin ei ddydd.

Wrth gloi, mae gan fynachod a Bwdhyddion lleyg yn Sri Lanka rolau gwahanol ond sy'n rhyng-ddibynnol ar ei gilydd. Mae'r lleygwyr ynghlwm wrth ymarfer moesoldeb, duwioldeb a haelioni, yn cefnogi'r mynachod â bwyd, mentyll, anghenion materol eraill, ac â meibion i gadw'r *sangha* i barhau. Canolbwyntia'r mynachod ar foesoldeb, myfyrdod a doethineb a cheisio gwarchod a lledaenu dysgeidiaethau'r Bwdha. Gwnânt hyn drwy bregethu, dysgu mewn Ysgolion Sul, perfformio defodau crefyddol ar gyfer y bobl a thrwy esiampl; sy'n dangos pam ei bod hi'n bwysig iawn eu bod nhw'n cadw'n llym at ffordd y Bwdha.

Gwledydd Theravada – Gwlad Thai

Mae Gwlad Thai heddiw, o leiaf ar bapur, yn un o'r gwledydd mwyaf Bwdhaidd yn y byd, gyda 94% o'i phoblogaeth yn ymlynu wrth y ffydd. Yn ôl y cyfansoddiad, mae'n rhaid i'r Brenin fod yn Fwdhydd, a rhaid i'r gyfundrefn lywodraethol arolygu'r *sangha*.

Hanes

Mae hanes Bwdhaeth yng Ngwlad Thai yn anodd i'w olrhain, gan fod y wlad dim ond wedi bodoli yn ei ffurf bresennol ers y 18fed ganrif. Mae ysgolheigion yn anghytuno ynghylch pryd cyrhaeddodd Bwdhaeth yn gyntaf Wlad Thai. Honna traddodiad bod cenhadon Ashoka wedi dod â Bwdhaeth Theravada i Wlad Thai yn y 3edd ganrif COG, sef y dyddiad cynharaf posibl.

Cyrhaeddodd y bobl Thai yr ardal o gwmpas y 12fed i'r 13eg ganrif OG, wedi dod yn wreiddiol o China. Teithiodd mynachod Thai i Sri Lanka i gael ordeiniad yn y traddodiad Seilonaidd. Yn fuan, gwnaeth y Theravada hwn o draddodiad Sri Lanka ddisodli ffurfiau eraill Bwdhaeth yng Ngwlad Thai. Cafodd ei gefnogi'n swyddogol gan y Brenin, traddodiad sydd wedi parhau byth ers hynny. Yn wahanol i Sri Lanka, Burma neu Laos, ni chafodd y wlad ei gwladychu erioed gan rymoedd Ewrpoeaidd, ac fe gynorthwyodd hyn oroesiad ffyrdd traddodiadol; fodd bynnag, mae'r wlad wedi cael ei dylanwadu arni'n fawr gan America ers yr Ail Ryfel Byd, yn enwedig yn ystod Rhyfel Viet Nam pan oedd Gwlad Thai yn ganolfan i filwyr ar wyliau.

Y *Sangha* Fynachaidd

Ers y 13eg/14eg ganrif OG, mae Gwlad Thai wedi dilyn traddodiad Theravada Bwdhaeth Sri Lanka, felly mae ffordd o fyw y mynachod yn debyg iawn i ffordd o fyw mynachod yn Sri Lanka. Fodd bynnag, mae rhai gwhaniaethau. Un o'r rhain yw ei bod hi'n arferiad yng Ngwlad Thai i bob dyn ifanc dreulio ychydig amser fel mynach. Felly mae ystyr mynachdod a'i berthynas i fywyd lleyg wedi'i newid rywfaint. Caiff bechgyn fel arfer eu hordeinio fel nofis rhwng deuddeg a deunaw oed, neu'n fwy poblogaidd fel *bhikkhu*, pan yn 20 oed.

Mae'r ddefod ordeinio yn fwy cymhleth nag yn Sri Lanka ac yn fwy o achlysur cymdeithasol. Mae'r ordeiniad sylfaenol, derbyn mentyll, a.y.b. yr un peth, ond gall barhau am ddau ddiwrnod. Yn gyffredinol, treulir saith diwrnod yn y fynachlog yn paratoi ar gyfer y ddefod, gan ddysgu'r ymadroddion Pali priodol. Ar ddiwrnod cyntaf yr ordeiniad, caiff yr ymgeisydd ei eillio gartref a'i wisgo mewn dillad hardd sy'n debyg i rai'r Tywysog Siddhartha. Yna daw'r mynachod i'w gartref i berfformio defod math-pirit o lafarganu, gan ddal edefyn cotwm ac ysgeintio dŵr er mwyn rhoi nerth i'r ymgeisydd. Ar ôl i'r mynachod ymadael, mae defod leyg, sydd â'r bwriad o gryfhau *khwan* (egni) y bachgen. Mae hyn yn cynnwys offrymau a drefnwyd ar ffurf conigol sy'n debyg i goeden, pethau i atgoffa'r bachgen o'r hyn oll mae ei rieni wedi'i wneud drosto, chwifio canhwyllau, eneinio'r bachgen, a chlymu ei arddyrnau sy'n symboleiddio cysylltiad cadarn 'ysbryd' y bachgen ato'i hun. Mae pobl yn gwledda, yn canu ac yn dawnsio drwy'r rhan fwyaf o'r noson, er nad yw'r ymgeisydd yn gysylltiedig â hyn. Yn y bore caiff ei arwain mewn gorymdaith i'r fynachlog gyda cherddorion, dawnswyr a merched yn cario anrhegion i'r mynachod. Mae'r rhieni neu'r noddwyr yn dod â'r mentyll ac angenrheidiau eraill. Mae'r ordeiniad cywir yn digwydd yn y ffordd draddodiadol, ac mae'r ddefod yn gorffen gyda bendith ac arllwys dŵr i rannu'r teilyngdod gyda hynafiaid.

Mae ordeiniadau fel arfer yn digwydd ym mis Mehefin, un mis cyn bod enciliad y glawogydd i fod i ddechrau. Bydd nifer o fechgyn yn aros tan ddiwedd enciliad y glawogydd yn unig, cyfnod o bedwar mis. Yn ystod y cyfnod hwn y byddan nhw'n dysgu rhai o bethau sylfaenol Bwdhaeth, ychydig siantiau Pali a pheth hunan-ddisgyblaeth. Ystyrir hyn i fod yn brofiad defnyddiol, ac mae'n gweithredu'n gymdeithasol fel math o ffordd o deithio i fywyd oedolyn. Gwelir hyn yn y ffordd y mae llawer o wŷr ifanc yn treulio eu hamser yn y fynachlog yn syth cyn priodi. Ambell waith mae bechgyn iau yn mynd yn fynachod i greu teilyngdod os yw, er enghraifft, taid neu nain wedi marw. Hefyd mae defod arbennig o ddiosg y fantell a gadael yr urdd lle bo'r bachgen yn cymryd pum rheol dyn lleyg eto. Mae'n draddodiadol iddo gael ei gwrdd wrth gât y fynachlog gan ferch ifanc, yn aml ei gariad.

O ganlyniad i'r arferiad yma o fynachdod dros dro, mae nifer y mynachod yng Ngwlad Thai yn amrywio. Fel arfer mae tua 150,000 ond yn nhymor enciliad y glawogydd mae'r nifer yn chwyddo i 300,000. Gall rhai mynachod aros yn hwy na phedwar mis, efallai blwyddyn neu ddwy. Mae eraill yn fynachod am fywyd. Bydd gan y mynachod hyn lawer mwy o wybodaeth am Fwdhaeth gan astudio Pali, ymarfer myfyrdod, pregethu ac mewn amryw ffyrdd rhoi eu bywyd i'r *Dhamma*. Mae cyfundrefn addysg ddatblygedig dda i fynachod yn cynnwys naw gradd o arholiadau. Hefyd mae prifysgolion mynachaidd arbennig lle gall mynachod ddysgu pynciau seciwlar ynghyd â Bwdhaeth er mwyn paratoi'n llawn ar gyfer arwain y lleygwr Bwdhaidd addysgiedig, cyfoes.

Trefnir y *sangha*'n fiwrocrataidd yn daleithiau, ardaloedd, cymunedau a themlau unigol neu *wat;* ac fe'i gweinyddir gan bwyllgor dan arweiniad *sangharaja* (prif fynach) sy'n cael ei gyflogi gan y llywodraeth. Mae dwy urdd wahanol, y lleiaf yn grŵp diwygiadol o'r 19eg ganrif. Mae ymdrechion wedi'u gwneud i sicrhau bod mynachod Bwdhaidd yn berthnasol i fywyd yr 20fed ganrif. Gallant ddysgu mewn ysgolion gwladol, arolygu projectau datblygiad fel adeiladu ffynhonnau a ffyrdd mewn ardaloedd gwledig, pregethu ar radio a theledu a chyfrannu mewn gwasanaethau amrywiol ar gyfer y bobl.

Yn draddodiadol, mae mynachod wedi bod yn agos at y bobl, gyda'r *wat* yn ganolog i fywyd y pentref ac yn cael ei ddefnyddio fel tŷ'r ysgol a chanolfan gymunedol. Mae mynachod, bob amser, wedi darparu moddion llysieuol traddodiadol, cyfleusterau storio ar gyfer trysorau a dogfennau, neu le i gysgu dros nos. Mae rhannau o dlodi mawr mewn ardaloedd gwledig a threfol a theimla rhai mynachod bod eu rôl nhw ynglŷn â gwaith cymdeithasol. Un enghraifft yw Wat Tam Krabok, mynachlog sy'n cynorthwyo rhai sy'n gaeth i heroin, gyda chyfradd llwyddiant da mewn gwlad lle mae bod yn gaeth i gyffuriau yn broblem fawr.

Nid yw rhai mynachod yn cymryd rhan mewn gweithgareddau gwleidyddol neu gymdeithasol, ond yn cadw at ffordd o fyw llym mynachlogydd y goedwig. Mae'r rhain (a geir yn Sri Lanka ynghyd â Gwlad Thai) yn cynnwys anheddau syml iawn. Gall fod yno neuadd gyfarfod ganolog, ac mae'r mynachod eu hunain yn byw mewn *kut* (caban) neu ogof. Mae'r mynachod yn arbenigo mewn myfyrdod, yn hytrach nag astudio neu gynghori lleygwyr. Maen nhw'n cadw'n llym at reolau'r *vinaya*, a gallant ychwanegu ambell *dhutanga* (ymarfer llym), megis byw ar fwyd cardod yn unig, bwyta o'r ddysgl gardod yn unig, dim ond un pryd bwyd y dydd, byw oddi wrth bobl, cysgu y tu allan. Caniatawyd tri ar ddeg o'r rhain gan y Bwdha. Weithiau ymgymerir â'r 'ymarferion llym' yma tra ar bererindod neu daith. Edmygir y mynachod sy'n byw yn y goedwig am gadw ffordd o fyw y *sangha* cynnar.

Bwdhyddion Lleyg Thai

Mae Bwdhyddion lleyg Gwlad Thai yn cysegru eu hunain i foesoldeb, haelioni a duwioldeb yn yr un ffordd â lleygwyr Sri Lanka, er bod rhai defodau a gwyliau, yn wahanol. Mae rheolau ac agweddau moesol yr un fath, ac anogir rhoi i'r mynachod, yn enwedig yn y drefn gardod ddyddiol, sy'n dal i ddigwydd yn y ffordd draddodiadol. Ffyrdd poblogaidd eraill o ennill teilyngdod yw adeiladu temlau, noddi ordeiniad, gosod deilen aur ar ddelwau a rhyddhau adar mewn cewyll. Ymwelir â themlau a rhoddir yr offrymau arferol, yn enwedig ar y dyddiau sanctaidd. Mae dyluniad a chynnwys y deml o'r un cynllun sylfaenol ag yn Sri Lanka, ond â dull Thai nodweddiadol. Gellir gweld hyn yn y deml Thai yn Wimbledon. Mae'r *stupa* yn fwy ar ffurf cloch neu'n fwy pigfain na'r *stupa* crwn yn Sri Lanka. Mae gan ddelwau Bwdha benaddurn mwy pigfain. Mae Bwdhyddion lleyg yn ymddiddori'n gynyddol mewn myfyrdod.

Mae gwyliau *Wesak* a *Kathina* yn debyg, ond gellir cysylltu'r olaf â thân gwyllt a ffair hydref. Hefyd mae defod ar ddechrau tymor yr enciliad pan roddir dillad i fynachod mewn gorymdaith olau cannwyll. Gwyliau Thai eraill yw *Songkran*, Gŵyl yr Aredig, *Loy Krathong,* a gŵyl yr eliffant.

Songkran yw'r Flwyddyn Newydd Thai sy'n para tri diwrnod yng nghanol mis Ebrill, y tymor poeth. Mae'r diwrnod cyntaf yn ymwneud ag ymweld â'r deml, achub pysgod o byllau sy'n sychu a'u rhyddhau i'r afon, rhyddhau adar mewn cewyll ac ymweld â pherthnasau. Paratoir prydau bwyd teuluol mawr ac yn y prynhawn teflir dŵr dros bawb a bydd rasio cychod. Ysgeintir cerflun y Bwdha hefyd â dŵr. Gall hyn gychwyn mewn gŵyl ffrwythlondeb a gynllunir i atgoffa'r glawogydd i ddod. Dethlir ail ddiwrnod Songkran â hedfan barcutiaid a thân gwyllt cywrain. Fel arfer ar y trydydd diwrnod bydd dawnsio traddodiadol, dramâu a phypedau cysgod. Ar ganol nos seinir cloch y deml i nodi diwedd yr ŵyl.

Ym mis Tachwedd, dethlir *Loy Krathong* adeg lleuad lawn. Yr arferiad yw i arnofio canhwyllau wedi'u cynnau mewn cwpanau bychain o ddail ar yr afon. Dywedir bod hyn yn symbol o'n taith tuag at 'lan arall' *nirvana*. Hefyd ym mis Tachwedd mae gŵyl yr eliffant, gyda rasys a gorymdeithiau. Ymddangosodd eliffantod yn nifer o ddamhegion y Bwdha, yn enwedig fel symbol ar gyfer angenrheidrwydd hyfforddiant.

Gall pobl Thai hefyd gredu yn y duwiau a ddeilliodd o Hindŵaeth, ysbrydion a duwiau lleol y mae defodau amrywiol ar eu cyfer. Gall y rhain fod yn gysylltiedig â chnydau sy'n tyfu, beichiogrwydd, priodas neu drafferthion bydol – holl gylchoedd bywyd nad oes defod Fwdhaidd benodol ar eu cyfer.

BWDHAETH MAHAYANA

Mae'r rhan fwyaf o Fwdhyddion o China, Japan, Tibet, Korea, Mongolia, Viet Nam a theyrnasoedd Himalayaidd Nepal, Sikkim a Bhutan yn cyfeirio at eu hunain fel Bwdhyddion 'Mahayana'. Bwdhyddion 'y Cyfrwng Mwyaf' yw'r rhain, o'i gyferbynnu â Bwdhaeth 'Cyfrwng Lleiaf' neu 'Hinayana', sy'n cael ei gynrychioli y dyddiau hyn gan y traddodiad Theravada yn unig. Mae'r enw Mahayana yn awgrymu llwybr amgenach, neu un â mwy o le i fwy o fathau o bobl. O safbwynt Mahayana, mae gan Fwdhaeth 'Hinayana' ei gyfyngiadau, ond o safbwynt Theravada, nid yw eu traddodiad yn 'gyfrwng lleiaf', ond dysgeidiaeth wreiddiol, bur y Bwdha, y mae'r Bwdhyddion Mahayana wedi ymyrryd â hi. Fodd bynnag ychydig o ddrwgdeimlad sydd wedi bod rhwng dwy adain Bwdhaeth. Mae Bwdhaeth wastad wedi bod yn oddefgar o amrywiaeth, a phan oedd Bwdhaeth yn ei hanterth yn India, roedd mynachod Mahayana a di-Fahayana yn byw ochr yn ochr yn yr un mynachlogydd. Yn natblygiad hanesyddol Bwdhaeth, mae Bwdhaeth Theravada a Mahayana wedi ffynnu'n annibynol mewn rhannau gwahanol o'r byd.

Nid yw Mahayana yn ffenomen unedol, dim ond label ddefnyddiol i ddisgrifio amrywiaeth enfawr o draddodiadau Bwdhaidd, sydd â'u derbyniad yn gyffredin o un neu fwy o *sutrau* (S) neu ysgrythurau na cheir mohonynt yng nghanon Theravada, ac fe'u dilynir yn y gwledydd Gogleddol a'r Dwyrain Pell a gyfeirir atynt uchod. Yn ychwanegol, mae Bwdhyddion Mahayana yn rhannu syniadau newydd – ond gwahanol – am nod Bwdhaeth, y Bwdha(u), bodau a elwir *bodhisattvau*, a dadansoddiad o natur ymwybyddiaeth ddynol a'r bydysawd. Nid sect, enwad nac ysgol o feddylfryd yw Mahayana, ond 'mudiad' llawer mwy annelwig, a fyddai'n uniaethu ei gysyniadau allweddol â doethineb a thosturi, a'i nod fel y dyhead tuag at Fwdhadod, er budd pob bod.

Er iddo ymddangos ei fod wedi tarddu tua'r ganrif ddiwethaf COG, nid oedd yn fudiad eang tan nifer o ganrifoedd yn ddiweddarach. Nid yw'n glir sut dechreuodd y mudiad newydd yma. Awgrymwyd iddo ddatblygu o ysgol Mahasanghika, ond nid oes tystiolaeth wirioneddol o hyn. Gwelodd eraill ef fel gwrthdystiad lleyg yn erbyn mynachod mawreddog – ond y dystiolaeth yw bod datblygiadau mewn meddylfryd Bwdhaidd yn tueddu i ddod oddi wrth y rhai sy'n arbenigo ynddo yn y mynachlogydd. Awgrymiad pellach yw ei fod wedi cael ei ddylanwadu gan Hindŵaeth ddatblygol – ond er gellir dod o hyd i debygrwydd, mae'n anodd gwybod pa ffordd y gweithiodd y dylanwad.

Ymddengys mai cytuno gyda Paul Williams bod 'tarddiadau Mahayana yn guddiedig yn yr eithaf' yw'r peth mwyaf diogel. [Williams 1989 tud.25]

Derbynnir *sutrau*'r Mahayana fel ysgrythur ac fel gair y Bwdha gan Fwdhyddion Mahayana yn unig. Yn hanesyddol, ymddengys bod y cynharaf o'r rhain yn dyddio o'r ganrif 1af COG, ac eraill llawer o ganrifoedd yn ddiweddarach, ond mae traddodiad Mahayana yn glir mai gwir athrawiaeth y Bwdha yw'r rhain. Ym mha ystyr? Mae'r ateb i hyn yn amrywio. Honna rhai y dysgwyd *sutrau*'r Mahayana gan y Bwdha Shakyamuni hanesyddol tra'i fod ef ar y ddaear, ac fe draddodwyd dysgeidiaethau Mahayana a di-Fahayana i wahanol grwpiau o wrandawyr yn ôl eu gallu i ddeall. Yn ôl traddodiad, ar yr un pryd ag y cyfarfu Cyngor yr *arhatau* i adrodd y Canon Pali, bod Cyngor *bodhisattvau* yn ymgasglu i adrodd ysgrythurau'r Mahayana. Pan holwyd pam na ddaeth yr ysgrythurau yma i sylw cyhoeddus tan ganrifoedd yn ddiweddarach, un esboniad yw eu bod nhw wedi cael eu rhoi ym meddiant yr ysbrydion-Naga hyd nes bod yr amser yn barod. Awgrym arall yw na ddatgelwyd y *sutrau* gan y Bwdha daearol hanesyddol, ond gan y Bwdha a luniwyd gan Fwdhyddion Mahayana fel yr un sy'n dal i fod yn bresennol, naill ai fel bod nefolaidd neu realiti ysbrydol. Gallai hyn fod naill ai'n Shakyamuni yn ei ffurf nefolaidd, neu Fwdha arall yn gyfan gwbl, a welir mewn gweledigaethau a ddaw mewn myfyrdod dwys. Ymagwedd arall yw dweud, hyd yn oed yn y Canon Pali, bod gair y Bwdha nid yn unig yr hyn a siaredir yn llythrennol gan Shakyamuni, ond geiriau a siaredir hefyd gan eraill a gymeradwyodd yntau. Felly, mae unrhyw un sy'n siarad o'r mewnwelediad cyflawn i wirionedd, a adnabyddir mewn Bwdhaeth Mahayana fel doethineb perffaith, yn siarad gair y Bwdha. Rhaid cymryd hyn yng nghyd-destun y dywediadau yn y Canon Pali hyd yn oed, bod yr hyn sy'n arwain at gynnydd ysbrydol 'diffyg angerdd, gwahaniad, lleihad materoliaeth, symlrwydd, cynnwys, unigedd, mwyniant mewn daioni', 'dyma neges y meistr' (*Vinaya* 2.10); a hefyd y cof bod pob dysgeidiaeth fel rafft, modd i ddiwedd yn hytrach na'r diwedd ei hun.

Rhai Nodweddion Mahayana

Cyn mentro i amrywiaeth ysgrythurau, dysgeidiaethau ac ymarferion Mahayana, bydd yn ddefnyddiol i gael crynodeb byr o nodweddion cyffredinol Bwdhaeth Mahayana yn y modd y caiff ei wahaniaethu oddi wrth Bwdhaeth Theravada (ac eraill di-Fahayana). Canllaw darpariaethol yw'r canlynol i roi arweiniad i ddechreuwyr, rafft i'w thaflu i ffwrdd, ac yng ngoleuni'r hyn a ddywedwyd uchod am amrywiaeth Mahayana.

1.   Mae Bwdhyddion Mahayana yn derbyn un neu fwy o ysgrythurau'r Mahayana fel gair y Bwdha. Mae dau brif gasgliad o'r ysgrythurau hyn,

ynghyd â fersiynau o'r deunydd yn y Canon Pali, ac esboniadau eraill a.y.b. – casgliad Tibet a chasgliad China.

2.   Y nod i'r rhan fwyaf o Fwdhyddion Mahayana yw i beidio â dod yn *arhat* (person goleuedig) mwyach a chyrraedd *nirvana*, ond i ddod yn *bodhisattva* – ac yn Fwdha yn y diwedd – er mwyn achub eraill ynghyd â'r hunan. Mae'r rhai sy'n dyheu am wneud hyn ar lwybr y *bodhisattvau* (bodau goleuedigaeth), sy'n ceisio goleuedigaeth nid er eu mwyn eu hunain ond er lles pawb arall.

3.   Mae'n bosibl felly y gellir cael cymorth oddi wrth fodau sy'n fwy ar y blaen ar y llwybr hwn. Mae Bwdhyddion Mahayana yn siarad am *bodhisattvau* fel bodau nefolaidd â'r gallu i gynorthwyo'r rhai hynny sy'n galw arnynt. Mae gan y *bodhisattvau* hyn eu henwau, nodweddion ac eiconograffeg eu hunain a gallant ymddangos mewn gweledigaethau neu fod yn ganolbwynt myfyrdod. Y rhai mwyaf adnabyddus yw Avalokitesvara, Manjusri, Maitreya, Kshitigarbha a Tara.

4.   Mae bydysawd y Mahayana – neu luosfydysawd – yn fwy hyd yn oed na chosmoleg y Bwdhyddion Theravada. Yn ychwanegol at y system fydol yma, â'i thair teyrnas o synnwyr-ddyhead, ffurf a diffyg ffurf, mae yna systemau bydol eraill, lle gall Bwdhau eraill fyw yn hytrach na Bwdha Shakyamuni y system byd yma. Ymhlith y rhai mwy adnabyddus o'r Bwdhau hyn mae Amitabha, Akshobya a Vairocana. Yr un fath â'r *bodhisattvau,* y mae rhai ohonynt yn rhannu eu bydoedd, gall y Bwdhau cosmig ymddangos mewn gweledigaethau, bod yn ganolbwynt myfyrdodau, neu gall rhywun ofyn iddynt am gymorth.

5.   Yn ôl rhai ysgrythurau Mahayana mae Bwdha Shakyamuni, Bwdha ein system byd, ar gael mewn ffurf ogoneddus, nefolaidd neu ysbrydol, yr un fath â'r **bodhisattvau** a'r Bwdhau eraill.

6.   I rai Bwdhyddion Mahayana, yn enwedig mewn traddodiadau Tsieineaidd a Japaneaidd, nid yw'r gair Bwdha bellach yn cyfeirio at fodau penodol, un ai ar y ddaear neu'n nefol, ond i'r realiti eithaf sydd wrth wraidd yr holl fydysawd, ym mhobman ac ym mhob un.

7.   Datblygodd Bwdhaeth Mahayana nifer o wahanol ymagweddau athronyddol. Y mwyaf dylanwadol o'r rhain yw ysgolion athronyddol y Madhyamaka a'r Yogacara/ Cittamatra. Yn ychwanegol at y rhain, mae cysyniadau sy'n arbennig o bwysig i ddatblygiad Bwdhaeth y Dwyrain Pell, megis cysyniad y *tathagatagarbha* (natur-Bwdha) a 'chyd-dreiddiad pob peth' a ddysgwyd gan y traddodiad Hua-yen.

8. Honnir ar adegau bod Mahayana yn fwy lleyg-gyfeiriedig na Theravada,
    wrth i ddilynwyr lleyg a mynachaidd ill dau gael eu galw at nod y
    bodhisattva. Eto, mae'n anodd cynnal hyn, gan fod y *sangha* fynachaidd wedi
    aros yn ganolog yn y rhan fwyaf o ffurfiau Bwdhaeth Mahayana, yn enwedig
    yn Tibet, ac o'r dechrau (yn Theravada a Mahayana ill dau) cyfeirir at y
    gymuned Fwdhaidd fel y *sangha* bedwarplyg – mynachod, lleianod, lleygwyr
    a lleygwragedd.

9. Mae mynachod Mahayana (a lleianod lle bônt yn bodoli) yn dilyn rheolau'r
    Vinaya fel y'u trosglwyddwyd gan draddodiadau di-Fahayana. Derbyniodd
    y Tibetiaid *Vinaya* y Mulasarvastivadiniaid a derbyniodd y Tsieiniaid y rhai
    hynny o'r Sarvastivadiniaid a thraddodiad y Dharmaguptaka. Mae'r rhain
    yn debyg iawn i *Vinaya'r* Theravada, gyda nifer gwahanol o reolau. Tra bod
    gan y Theravada 227, mae gan y Mulasarvastvadin 258 a'r Dharmaguptaka
    350. Mae'n fwy tebygol i ddod o hyd i fynachod Mahayana na Theravada
    yn cymhwyso'r *Vinaya* i weddu i'r amgylchiadau (e.e. Zen). Gall mynachod
    Tibetaidd goginio eu bwyd eu hunain; bydd mynachod Zen hyd yn oed yn
    ei dyfu. Dyma un agwedd o'r cysyniad Mahayana o *upaya kausalya* (dulliau
    medrus) trwy'r hwn y caiff dysgeidiaethau ac ymarferion eu cymhwyso'n
    fedrus i'r amgylchiadau er mwyn gwneud y gorau o gynorthwyo bodau i
    fynegi cynnydd ysbrydol.

10. Yn olaf, nodweddir Mahayana gan ei hamrywiaeth. Nid ysgol unigol
    Bwdhaeth yw yn yr un ystyr â Theravada, neu fel roedd y Sarvativada, ond
    label gyfleus ar gyfer amrywiaeth lawn o ddysgeidiaethau ac ymarferion,
    yn addas ar gyfer gwahanol fathau o bobl mewn diwylliannau gwahanol ac
    ar lefelau gwahanol o ddatblygiad ysbrydol. Dyma un o'r ystyron lle mae'n
    'gyfrwng mwyaf'.

Rhai Ysgrythurau Mahayana

Mae nifer o *sutrau* (S) neu ysgrythurau Mahayana, yn bodoli mewn gwahanol
ieithoedd, sy'n dysgu rhywfaint o athrawiaethau gwahanol, ond maen nhw i gyd
wedi'u darlunio fel gair gwir y Bwdha. Mae dau gasgliad llawn, mewn Tibeteg a
Tsieinëeg, ac yn ychwanegol mae adrannau neu *sutrau* unigol yn bodoli mewn
Sanskrit neu ieithoedd Indiaidd neu Ganol Asiaidd eraill. Credir bod y rhan
fwyaf, ond nid y cyfan, o'r *sutrau* wedi tarddu yn India, ac yna wedi cael eu
cyfieithu i ieithoedd megis Tibeteg a Tsieinëeg. Mae'n anodd iawn bod yn sicr
ynghylch y dyddiadau a tharddiad gwreiddiol y *sutrau*.

Gosododd y Tsieineaid a'r Tibetiaid werth aruthrol ar y *sutrau* hyn, ac mae nifer
o storïau am unigolion o'r ddwy ardal yn cychwyn ar deithiau hir a pheryglus i

India er mwyn cael y testunau gwerthfawr hyn. Mae gan chwedlau adnabyddus 'Mwnci' sail hanesyddol yn nheithiau mynach Tsieineaidd o'r 7fed ganrif, Hsuan-tsang, yn mynd ar daith o'r fath. Mae'n anodd yn y dyddiau hyn o lyfrau clawr papur y gellir eu lluchio, i werthfawrogi natur werthfawr llyfrau, heb sôn am ysgrythurau, i bobl mewn oesau cynt. Mae Bwdhyddion Tibetaidd heddiw yn cadw'r *sutrau* wedi'u lapio a'u storio yn y lleoedd uchaf o anrhydedd ar eu cysegrau, uwch delwau'r Bwdhau hyd yn oed. Dyfeisiodd y Tsieineaid argraffu yn yr wythfed ganrif, a'i ddefnydd cyntaf oedd i atgynhyrchu testunau, siantiau a delwau Bwdhaidd.

Dechreuodd y Tsieineaid gasglu ysgrythurau tua'r ganrif gyntaf OG, gyda chyfieithiadau pwysig yn cael eu gwneud yn y bedwaredd ganrif a'r casgliad cyntaf argraffedig yn y ddegfed ganrif. Dechreuodd y Tibetiaid gasglu ysgrythurau mor gynnar â'r seithfed ganrif o bosib, ond yn arbennig yn yr unfed ganrif ar ddeg 'oes y cyfieithwyr'. Cwblhawyd y canon Tibetaidd yn y bedwaredd ganrif ar ddeg. Gellir canfod crynodebau defnyddiol o gynnwys y canoniaid hyn yn Robinson (1982). Mae'r canon Tsieineaidd modern yn cynnwys 2184 o destunau yn cynnwys y *Vinayau* (disgyblaethau mynachaidd) o nifer o ysgolion gwahanol heblaw am y Theravada; deunydd cyfatebol i adran *Sutta* (P) y Canon Pali; deunydd *Abhidharma* (gweler Pennod Tri) o nifer o ysgolion di-Fahayana heblaw am y Theravada; llawer o *sutrau* Mahayana; *tantrau* (gwelir y bennod hon); *shastrau* (S), neu ysgrifeniadau o brif ysgolion athronyddol Mahayana; esboniadau; hanes; deunydd o draddodiadau di-Fwdhaidd; a geiriaduron a chatalogau. Mae'r canon Tibetaidd wed'i rannu'n ddwy ran, y *Kanjur* neu air y Bwdha, a *Tenjur* neu Ddysgeidiaethau. Mae'r Kanjur yn cynnwys *Vinaya* mynachaidd, *sutrau* Mahayana a di-Fahayana, a *tantrau*. Mae'r Tenjur yn cynnwys esboniadau ac ysgrifeniadau o'r ysgolion athronyddol Mahayana pwysig, Abhidharma di-Fahayana, a gweithiau ysgolheigaidd ar bynciau fel meddygaeth a gramadeg. Yn amlwg, gyda'r fath gasgliadau enfawr o ddeunydd, ychydig iawn o bobl fydd wedi'i ddarllen o gwbl o lygad y ffynnon. Yn ychwanegol, mae'r ysgolion athronyddol a'r *sutrau* gwahanol yn dweud pethau ychydig yn wahanol. Mae Bwdhyddion Tsieineaidd yn tueddu at un o ddwy strategaeth. Mae sawl ffurf o Fwdhaeth Tsieineaidd yn canolbwyntio ar un *sutra* Mahayana yn unig, a welir fel dysgeidiaeth derfynol, fwyaf pwysig neu fwyaf perthnasol y Bwdha. Mae ffurfiau eraill yn derbyn y casgliad o *sutrau*, ond yn eu gosod yn nhrefn llawnder datguddiad. Er enghraifft, gellid gweld y deunydd di-Fahayana fel dysgeidiaeth ragarweiniol, rhai *sutrau* Mahayana fel dysgeidiaeth ganolradd, a'u hoff *sutra* Mahayana fel y mwyaf datblygedig a ffurf lawn gair y Bwdha. Tueddai'r agwedd Dibetaidd drysori'r holl ddeunydd, ond i astudio Bwdhaeth, nid yn uniongyrchol drwy'r *sutrau* a'r *tantrau,* a all ymddangos yn anodd ac yn ddryslyd, ond ar y cychwyn drwy esboniadau a dysgeidiaethau yr ysgolion athronyddol, yr ysgrifenwyr hynafol sy'n gynwysedig yn y *Tenjur* ac athrawon byw modern ill dau, ac ar ôl hynny gellir ymdrin â'r ysgrythurau. Mae'n bwysig ychwanegu nad testunau ar gyfer darllen dibwrpas oedd y *sutrau*, ond i'w gosod ar waith yng nghyswllt defod a myfyrdod, a gydag arweiniad ac esboniadau athro personol.

Llenyddiaeth y *Prajnaparamita*

Mae'r canoniaid Tsieineaidd a Tibetaidd yn cynnwys adrannau o *sutrau* a wybyddir fel *Prajnaparamita* (Doethineb Perffaith). Mae nifer o destunau yn y categori yma, o hyd amrywiol. Mae'n anodd iawn rhoi dyddiad i'r testunau hyn, ond mae ysgolheigion wedi awgrymu mai'r testun cynharaf yw'r *Prajnaparamita 8000 adnod*, tua'r ganrif 1af COG i'r ganrif 1af OG. Estynnwyd hyn wedyn i destunau hwy (100,000, 25,000 a 18,000 o adnodau) hyd at 300 OG, yna fe'u hailfynegwyd mewn fersiynau byr, *Sutra'r Diemwnt* (300 adnod) a *Sutra'r Galon*. Mae'n bosibl bod *Sutra'r Diemwnt* yn gynharach, a chopi *Sutra'r Diemwnt*, dyddiedig 868, yw'r llyfr printiedig hynaf yn y byd. Mae'r testunau hyn, fel sy'n amlwg o'r teitl, yn ymwneud â '*Prajnaparamita*' neu 'Doethineb Perffaith'. Golyga hyn y mewnwelediad llawn a chyfan i bethau fel y maent. Mae'r pwyslais ar 'perffaith' yn awgrymu doethineb tu hwnt i dybiaeth ddyddiol y rhan fwyaf o bobl, a thu hwnt i ddadansoddiadau *Abhidarma* cynharach Bwdhyddion di-Fahayana. Doethineb y Bwdhau ydyw. Mewnwelediad canolog y doethineb perffaith hyn yw bod pob peth yn cael eu nodweddu gan *sunyata* (S), (gwacter). Ystyr y term gwacter yw 'gwag o fodolaeth gynhenid'; h.y. nid oes dim byd yn bodoli o fewn ac wrth ei hunan, dim ond mewn perthynas â phethau eraill. Nid oes dim byd yn meddu ar yr hyn y mae Bwdhyddion yn ei alw yn *svabhava* (hunan-fod), hynny yw bodolaeth ar wahân, dragwyddol. Nid yw dim yn bod drwy ei rym ei hun, nac yn meddu ar hanfod digyfnewid, sylwedd neu nodweddion diffiniol. Bydd hyn yn atgoffa'r darllenydd o ddysgeidiaethau *anicca* (bod pob peth yn fyrhoedlog), *anatta* (bod pob peth heb hunan) a chychwyniad dibynnol (bod cyfnodau o fod yn dod i fodolaeth gan ddibynnu ar amodau) ym Mwdhaeth Pali, ac mewn gwirionedd deuir o hyd i'r term 'gwacter' yn y canon Pali e.e. 'gelwir y byd yn wag, oherwydd gwag o hunan' (*Samyuta Nikaya* 4.54).

Fodd bynnag gwelir y cysyniad o wacter yn y *sutrau* Mahayana hyn fel mewnwelediad dyfnach i'r ffordd y mae pethau, yn hytrach na'r hyn y mae ym Mwdhaeth di-Fahayana. Roedd rhai dadansoddiadau di-Fahayana wedi torri profiad i lawr i flociau adeiladu sylfaenol neu *dharmau* (S) (gweler Pennod Tri). Tra bod iaith bob dydd yn derbyn realiti pethau megis personau a cherbydau rhyfel, mae dadansoddiad yn dangos mai labeli'n unig yw'r rhain am gasgliad newidiol o ddigwyddiadau amhersonol, y rhai a elwir yn *dharmau*. Roedd rhai ysgolion myfyrdod (e.e. Sarvastivadiniaid) wedi dweud tra bod geiriau megis hunan neu gerbyd rhyfel yn labeli'n unig heb unrhyw realiti cyfatebol, bod y *dharmau* sylfaenol, y gorffennol, y presennol a'r dyfodol, yn bodoli mewn gwirionedd. Thema barhaus y *sutrau Prajnaparamita* yw bod POB *dharma* yn wag, yn brin mewn bodolaeth hanfodol. Nid yw gwacter yn golygu 'diddymdra', ac nid yw chwaith yn sylwedd y gwneir pob peth allan ohono, bod dim byd o gwbl â bodolaeth derfynol neu angenrheidiol – yn cynnwys *nirvana*, Bwdhau, gwacter a doethineb perffaith.

'Mae bodau megis rhithdyb hudol ... mae *dharmau* megis rhithdyb hudol ... Mae bod yn Fwdha megis rhithdyb hudol ... mae hyd yn oed *nirvana* megis rhithdyb hudol.' (*Prajnaparamita 8000 adnod:* 2.38)

Mae'r cysyniad o ddwy lefel o wirionedd, y confensiynol a'r eithaf, yn gymorth i wneud synnwyr o'r ddysgeidiaeth yma. Ar y lefel gonfensiynol, gallwn siarad am bethau fel pobl a *bodhisattvau* a Bwdhau yn bodoli, ond ar y lefel eithaf o feddu bodolaeth dragwyddol, ar wahân, amherthnasol na ellir dweud am eu bodolaeth; felly mae rhai o'r darnau anodd yn honni 'Ni welaf *dharma* "*bodhisattva*" na *dharma* "doethineb perffaith"', (*Prajnaparamita 8000 adnod:* 1.5) ar ôl i rywun benderfynu mai'r rhain yw'r ddau beth pwysicaf mewn Bwdhaeth Mahayana!

Mae symud rhwng y ddwy lefel o wirionedd yn golygu bod darnau penodol yn ymddangos yn wrthgyfrebyniol ar yr wyneb e.e.

'Mae'n hyfryd gweld y raddfa y mae'r Tathagata (= y Bwdha) wedi arddangos gwir natur yr holl *dharmau* hyn, ac eto ni all dyn siarad yn gywir am wir natur yr holl *dharmau* hyn ... ni ellir siarad am yr holl *dharmau* mewn unrhyw wir ystyr.' (*Prajnaparamita 8000 adnod:* 18.348)

Mae'n dibynnu a ydym yn siarad mewn iaith bob dydd, gonfensiynol, neu'n edrych ar bethau o'r gwirionedd eithaf. Os yw hyn yn swnio'n anodd, efallai y bydd yn gysurlon bod y duwiau yn cael y *Prajnaparamita* yn anodd i'w ddeall.

Dau o'r *sutrau Prajnaparamita* enwocaf yw *Sutra'r Galon*, fersiwn gryno, fer o ddysgeidiaeth doethineb perffaith, a *Sutra'r Diemwnt* [gellir ei ddarganfod yn 'Conze' 1959, tud.162-168].

Mae *Sutra'r Galon* yn dechrau gydag addoli Doethineb Perffaith a bersonolir fel duwies, ffordd symbolaidd o gyfleu ei werth. Awn ymlaen at safbwynt Avalokitesvara (gweler yn nes ymlaen yn y bennod) – yn ei ddoethineb ni wêl yr un bod, dim ond y pum *skandha* yn unig. Hyd yma, dyma Fwdhaeth sylfaenol. Fodd bynnag, mae doethineb Avalokitesvara'n mynd ymhellach na hyn. Gwêl nad yw'r pum *skandha* (ffurf, teimlad, canfyddiadau, ysgogiadau ac ymwybyddiaeth) yn bodoli fel endidau ar wahân, mae pob un yn wacter. Cyfeirir hyn at Sariputra, cynrychiolydd doethineb Hinayana. Mae gwacter yn golygu nad oes unrhyw *dharma* wedi dod i fodolaeth nac wedi peidio mewn gwirionedd, neu bod yn bur neu'n amhur, gan nad oes unrhyw *dharma* yn bodoli'n llwyr.

'Roedd Avalokitesvara, yr arglwydd sanctaidd a *bodhisattva*, yn symud yng nghwrs dwfn y doethineb sydd wedi mynd y tu hwnt. Edrychodd i lawr o'r uchelfannau, canfyddodd ddim ond pum pentwr, a gwelodd yn eu bodolaeth eu hunain eu bod yn wag.' 'Ffurf yw gwacter, gwacter yw ffurf ... mae'r un peth yn wir am deimladau, canfyddiadau, ysgogiadau ac ymwybyddiaeth'; 'mae pob *dharma* wedi'u nodi â gwacter; ni chânt eu cynhyrchu na'u hatal' (*Sutra'r Galon).

Ystyr hyn yn nhermau bodolaeth lwyr, ar wahân, heb fod yn ddibynnol yw:
'Nid oes dim anwybodaeth, dim darfodedigaeth na marwolaeth, dim
tranc darfodedigaeth na marwolaeth, dim dioddefaint, dim tarddiad
dioddefaint, dim atal, dim llwybr' (*Sutra'r Galon*).

Yn *Sutra'r Diemwnt,* o'r safbwynt eithaf, ni ellir dweud bod 'y Tathagata wedi
gwybod unrhyw *dharma* yn llwyr', bod 'unrhyw fod o gwbl wedi cael ei arwain
i *nirvana*', bod 'y Tathagata yn mynd neu'n dod' bod 'y Tathagata yn arddangos
dharma'. Mae'r hyn sydd ar yr olwg gyntaf yn ymddangos yn wrthddywediad
hollol o ddysgeidiaeth Fwdhaidd, i'w ddeall fel ffordd o ddysgu nad oes un o'r
endidau hyn, er yn bodoli ar lefel gonfensiynol, yn meddu ar hunan-fod h.y.
bodolaeth gynhenid, hunanddibynnol, lwyr.

Un pwynt arall ar 'wacter' yn *sutrau'r Prajnaparamita:* os yw pob peth yn 'wag',
yna gan fod *nirvana* a *samsara* ill dau yn wag o fodolaeth cynhenid, nid oes
unrhyw wahaniaeth hanfodol rhyngddynt, gan nad oes dim craidd i'r un. Felly,
gellir dweud 'nid yw rhithdyb a *nirvana* yn ddau beth gwahanol' (*Prajnaparamita*
8000 *adnod:* 2.39). Roedd y syniad yma yn bwysig iawn, yn enwedig mewn
Bwdhaeth Tsieineaidd a Japaneaidd. Yn olaf, os yw pob peth yn wag, ar y
lefel eithaf, 'ni wnaiff neb ddeall y perffeithrwydd yma o ddoethineb ... gan
nad oes unrhyw *dharma* o gwbl wedi'i grybwyll, ei oleuo neu wedi'i fynegi'.
(*Prajnaparamita* 8000 *adnod:* 2.40) Y cysyniad pwysig arall a gyflwynwyd yn y
sutrau Prajnaparamita yw hwnnw am y *bodhisattva,* a ymdrinir ag ef ar wahân.

Sutrau'r Sukhavati

Mae dau brif *sutra Sukhavati,* y lleiaf a'r mwyaf, a gaiff eu dyddio tua'r 2il ganrif
OG. Maen nhw'n ymwneud â byd Sukhavati (Tir dedwydd), sy'n un o nifer
o 'diroedd pur' neu 'fydoedd Bwdha' ar wahân i'n system byd ni ein hunain.
Mae'r *sutrau*'n cynrychioli agwedd ddwyfol yn hytrach nag agwedd ddoethineb
Bwdhaeth Mahayana.

Darlunnir Bwdha Shakyamuni yn siarad â'i ddisgybl Ananda ac yn dweud storïau
am Fwdhau o oesau eraill a bydoedd eraill. Yng nghyfnod un Bwdha mewn
oesau hynafol, roedd mynach o'r enw Dharmakara'n byw ac fe wrandawai ar ei
Fwdha'n disgrifio ansoddau rhagorol y bydoedd gwahanol lle'r oedd y Bwdhau
nefol gwahanol yn byw. O ganlyniad, cafodd ei ysbrydoli i anelu at fod yn Fwdha
ei hun, ac addunedu i greu paradwys a oedd yn well na'r holl diroedd Bwdha efo'i
gilydd. Gwnaeth adduned *bodhisattva* fawr i geisio goleuedigaeth er mwyn creu'r
byd yma er mwyn pob bod, gan dyngu os na wnaiff gyflawni creadigaeth y byd
hwn, y bydd yn ymwrthod â *nirvana* am byth. Roedd ei adduned yn cynnwys
pedwar deg wyth adran atodol a oedd yn cyfeirio at ansoddau rhagorol gwahanol
o'i wlad, rhai'n ysbrydol iawn (e.e. bydd bodau un cam yn unig o *nirvana*) a

rhai'n ymarferol (e.e. ni bydd rhaid i neb olchi unrhyw ddillad). O bwys penodol y mae'r adduned os yw bodau dim ond yn credu ynddo ef, yn meddwl amdano ac yn cysegru eu teilyngdod ar gyfer cael eu geni yn ei wlad, daw yntau atynt ar eu marwolaeth a'u dwyn i'r Tir Pur. Mae'r Bwdha hynafol yn darogan y bydd yr hyn a addunedodd Dharmakara yn dod i fodolaeth. Dywed Shakyamuni bod hyn wedi digwydd mewn gwirionedd a bod Dharmakara bellach yn Fwdha a elwir yn Amitabha sy'n byw yn ei baradwys bendigedig a elwir yn Sukhavati neu'r Tir Dedwydd ac wedi'i leoli yn y Gorllewin. Yn y wlad honno mae *bodhisattvau* hefyd, Avalokitesvara a Mahasthamaprapta yn enwedig. Mae e'n disgrifio'r Tir Pur mewn manylder mawr a rhyfeddol. Mae'n brydferth iawn, gyda choed a blodau wedi'u gwneud o emau, persawr a cherddoriaeth yn yr aer, gyda digonedd o ffrwythau a blodau. Nid oes rhaid i neb goginio na golchi na gwnïo na phalu, mae pawb yn brydferth, yn gryf, yn iach ac yn ddedwydd. Mae pobl wedi'u meddiannu â rhinweddau Bwdhaidd ac yn ei chael hi'n hawdd i ddilyn y llwybr Bwdhaidd – mae gweledigaethau o Fwdhau a synau'r ddysgeidiaeth ar gael yn hawdd. Nid oes dim mynyddoedd digroeso nac afonydd na ellir eu croesi, a bydd dŵr ar ddyfnder yn ôl eich galw. Mae popeth mor hawdd fel bod dyn un cam yn unig o *nirvana*. Ar ôl disgrifio'r wlad hon, mae Shakyamuni'n ei gwneud hi'n amlwg i'w gynulleidfa mewn gweledigaeth a phwysleisia bod hyd yn oed un weithred ddiffuant o ffydd yn Amitabha, yn gallu arwain at ailenedigaeth yn y wlad hon, er y dylid cael ymroddiadau a gweddïau mynych, myfyrdod ar y Tir Pur a gweithiau da ynghyd â hyn.

> 'Mae'r byd Sukhavati hwn, Ananda, sef system byd yr arglwydd Amitabha, yn gyfoethog a llewyrchus, yn gyfforddus, yn ffrwythlon, yn hyfryd ac yn orlawn gyda nifer o dduwiau a dynion. Nid oes yno uffernau, dim anifeiliaid, dim ysbrydion … mae'n gyfoethog mewn amrywiaeth helaeth o flodau a ffrwythau, wedi'i addurno â choed gemog.' 'Mae pawb yn clywed y synau hyfryd y mae e'n dymuno eu clywed h.y. mae e'n clywed am y Bwdha, y *Dhamma*, y *Sangha* … am wacter … sy'n achosi'r cyflwr meddwl sy'n arwain at gyflawniad goleuedigaeth.' Mae pob bod yn ddiwrthdro rhag yr oleuedigaeth oruchaf os clywant enw'r arglwydd Amitabha, ac o'i glywed, gydag un ystyriaeth yn unig, yn codi eu calonnau iddo ef â phenderfyniad a gysylltir â ffydd dawel.' (o'r *Sukhavati-vyuha*)

Sutra'r Lotws neu Saddharmapundarika

Saddharmapundarika neu 'Lotws y Gyfraith Ryfeddol' yw un o ysgrythurau mwyaf poblogaidd y Mahayana, yn enwedig yn China a Japan. Mae'n cynnig rhai o gysyniadau canolog Bwdhaeth Mahayana, bod pob bod wedi'u galw nid yn unig i fod yn *arhatau,* ond i fod yn Fwdhau, a bod Bwdha Shakyamuni yn fod sydd â rhychwant oes sy'n bell y tu hwnt i'r hanes byr a ddywedir fel arfer.

Rhoddir y *sutra* gan y Shakyamuni gogoneddus (fel y'i gwelir gan lygaid ffydd yn hytrach na ffigur dynol) i gynulleidfa eang o ddisgyblion a *bodhisattvau*. Er syndod i'w gynulleidfa, mae e'n cynnig y syniad bod bodau'n cael eu galw nid i fod yn *arhatau* ond i fod yn Fwdhau. 'Mae yma nawr o'm blaen feibion y Bwdha, sy'n bur ym mhob ffordd, yn ddoeth, yn rhinweddol ... Gallaf gyhoeddi iddynt y byddant yn dod yn Fwdhau, er budd ac allan o dosturi dros y byd.' 'Y ffordd yr ydych yn cerdded yw ffordd y *bodhisattva*. Drwy ymarfer a dysgu'n raddol byddwch oll yn dod yn Fwdhau.'

Mae'r cyhoeddiad hwn, y 'byddwch oll yn dod yn Fwdhau', mor rhyfeddol, ac mor wahanol i'r hyn a gymerir fel arfer fel dysgeidiaeth Bwdha Shakyamuni, fel bod rhaid i *Sutra'r Lotws* esbonio pam na roddodd y Bwdha'r ddysgeidiaeth hon i ddechrau. Mae'r ateb yn *upaya kausalya* (S) (dulliau medrus) y Bwdha, trwy'r hyn y mae'n rhoi i bobl y ddysgeidiaeth y maen nhw'n barod amdani, pa beth bynnag sydd ei angen arnynt ar yr adeg benodol hon o ddatblygiad. Yn flaenorol, roedd e wedi siarad am y nod o fod yn *arhat* neu'n sant goleuedig sy'n cyrraedd *nirvana*, ac am y *pratyekabuddha* neu Fwdha unig, a ddaw'n oleuedig yn annibynnol ond na aiff ymlaen i ddysgu. 'Mae hyn mewn gwirionedd dim ond yn ddull medrus y mae'r Bwdha'n dymuno eu paratoi nhw ar gyfer y dydd y gall eu deffro nhw i wybyddiaeth Bwdha ... llefara'r Gwaredwr ond ar ôl iddo dalu sylw i'r adeg gywir i wneud hynny.'

Rhoddwyd y ddysgeidiaeth am y llwybr sy'n arwain at *nirvana* fel dysgeidiaeth ragarweiniol i gymell pobl i gychwyn ar y llwybr ysbrydol, y rhai nad oeddynt yn barod am y ddysgeidiaeth derfynol. I arddangos nad oeddynt, fe welir hyn gan grŵp mawr o 5000 o fynachod, lleianod, lleygwyr a lleygwragedd sy'n gadael mewn anniddigrwydd yn y fan hon. Mae'r rhain yn cynrychioli'r holl Fwdhyddion na allant dderbyn dysgeidiaeth Mahayana.

Er mwyn amddiffyn ei hun yn erbyn y cyhuddiad bod dysgeidiaeth ffordd yr *arhat* a'r *pratyekabuddha* yn gamarweiniol ac felly bod y Bwdha yn un celwyddog, mae'n adrodd dameg y tŷ yn llosgi. Mae'r canlynol yn grynodeb.

> 'Mewn rhyw bentref neu ddinas roedd perchennog tŷ cyfoethog yn byw. Roedd e'n heneiddio ond roedd e'n gyfoethog iawn. Roedd ei dŷ'n fawr iawn, ond yn dadfeilio. Un dydd, aeth ar dân, a rhedodd yr hen ŵr allan drwy'r unig ddrws, ond roedd ei feibion yn dal i fod y tu mewn. Sylweddolodd yr hen ŵr nad oedd y plant yn sylweddoli'r perygl roedden nhw ynddo, ac ni wnaethon nhw ymdrech i ddianc. Felly, gwaeddodd arnyn nhw fod y tŷ yn llosgi a bod rhaid iddyn nhw ddianc, ond anwybyddon nhw ef. Yn daer i'w hachub, cafodd y syniad o addo iddyn nhw pa deganau bynnag roedden nhw eu heisiau fwyaf, pe na baen nhw ond yn rhedeg allan. I rai addawodd gert geifr, i eraill cert ceirw ac i'r gweddill cert bustych. Rhedodd y plant allan a chael eu hachub. Pan ofynnon nhw am eu certi, ni roddodd y gwahanol gerti y gofynnon nhw amdanyn nhw iddynt, ond

cafodd pob un y math gorau o gert, certi rhagorol a dynnwyd gan fustych gwyn.'

A ddywedodd y tad gelwydd wrth ei feibion pan addawodd iddyn nhw amrywiaeth o gerti gwahanol, a rhoi iddyn nhw yr un gert o'r ansawdd gorau? Mae'r disgybl Sariputra'n ateb 'Nid felly, Arglwydd. Ni ellir cyhuddo'r dyn o siarad yn gelwyddog, gan nad oedd ond yn gynllun celfydd ble y llwyddodd i gael ei feibion allan o'r adeilad hwnnw oedd yn llosgi.'

Felly mae *Sutra'r Lotws* yn esbonio amrywiaeth o ddysgeidiaethau Bwdhaidd. Maen nhw ar lefelau gwahanol ar gyfer gwahanol fathau o bobl, ond cyrhaedda'r cyfan yr un nod yn y pen draw. Yn nysgeidiaeth y Bwdha, cynigir tri chyfrwng i fodau, yr *arhat*, y *pratyekabuddha* a'r *bodhisattva*, sy'n anelu at y nod o fod yn Fwdha er mwyn achub pob bod. Fodd bynnag, mewn gwirionedd, 'dim ond un cyfrwng sydd, y cyfrwng mwyaf (mahayana)'.

Mae'r datguddiad bod pawb yn cael eu galw i fod yn Fwdha yn cael ei gymharu mewn damhegion pellach i fab a adawodd cartref ac a ddaeth yn amddifad. Ymhen amser cafodd waith fel gwas yn nhŷ meistr caredig, ond darganfyddodd yn y diwedd ei fod yn fab i'r meistr mewn gwirionedd, a chafodd ei adfer i le o anrhydedd. Ni ddywedodd y tad wrth ei fab ar unwaith, rhag ofn na allai ymdopi. Darlun arall yw hwnnw o'r Bwdha fel cwmwl glaw, sy'n glawio ar bob planhigyn yn gyfartal, pa un ai mawr neu fach. Yn yr un modd, caiff y *dharma* ei bregethu i bawb, yn ôl eu gallu. 'Pan wyf yn glawio glaw y *dharma,* yna mae'r holl fyd yma wedi'i adfywio'n dda, pob un yn ôl ei allu i deimlo.' Ail brif neges *Sutra'r Lotws* yw datgelu *upaya* hefyd ar ran y Bwdha. Er mwyn bodau, dywed wrthynt yr hanes am ei enedigaeth, ei oleuedigaeth a'i farwolaeth, ond mewn gwirionedd 'mae'n llawer o gannoedd o filoedd o fyrddiynau o oesau yn ôl y gwnes ddeffro i oleuedigaeth lawn' a 'hyd yn oed heddiw nid yw fy rhychwant bywyd wedi dod i ben'. Nid oedd yr enedigaeth, yr oleuedigaeth a'r farwolaeth, ond yn ddyfais dysgeidiaeth. Cymerodd y Bwdha arno'i hun i ddarfod i *nirvana,* ond mewn gwirionedd mae'n dal i fod o gwmpas, yn gweithio i ryddhau bodau.

Mae hyn eto'n gyhoeddiad rhyfeddol, wedi'i osod ymhlith digwyddiadau gwyrthiol. Mae *stupa* gemog rhyfeddol yn ymddangos, cofadail i Fwdha ers llawer dydd, ac yn hollti'n agored i ddatgelu nad yw'r Bwdha hwn yn farw, ond yn dal yn fyw. Yn yr un modd, fe ddatgelir yn hwyrach bod Shakyamuni mewn gwirionedd yn fath o fod sy'n ogoneddus ac yn dal yn fyw. Pam aeth e drwy arwyddion o enedigaeth, goleuedigaeth, a mynd i mewn i *parinirvana?* Oherwydd fel arall ni fyddai bodau wedi sylweddoli'r anghenraid o fynd ymlaen â'r llwybr ysbrydol, a byddent wedi bod yn ddiog am ddilyn y *dharma,* gan feddwl bod digon o amser. 'Felly, mae'r Tathagatha, er nad yw mewn gwirionedd yn darfod amdano, eto'n cyhoeddi ei ddifodiant'. Eto, caiff hyn ei ddarlunio gan ddameg. Mae meddyg yn dychwelyd o'i deithiau i ddarganfod bod ei feibion wedi yfed ei gemegion gwenwynig. Mae e'n gwneud gwrthgyffur, a gaiff ei gymryd gan rai ac maent yn gwella, ond mae eraill yn rhy ddryslyd i'w gymryd. Er mwyn yr olaf, mae e'n gadael am wlad arall ac yn esgus ei fod wedi marw. Mae hyn yn eu perswadio i gymryd y moddion, sydd ond y cyfan sydd ganddynt ar ôl ohono. Mae'r tad yn dychwelyd ac mae pawb yn byw yn hapus am byth. Yn dibynnu ar y cyfieithiad, mae dwy ffordd o gymryd y ddysgeidiaeth yma am y Bwdha. Mae'r cyfieithiad Japaneaidd yn darlunio'r bywyd hir iawn yma o eiddo'r Bwdha yn gyfysytyr â thragwyddoldeb, fel bod y Bwdha yn *Sutra'r Lotws* yn cyhoeddi bod 'bywyd y Bwdha'n dragwyddol ' ac mewn gwirionedd bod y Bwdha'n 'Dad y byd, yn hunan-anedig, yn iachäwr a gwarchodwr pob creadur'. Fodd bynnag, mae Paul Williams yn dadlau o bersbectif Tibetaidd, bod yna 'hyd aruthrol o hir ond eto'n hyd terfynol i fywyd y Bwdha' (Williams 1989 tud. 151). Fel arall, sut y gallai bodau ddod yn Fwdhau? Datgela hyn wahaniaeth athronyddol mewn Bwdhaeth Mahayana rhwng y rhai hynny sy'n dysgu bod yr holl fodau yn Fwdha yn y diwedd o bob tragwyddoldeb ac ond yn gorfod sylweddoli hynny (traddodiad Japaneaidd) a'r rhai hynny sy'n dysgu bod hyn yn golygu cymryd trosiad yn rhy llythrennol (deallwriaeth Dibetaidd). Ai neges *Sutra'r Lotws* yw ein bod ni oll i fod yn Fwdhau yn y pen draw neu ein bod ni oll yn Fwdhau'n barod? Yn yr un modd, oes yna sawl Bwdha neu a ydynt oll yn ffurfiau o'r Shakyamuni tragwyddol? Neu a yw i gyd yr un peth fodd bynnag? Mae cysyniad *upaya* yn *Sutra'r Lotws* yn gosod pob dysgeidiaeth o dan amheuaeth o fod dros dro yn unig – pa mor bell y dylem ni ei gymryd yn llythrennol? Mae rhai wedi nodi yn *Sutra'r Lotws* ei hun, sy'n cyflwyno ei hun fel y ddysgeidiaeth derfynol, bod peth amheuaeth ynghylch y ddysgeidiaeth derfynol fel y'i cyflwynir yn nameg y tŷ sy'n llosgi. Ydy cert ryfeddol y bustych, y caiff pawb yn y diwedd, yr un fath â'r hyn a ofynnir amdano gan un set o blant, fel eu bod nhw (y Bwdhyddion Mahayana) yn hollol gywir, neu a yw'r gert y caiff pawb hyd yn oed yn well na hynny?

Tantrau

Yng nghasgliadau Tsieineaidd a Tibetaidd yr ysgrythurau, ynghyd â'r *Vinayau*, *sutrau* ac *abhidarmau* di-Fahayana, y *sutrau* Mahayana a'r esboniadau a'r traethodau athronyddol, mae testunau a elwir *tantrau*. Mae'r rhain yn ffurf pellach o lenyddiaeth Fwdhaidd sy'n disgrifio defodau a myfyrdodau a ddefnyddir mewn ffurf o Fwdhaeth a elwir yn Bwdhaeth Tantrig. Gwelir hyn ar adegau fel trydydd ffurf o Fwdhaeth, yn ychwanegol at 'Hinayana' a Mahayana a chyfeirir ati fel y *Vajrayana* (cyfrwng Diemwnt), er ei bod mewn llawer ffurf yn is-gasgliad o Fwdhaeth Mahayana. Mae *Vajrayana* yn honni bod yn gwrs union yn y *dharma*, ar gyfer myfyrwyr uwch, gan ddefnyddio pob modd sydd ar gael. Fe'i hystyrir yn beryglus ac felly mae'n hanfodol i gael *guru* neu athro personol i arwain y myfyriwr. Felly nid yw'r testunau tantrig eu hunain yn gwneud llawer o synnwyr i ddarllenydd achlysurol, a gellir eu deall dim ond yng nghyd-destun ymarfer penodol. Ymddangosodd y testunau tantrig cynharach yn India tua'r 6ed ganrif OG ac ymarferwyd Bwdhaeth Tantrig yn India hyd at ddirywiad Bwdhaeth yn y 12fed ganrif. Mae wedi parhau i fod yn ddylanwadol mewn Bwdhaeth Tibetaidd ac mewn rhai ysgolion o Fwdhaeth y Dwyrain Pell.

Beth yn hollol yw *Tantra*? Fe'i ystyrir yn aml yn gyfrin iawn, gan fod ei ysgrythurau mewn iaith gryptig, ei ddysgeidiaethau wedi'u hestyn i lawr ar lafar, a'i ddefodau wedi'u cadw'n gyfrinach i'r rhai derbyniedig. Yn sylfaenol, mae *Tantra*'n ffurf ymarferol a phrofiadol o Fwdhaeth, sy'n pwysleisio profiad gwirioneddol o'r nod Bwdhaidd a gyflawnir yn sacramentaidd ac yn symbolaidd. Mae'n cynnwys y corff ffisegol, yr emosiynau, a'r dychymyg ynghyd â'r ddealltwriaeth. Er mwyn ennill profiad diamheuol, mae'n tynnu ar amrediad eang o ymarferion defodol, llawer ohonynt a geir hefyd mewn Hindŵaeth ac felly'n cynrychioli traddodiadau hynafol yn India. Mae'r *tantrau*'n disgrifio amrywiol ddefodau sydd wedi'u haddasu i ffurf o fyfyrdod Bwdhaidd. Mae *Tantra* yn rhoi pwyslais arbennig ar yr angen am hyfforddiant unigol oddi wrth feistr neu *guru*.

Gelwir un ymarfer tantrig cyffredin yn 'ddelweddu' ac mae'n ymwneud â dychmygu *bodhisattva* detholedig neu Fwdha tan iddo yntau (neu hithau) ymddangos o flaen dyn. Addolir y bod yma mewn dychymyg gydag arogldarth a blodau, cyffesir pechodau iddo yntau neu hithau a chymerir llwon – megis llw y *bodhisattva*. Ambell waith mae'r meddyliwr wedyn yn ymgysylltu ei hun â'r Bwdha neu *bodhisattva*.

Pan fo'r ddefod lawn yn cael ei hymarfer â chyfarwyddyd cywir, gall ddatguddio ymdeimlad real, dros dro, o ymwybyddiaeth oleuedig. Cefnogir yr ymarfer o ddelweddu gan ymarferion eraill, yn cynnwys yr holl berson yn yr ymgais i amlhau gwerth y profiad. Mae'r rhain yn cynnwys llafarganu *mantrau*, creu *mandalau*, ffurfio *mudrau*, *yoga* corfforol a'r defnydd sacramentaidd o rywioldeb.

Mantra yw ymadrodd byr a lafargenir lle bo ystyr llythrennol y geiriau yn llai pwysig na'r ystyr mewnol ac effaith gwirioneddol sain y geiriau ar y meddwl dynol. Enghreifftiau o *fantrau* yw: *Om mani padme hum* (a gyfieithir weithiau, yn ddadleuol, fel 'Henffych i'r gem yn y lotws'), y *mantra* i Avalokitesvara, neu *Om tare tuttare ture svaha* (y *mantra* i Tara). Defnyddir siantiau gwarcheidiol mewn Bwdhaeth Theravada hyd yn oed a gall llafarganu fod yn heddychlon iawn, os dim arall. Defnydd arall o *fantrau* yw i ddelweddu ffurf ysgrifenedig sillafau megis 'om' neu 'hum'.

Diagramau lliwgar yw *mandalau*, yn grwn gan amlaf, ond yn sgwâr neu'n drionglog ar adegau. Defnyddir y rhain fel canolbwynt ar gyfer myfyrio ac un ai wedi'u delweddu neu mewn gwirionedd wedi'u peintio neu wedi'u gwneud o dywod lliw. Mae rhai *mandalau* yn gymhleth iawn, â chynrhychioliadau o wahanol Fwdhau yn y mannau allweddol. Mae egwyddor y *mandala* yn cynnwys y syniad o uniaethu. Mae'n cynrychioli'r bydysawd a'r hunan ill dau, sy'n gysylltiedig yn namcaniaeth Mahayana. Felly, mae'r pum prif Fwdhau cosmig

(Vairocana, Amoghasiddhi, Amitabha, Akshobya a Ratnasambhava) yn cael eu huniaethu â'r pum *skandha* sy'n rhan o'r bod dynol, ond hefyd â'r pum elfen faterol sef tân, dŵr, daear, aer ac ether. Mae myfyrdod ar y fath gyfatebiaethau sy'n y *mandala* wedi'i lunio er mwyn eich cynorthwyo i sylweddoli 'gwacter' pob peth.

Mae *mudra* yn ffurf symbolaidd sydd wedi'i wneud â'r llaw (dwylo), fel y ceir mewn dawns Indiaidd ac a welir ar ddelwau'r Bwdhau a'r *bodhisattvau*. Er enghraifft, mae llaw agored unionsyth yn symboleiddio amddiffyniad. Gellir ffurfio *mudrau* cymwys pan yn gwneud offrymau i'r bod gweledol – mae un *mudra*'n cynrychioli offrwm yr holl fydysawd – neu pan yn ceisio uniaethu ei hun â Bwdha penodol neu *bodhisattva*.

Ymarferir ffurf o yoga corfforol, sy'n debyg i ymarfer Hindŵaidd, ond a roddir dehongliad Bwdhaidd iddo. Mae'r ddamcaniaeth yoga am y corff yn gymhleth iawn, ond yn yr ymarfer Bwdhaidd hwn, mae rheoli 'anadliadau mewnol' yn arwain at deimlad o rym yn treiddio trwy'r corff cyfan, sy'n cael ei ddehongli fel cyfuno doethineb a thosturi, gan arwain at y 'syniad o oleuedigaeth' ac yna gwynfyd *nirvana*. Mae'r defnydd sacramentaidd o rywioldeb yn cynnwys delweddu uno gwryw a benyw fel symbol o uno doethineb a thosturi. Mae'r benyw yn cynrychioli doethineb a'r gwryw'n cynrychioli tosturi, neu ei fynegiant mewn dull medrus. Mewn rhai defodau tantrig datblygedig, gwneir defnydd o ymarferion rhywiol go iawn. Mae defodau eraill yn cynnwys bwyta ychydig bach iawn o gig neu alcohol. Mae'r casgliad eang o 'dduwiau' (Bwdhau, *bodhisattvau*, a bodau eraill) a ddefnyddir mewn delweddau Tantrig yn cynnwys ffigurau cyfarwydd fel Bwdha Amitabha, a ffigurau brawychus. Dywedir eu bod yn Fwdhau a *bodhisattvau* sy'n mynegi eu penderfyniad a'u gallu i orchfygu drwg. Y syniad sylfaenol y tu ôl i *Tantra* yw i harneisio pob peth yn y bydysawd yn yr ymgais i fod yn Fwdha, sy'n cynnwys y ffisegol a'r hyn a all ymddangos yn negyddol. Pwysleisir bob amser bod hyn yn ddefnydd peryglus, a bod arweiniad arbenigol *guru* (*lama* yn iaith Tibet) yn angenrheidiol.

Y *Bodhisattva*

Os oes yna ddysgeidiaeth ganolog, ddiffiniedig y Mahayana, yna mae hynny'n ymwneud â ffordd y *bodhisattva* (S) (bod goleuedigaeth), sydd â'i amcan i gyrraedd goleuedigaeth neu Fwdhadod, er mwyn achub pob bod. Dyma'r nod sy'n perthyn i'r Mahayana ac sy'n ei wahanu oddi wrth y Bwdhyddion di-Fahayana, sy'n dysgu nod yr *arhat* (sy'n nod llai yn ôl Mahayana, yn ymwneud â goleuedigaeth yr unigolyn yn hytrach nag achubiaeth yr holl fodau). Weithiau dywedir bod y *bodhisattva* yn 'gohirio' *nirvana* ar ei gyfer ef ei hun neu ar ei chyfer hi ei hun tan i bob bod gael eu hachub. Fodd bynnag, fel mae Paul

Williams yn nodi (Williams 1989 tud. 52) os diffinnir *nirvana* fel goleuedigaeth, byddai hyn yn arwain at gasgliadau afresymol megis bod *bodhisattvau*'n fwy caredig na Bwdhau, bod *bodhisattvau* byth yn derbyn goleuedigaeth gan fod y cyflenwad o fodau yn parhau am byth, neu bron pob bod yn derbyn goleuedigaeth ar wahân i'r *bodhisattva,* sy'n dal wrthi ar gyfer yr ychydig olaf! Mae'n well peidio â dweud nad yw'r *bodhisattva*'n 'gohirio' *nirvana*, ond bod y *bodhisattva*'n gwrthod yn gyfan gwbl *nirvana*'r *arhat,* a oedd (yn ôl *Sutra'r Lotws*) yn ddim ond cynllun medrus fodd bynnag.

Gair yw *bodhisattva* a geir yn holl ysgrythurau'r Mahayana a edrychwyd arnynt gennym. Gall gyfeirio at un sy'n deall gwacter pob peth; cymar nefol Bwdha Amitabha yn y tir pur (ac wrth gwrs, y *bodhisattva* a ddaeth yn Fwdha Amitabha); duw sydd i'w ddelweddu a'i arddel o fewn ymarfer tantrig; neu'r nod a gyhoeddir i bawb yn *Sutra'r Lotws.* Mae'r cysyniad hefyd yn bodoli mewn Bwdhaeth di-Fahayana, lle caiff ei ddefnyddio am Shakyamuni cyn iddo ddod yn Fwdha, ac ynghylch statws presennol Maitreya, y Bwdha nesaf i ymddangos yn ein byd neilltuol. Y gwahaniaeth yw tra bod yr yrfa hon ym Mwdhaeth di-Fahayana ar gael i fodau prin iawn yn unig, ym Mahayana mae'n agored i bawb.

Y *bodhisattva* yw un sydd wedi addunedu anelu at yr oleuedigaeth oruchaf a pherffaith o Fwdhadod er mwyn achub pob bod. Bwdhydd Mahayana yw un sydd wedi llunio'r bwriad hwn. Yn y *Prajnaparamita 8000 adnod,* symudir y *bodhisattva* arfaethedig yn gyntaf tuag at y penderfyniad hwn drwy adlewyrchu ar ddioddefaint pob bod. Ei ymateb ef (neu hi) yw i benderfynu 'Deuaf yn achubwr i'r bodau hyn, byddaf yn eu rhyddhau o'u holl ddioddefaint!' (*Prajnaparamita 8000 adnod, sutra* 22.403). Yn yr un testun hwn, cymherir y *bodhisattva* ag arwr dewr sy'n darganfod ei hun mewn coedwig arswydus gyda'i deulu. Ni fyddai'n eu gadael er mwyn achub ei hun, ond byddai'n tawelu meddwl ei deulu, yn defnyddio'i holl fedrusrwydd i orchfygu'r arswydau a dod â phawb yn ôl adref yn ddiogel.

Mae'r *bodhisattva* yn gyfuniad o ddwy elfen sy'n sylfaenol i Fwdhaeth – *prajna* (doethineb) a *karuna* (tosturi). Mae'r rhinweddau Bwdhaidd traddodiadol hyn wedi'u cywasgu i'w terfyn eithaf – doethineb perffaith a thosturi anfeidraidd. Y doethineb perffaith a anelir ato gan y *bodhisattva* yw'r mewnwelediad cyfan i realiti a siaredir amdano yn yr ysgrythurau Mahayana; y ddealltwriaeth gyflawn o gyd-ddibyniaeth lwyr pob peth, sylweddoliad prinder hunan, 'gwacter' pob peth. Mae'r *bodhisattva*, wedyn, yn anelu at wybodaeth gyfan, 'goleuedigaeth oruchaf a pherffaith' Bwdha, ymhell y tu hwnt i'r cyflwr y mae Mahayana yn ei briodoli i'r *arhat.*

Golyga tosturi anfeidraidd *bodhisattva* ei fod ef neu hi yn gosod hapusrwydd pob bod yn y bydysawd cyn ei un ef neu hi ei hunan, heb orffwys tan yr achubir pob bod yn y bydysawd. Er mwyn cyflawni'r bwriad hwn, mae ef neu hi'n fodlon dioddef unrhywbeth, hyd yn oed os yw'n golygu rhoi'r gorau i'w fywyd neu ei bywyd er mwyn eraill drosodd a throsodd. Nid yn unig ei fod ef neu hi'n fodlon rhoi'r gorau i les materol er mwyn eraill, ond hyd yn oed lles ysbrydol. Rhoddir unrhyw *punya* (teilyngdod) y mae ef neu hi'n ennill o gyflawni gweithredoedd da, i eraill fel y gallant elwa o hyn. Os yw helpu eraill yn golygu ennill *karma* drwg (fel yn y sefyllfa lle gallai dyn benderfynu lladd llofrudd bwriadol) yna mae'r *bodhisattva*'n fodlon dioddef canlyniadau uffern, os y gall gynorthwyo eraill tuag at achubiaeth.

Disgrifir anhunanoldeb cyflawn y *bodhisattva* mewn manylder gan Shantiveda, mynach Mahayana o'r 8fed ganrif. 'Cymeraf arnaf fy hun faich holl ddioddefaint ... i eithafion fy nioddefgarwch profaf holl gyflyrau gwae ... rhaid i mi beidio ymadael â phob bod'. (*Sikshsamuccaya* 280)

Mae cydgysylltiad y ddwy ddelfryd o ddoethineb a thosturi yn arwain at sefyllfa a ymddengys yn baradocsaidd. Mae'r *bodhisattva* yn anelu at arwain pob bod i *nirvana,* tra ar yr un pryd yn ennill y mewnwelediad goleuedig nad yw unrhyw fodau unigol neu hyd yn oed *nirvana*'n bodoli mewn gwirionedd.

Yn *Sutra'r Diemwnt* darllenwn 'Dylai rhywun sydd wedi cychwyn allan yng nghyfrwng y *bodhisattva* feddwl yn y modd yma "cymaint o fodau ag sydd yna ym mydysawd y bodau ... y rhain oll rhaid i mi eu harwain i *nirvana* ... ac eto er bod bodau di-ri wedi cael eu harwain felly i *nirvana*, mewn gwirionedd nid oes yr un bod o gwbl wedi cael eu harwain i *nirvana*".' Ar y lefel gonfensiynol, mae bodau'n bodoli ac mae'r *bodhisattva*'n dosturiol yn cychwyn allan i'w hachub, tra'n gwybod ar lefel gwirionedd terfynol nad oes dim bodau (na *bodhisattvau* na *nirvana* o ran hynny) oblegid maent i gyd yn wag o fodolaeth gynhenid ac ond ychydig yn real.

Hyd yn oed os y'i deellir yn amherffaith, mae'n wrthgyffur defnyddiol i ffurfiau cynnil balchder hunanol a all gysylltu eu hunain â'r syniad o gynorthwyo eraill llai ffodus na'r hunan.

Mae llawer o weithiau'r Mahayana'n disgrifio'r hyn a wybyddir fel gyrfa'r *bodhisattva*, sef fersiwn Mahayana o'r llwybr wythblyg. Dylai rhywun sydd â dyheadau i fod yn *bodhisattva* ddechrau drwy fyw bywyd Bwdhydd cyffredin da. Golyga hyn fyw bywyd yn unol â moesoldeb Bwdhaidd, yn cynorthwyo eraill ac yn addoli'r Bwdhau a'r *bodhisattvau* sydd wedi cyrraedd y nod, gyda chariad ac ymroddiad mawr. Ar yr adeg yma nid ydych yn teimlo'n alluog o arwain eraill i iachawdwriaeth, rydych angen cael eich arwain, ac yn troi at y Bwdhau a'r *bodhisattvau* am arweiniad a chymorth. Os dilynir y ffordd yma o fyw â gwir ymgysegriad, gall fod yna fan lle bydd trobwynt ysbrydol yn digwydd a bydd dyn yn teimlo ei fod yn cael ei alw i alwedigaeth *bodhisattva*. Cyfeirir at hyn fel cyfodiad neu wneuthuriad *bodhicitta* (y syniad o oleuedigaeth). Nid rhyw syniad annelwig y gall fod yn ddymunol i fod yn *bodhisattva* yw hyn, ond chwyldro yn ymwybyddiaeth dyn megis tröedigaeth grefyddol; dealltwriaeth sydyn a dwfn o bwrpas bywyd dyn a achosir gan ddyfodiad doethineb a thosturi at ei gilydd i gyfanrwydd unedig. Dyma gyfatebiaeth Mahayana i 'Weledigaeth *Dhamma*' a sonnir amdani yn y Canon Pali, a osododd ddisgyblion y Bwdha ar y llwybr goruwchfydol i *nirvana*.

Mae'r 'syniad yma o oleuedigaeth' yn arwain at wneud adduned ddwys ac ymrwymedig 'Boed i mi sicrhau goleuedigaeth uwch a pherffaith, hyrwyddo daioni pob bod a'u sefydlu yn y *nirvana* terfynol a chyflawn.' Mae'r adduned hon yn ddatganiad cyhoeddus, a wneir yn ddelfrydol ym mhresenoldeb Bwdha byw, fel yr addunedodd Shakyamuni gerbron Bwdha Dipankara, ond a wnaed yn fwy realistig ym mhresenoldeb y Bwdhau nefolaidd a meistr ysbrydol dyn ei hun. Yn yr hanesion, lle byddai *bodhisattvau* arfaethedig yn gwneud eu haddunedau gerbron Bwdhau byw, bydd y Bwdha wedyn yn rhagddweud amser a lleoliad pan fydd dyn yn ennill goleuedigaeth. Dywedir bod y bwlch rhwng adduned wreiddiol a chyrhaeddiad gwirioneddol o oleuedigaeth yn filiynau o flynyddoedd ac oesau di-rif.

Mae amrywiol weithiau'r Mahayana wedi ceisio cyfundrefnu gyrfa ddilynol y *bodhisattva* i amrywiol gyfnodau. Mae ganddynt oll ymarfer y chwe *paramita* (perffeithrwydd) yn gyffredin – rhinweddau sy'n rhaid i'r *bodhisattva* eu perffeithio er mwyn cyrraedd goleuedigaeth. Y rhain yw *dana* (rhoi), *sila* (moesoldeb), *kshanti* (amynedd), *virya* (egni), *dhyana* (myfyrdod) a *prajna* (doethineb). Dyma fersiwn Mahayana o'r llwybr wythblyg o foesoldeb, myfyrdod a doethineb.

Rhoi perffaith yw'r ymadrodd am dosturi anfeidraidd. Rhaid i'r *bodhisattva* fod yn hael i bawb – i'w deulu a'i ffrindiau, y sâl, y tlawd, yr anffortunus a'r gwasanaethgar, anifeiliaid a'r urdd fynachaidd. Rhaid iddo ymadael â phethau materol, ei holl deilyngdod, a hyd yn oed ei fywyd os oes angen. Rhaid iddo roi rhoddion ysbrydol i eraill megis gwroldeb, arweiniad, addysg ac yn fwy na dim dysgeidiaeth *dharma* Fwdhaidd. Er mwyn i'r rhoi yma fod yn berffaith, rhaid iddo gael ei weithredu â barn a heb unrhyw deimlad o falchder – felly ni all rhoi fod yn berffaith heb ddoethineb a'r ddealltwriaeth nad oes dim gwahaniaethu rhwng rhoddwr a derbynnydd.

Mae moesoldeb perffaith yn golygu cadw rheolau moesol y Bwdhydd. Mae'r fersiwn Mahayana o'r rheolau yn rhestru deg fel arfer (a geir hefyd yn y Canon Pali). Rhaid i ddyn ymwrthod rhag cymryd bywyd, cymryd yr hyn nad yw wedi cael ei roi, camymddygiad rhywiol, siarad celwyddog, siarad maleisus, siarad llym, cleber gwag, chwant, casineb a barnau anghywir. Weithiau mae ymatal rhag diodydd meddwol yn gynwysedig a chyfrifir dau o ffurfiau siarad anghywir fel un. Ynghyd ag osgoi drygioni, rhaid datblygu'r pethau cyfatebol cadarnhaol, sef parch tuag at fywyd, haelioni, a.y.b. Er mwyn i foesoldeb fod yn berffaith rhaid iddo beidio â bod yn ddeddfol nac yn hunanol – h.y. rhaid i ddyn fod yn barod i ymarfer *upaya* a phlygu'r rheolau os yw'r sefyllfa'n galw am hynny, heb feddwl am ennill teilyngdod iddo'i hunan gyda'i weithredoedd da. Mae angen doethineb ar y ddau rinwedd yma er mwyn gallu barnu ac i beidio â meddwl am yr hunan. Felly dim ond *bodhisattva* uwch all ymarfer *upaya* mewn gwirionedd.

Mae amynedd perffaith nid yn unig yn golygu goddef dioddefaint, ond hefyd mae'n cynnwys derbyniad llawen o anawsterau os ydynt yn angenrheidiol ar gyfer y nod, a derbyniad mewn ffydd o athrawiaethau na fyddwch efallai yn eu deall yn llawn. Mae amynedd dim ond yn berffaith, os nad ydych bellach yn gwahaniaethu rhwng yr un sy'n dioddef a'r rhai sy'n achosi'r dioddefaint neu'r sawl yr ymgymerir dioddefaint ar ei ran, ac felly mae angen doethineb perffaith.

Mae egni perffaith yn golygu brwdfrydedd diderfyn i geisio *bodhisattva,* byth yn blino ar helpu eraill, astudio Bwdhaeth, a.y.b. Nid yw'n berffaith tan i ddyn atal rhag meddwl am orchest unigol, ac felly nid tan yr enillir doethineb.

Mae myfyrdod perffaith yn golygu dod yn hollol fedrus ynghylch holl ymarferion myfyrdod Bwdhaidd. Fodd bynnag, nid yw'n berffaith os gwêl dyn hyn fel gorchest bersonol, neu'n myfyrio er ei fudd ei hun. Felly, eto, mae perffeithrwydd doethineb yn angenrheidiol.

Mae'r perffeithrwydd olaf, sef doethineb, wedi cael ei ddisgrifio'n barod. Dyma'r perffeithrwydd coronog oherwydd hebddo, fel y gwelwyd gennym, ni all unrhyw un o'r rhinweddau eraill gael eu galw'n hollol berffaith.

Weithiau siaredir am bedwar perffeithrwydd pellach: *upaya* (dulliau medrus), addunedau, cryfder a gwybodaeth. Yr un mwyaf pwysig yw *upaya*. Dyma allu'r *bodhisattva* i wybod bob amser beth i'w wneud i gynorthwyo bodau tuag at achubiaeth mewn unrhyw amgylchiadau. Mae'n cynrychioli tosturi a hysbysir gan ddoethineb, nid angen cynorthwyo yn unig, ond gwybod beth yn hollol i'w wneud, gan osgoi'r peryglon o wneud pethau'n waeth neu gymhellion hunanol.

Mae gyrfa'r *bodhisattva* wedi cael ei drefnu i gyfnodau, ac i wneud patrwm taclus y mae'r perffeithrwydd wedi'i rannu i adegau amrywiol. Mae hyn braidd yn ffug gan nad ydynt yn cael eu hymarfer ar wahân mewn gwirionedd, ond mae patrwm cyffredinol y cynnydd graddol yn bwysig. Y patrwm mwyaf cyffredin yw un o ddeg cyfnod.

Cyfnod un yw *Pramudita* (llawen), a enwir o'r ymddiriedaeth hapus o wybod eich nod mewn bywyd. Mae'r *bodhisattva*'n gwneud addunedau mawr i'r dyfodol ac yn enwedig yn ymarfer y rhinwedd o 'roi'.

Cyfnod dau yw *Vimula* (pur) gan fod y *bodhisattva*'n talu sylw arbennig at berffeithio moesoldeb, a phregethu i eraill ynghylch yr hyn y mae ef neu hi'n ei ymarfer.

Cyfnod tri yw *Prabhakari* (rhoi goleuni) wrth i'r meddwl gael ei glirio drwy astudiaeth a myfyrdod. Mae'r *bodhisattva*'n ymarfer rhinwedd amynedd ac wedi cysegru i weithio er daioni eraill.

Cyfnod pedwar yw *Arcismati* (disglair), gydag egni perffeithrwydd grym. Mae'r *bodhisattva*'n ymarfer yn egnïol y 37 ymarfer sy'n arwain at oleuedigaeth; y llwybr wythblyg; pedwar cymhwysiad gofal; y pedair ymdrech gywir; y pum rhinwedd traddodiadol (ffydd, egni, gofal, canolbwyntio a doethineb), pum grym y rhinweddau hyn, y pedwar grym seicig (cymhelliad, egni, meddwl ac astudiaeth) a saith ffactor goleuedigaeth (gofal, astudio'r *dharmau*, egni, llawenydd, llonyddwch, canolbwyntio a meddwl teg). Mae'r rhestr draddodiadol hon o 37 yn cyflawni pob ffactor posibl sy'n arwain at oleuedigaeth y siaradwyd amdano gan y Bwdha. Yn y cyfnod hwn, mae'r *bodhisattva*'n esiampl i eraill.

Cyfnod pump yw *Sudarjaya* (anodd i'w orchfygu), gan fod y *bodhisattva*'n symud ymlaen a byddai'n anodd ei atal nawr. Daw'n berffaith ynghylch myfyrio ac fel sgil-effaith yn ennill nodded hudol.

Cyfnod chwech yw'r un tyngedfennol, *Abhimukhi* (wyneb yn wyneb) oherwydd bod y *bodhisattva*'n dod wyneb yn wyneb â'r gwirionedd. Mae ef neu hi'n deall realiti yn llawn a gellir ei alw neu ei galw'n oleuedig yn yr ystyr lleiaf, gan ennill perffeithrwydd doethineb. Fodd bynnag, nid yw ef neu hi'n aros ym mwyniant y cyflwr hwn, ond yn dygnu ymlaen er achubiaeth y bydysawd. O'r man yma, mae ef neu hi'n fod blaengar a sanctaidd.

Cyfnod saith yw *Durangama* (mynd yn bell), gan fod y *bodhisattva* wedi mynd tu hwnt i fodolaeth fel y medrwn ei ddychmygu ac o ennill doethineb perffaith, gall ganolbwyntio ar *upaya*, gan ddod o hyd i ffyrdd a dulliau anfeidraidd o gynorthwyo eraill i symud ymlaen yn ysbrydol.

Cyfnod wyth yw *Acala* (disymud) oherwydd ni all y *bodhisattva* droi'n ôl. O ganlyniad i ddoethineb perffaith mae ganddo ef neu hi alluoedd goruwchnaturiol anfeidraidd i'w defnyddio yn y dasg o gynorthwyo bodau eraill. Wrth adnewyddu ei adduned ef neu hi, yn awr mewn ffordd berffaith, mae ganddo ef neu hi'r adnoddau i'w gyflawni.

Cyfnod naw yw *Sadhumati* (deallusrwydd da) wrth i'r *bodhisattva* ennill gwybodaeth fawr ac ymarfer perffeithrwydd grym neu gryfder.

Cyfnod deg yw *Dharmamegha* (cwmwl *dharma*), lle bo'r *bodhisattva*'n ymarfer gwybodaeth berffaith ac yn cyrraedd terfynau gogoniant. Mae ganddo ef neu hi gorff nefol gogoneddus, yn un â'r holl Fwdhau, ac yn meddu ar yr holl briodweddau sydd eu hangen ar gyfer achubiaeth y bydysawd.

Mae syniad y *bodhisattva*'n gweithio ar ddwy lefel ym Mwdhaeth Mahayana. Mae'n darparu nod terfynol i weithio tuag ato, ac mae'n darparu bodau achubol ar gyfer y rhai hynny sydd angen cymorth. Mae Bwdhydd Mahayana yn anelu at fod yn *bodhisattva* ac yn ceisio cymorth oddi wrth *bodhisattvau*; gan geisio cymorth y rhai sydd ar y blaen ar y llwybr, ac yn cynorthwyo'r rhai hynny sydd y tu ôl. I droi o'r llwybr i fod yn *bodhisattva* i'r syniad o '*bodhisattvau*' sydd ymhell ar y blaen ar y llwybr, mae Bwdhaeth Mahayana yn darparu casgliad lliwgar o fodau sy'n cynnig cymorth i'r rhai hynny sydd ei angen. Disgrifir y rhain yn iaith mytholeg ac fe'u dychmygir fel bodau nefol sy'n preswylio mewn teyrnasoedd nefolaidd.

Mae gan bob *bodhisattva* ei nodweddion penodol ei hun, ac mae ffurfiau eiconograffeg ystrydebol wedi datblygu, fel eu bod nhw'n adnabyddus ar unwaith mewn lluniau. Mae'r rhai y sonnir amdanynt amlaf yn cynnwys Avalokitesvara, Manjushri, Maitreya, Mahasthamaprapta, Kshitigarbha, Samantabhadra, Vajrapani a Tara. Avalokitesvara yw *bodhisattva* tosturi, a ddarlunnir weithiau â miloedd o freichiau yn barod i gynorthwyo. Manjushri yw *bodhisattva* doethineb, â chleddyf a llyfr (*Prajnaparamita 8000 adnod*). Maitreya yw'r *bodhisattva* a arfaethwyd i fod y Bwdha daearol nesaf, a ddarlunnir gyda chostrel elicsir bywyd, ac a gysylltir â chyfeillgarwch. Dangosir Kshitigarbha â ffon ac mae'n ymwneud â lles y meirw yn nheyrnasoedd aflawen uffern ac ysbrydion. Darlunnir Samantabhadra ar eliffant gwyn ac mae'n arbenigo mewn swynion grymus. Cysylltir Vajrapani â grym yr ewyllys ac fe'i darlunnir yn aml fel un arswydus, sy'n dychryn drwg i ffwrdd. Mae Mahasthamaprapta ac Avalokitesvara yn byw gyda Bwdha Amitabha yn ei dir paradwys. Gwaredwraig dyner yw Tara, a ddarlunnir fel tywysoges ifanc, ond yn llawn cariad mamol; mae hi'n hynod o boblogaidd yn Tibet.

Avalokitesvara

Mae enw'r *bodhisattva* yma o bosib yn golygu 'yr Arglwydd sy'n edrych i lawr'. Mewn geiriau eraill, yr un tosturiol sy'n gofalu am fodau dioddefus. Mewn Tsieinëeg, yr enw yw Kwan-Yin, cyfrifwr llefau. Mae tarddiad y gwir ddelwedd yn aneglur a gallai fod wedi cael ei ddylanwadu gan ryw dduw Hindŵaidd (Shiva). Yn China, gallai cysyniad Avalokitesvara fod wedi cael ei ddylanwadu gan dduwies hynafol trugaredd, gan y darlunnir Kwan-Yin fel arfer yn fenywaidd. Caiff y *bodhisattva* poblogaidd yma ei ddarlunio'n aml gyda miloedd o freichiau sy'n barod i gynorthwyo pawb ar unwaith. Dywedir ei fod yn y degfed cyfnod o yrfa'r *bodhisattva* ac felly mae ganddo symiau anfeidraidd o deilyngdod i'w rhannu, a galluoedd goruwchnaturiol i gyflawni gwyrthiau. Mae pennod 25 o'r ysgrythur poblogaidd Mahayana sef *Sutra'r Lotws*, i gyd yn ymwneud ag Avalokitesvara. Yn y bennod hon mae Bwdha Shakyamuni yn cymeradwyo addoli Avalokitesvara, a'i gymeradwyo i bawb. I rai pobl mae Avalokitesvara bron â bod wedi dod y bod goruchaf; cyfeirir ato mewn un gwaith Mahayana fel 'ysbryd y bydysawd ac achubwr y byd'. Credir ei fod yn preswylio gyda Bwdha Amitabha a Mahasthamaprapta mewn paradwys Gorllewinol, eto nid yw'n mwynhau heddwch y paradwys yma ond yn barhaus yn prysuro'i hun i gynorthwyo'r byd. Weithiau meddylir amdano fel gwryw, weithiau fel benyw ac weithiau fel y ddau neu ddim un.

Cred Bwdhyddion Tibet ei fod yn gweithio drwy eu harweinydd crefyddol, y Dalai Lama, sydd felly'n offeryn daearol i Avalokitesvara. Honna Bwdha Shakyamuni yn *Sutra'r Lotws* y bydd Avalokitesvara yn cynorthwyo unrhyw un mewn unrhyw fath o drafferth, gan nodi morwyr mewn trafferth ar y môr, trychinebau megis llifogydd a stormydd, ymosodiad gan gythreuliaid, cleddyfau neu ladron, gwenwyn a themtasiynau. Bydd yn eich rhyddhau o garchar, yn eich cynorthwyo i osgoi y gosb eithaf, ac yn benodol garedig i droseddwyr a phechaduriaid. Bydd gwragedd diblant sy'n gweddïo arno yn cael y sicrwydd o feibion a merched. Bydd yn cyflawni gwyrthiau, a gall ymddangos mewn unrhyw ffurf i'ch helpu, yn ddynol, yn ddwyfol, yn ddyn neu'n fenyw, yn athro crefyddol Bwdhaidd neu'n ddi-Fahayana. Honna *Sutra'r Lotws* hyd yn oed bod galw arno yn gywerth â miloedd o weddïau i unrhyw *bodhisattva* neu Fwdha arall. Y *mantra* hwn, o'i roi mewn *sutra* arall, yw: '**om mani padme hum**'.

Mae Avalokitesvara yn esiampl perffaith o Fwdhaeth Mahayana, gan ei fod yn dangos sut mae pobl o bob math yn cael eu diwallu yn y grefydd. Mae'n ffigur achubol, bod i'w ddychmygu ac i'w gysylltu ag ef. Mae'n bodloni'r emosiynau ac yn fod sy'n caru ac yn diogelu, y gellir ei garu'n ôl gydag ymgysegriad ac addoliad. Mae'n ffigur sy'n haeddu addoliad gan iddo gysegru ei hun yn anhunanol i achubiaeth yr holl fyd yn ei addunedau *bodhisattva*. Pa un a yw wedi'i bortreadu fel benyw neu beidio, mae'n ychwanegu dimensiwn tyner, mamol at y grefydd Fwdhaidd.

Weithiau, gofynnir y cwestiwn a yw *bodhisattvau* fel Avalokitesvara yn bodoli mewn gwirionedd, neu a ydynt yn rhan o *upaya kausalya* (cynlluniau dysgu) y Bwdha. A ddylem gymryd Avalokitesvara'n llythrennol, neu a yw'n ffigur symbolaidd, personoliad grym tosturi? Mewn un ystyr mae'r fath ffigur yn gynllun dysgu. Esboniodd un mynach ifanc i'r awdur 'sioe fawr ydynt a drefnir gan y Bwdhau i ddenu a chynyddu ffydd. Nid bodau ar wahân mohonynt.' (Cush 1990) Ar ddealltwriaeth y Mahayana ynghylch gwacter, ni all dyn ddarganfod, dirnad na gweld *dharma* '*bodhisattva*' mewn realiti. Fodd bynnag, rhaid cofio na all dyn ddirnad *dharma* 'bod dynol'; mae *bodhisattvau* felly mor real â ninnau. Ar y lefel eithaf, nid yw *bodhisattvau* na bodau dynol yn bodoli, ond ar lefel berthnasol bodau anoleuedig, maen nhw yno i gynorthwyo.

Yr Ysgolion Athronyddol

Madhyamaka

Efallai mai'r enwocaf o'r athronwyr Bwdhaidd yw Nagarjuna, y mynach Mahayana o'r 2il ganrif OG, sylfaenydd ysgol athroniaeth Madhyamaka. Dywed chwedloniaeth bod Nagarjuna wedi adfer y testunau *Prajnaparamita* oddi wrth yr ysbrydion Naga, a oedd wedi bod yn eu gwarchod ers iddyn nhw gael eu dysgu gan Shakyamuni, gan aros tan i'r person a fedrai eu deall ddod heibio. Syniadau canolog Madhyamaka yw'r rhai hynny o lenyddiaeth *Prajnaparamita*, ond wedi'u mynegi mewn modd mwy athronyddol, dadansoddol a rhesymegol.

Mae'r enw 'Madhyamaka' yn golygu 'y safle canol'. O gyflwyno dysgeidiaeth *shunyata* (S) (gwacter) – bod pethau ddim yn bodoli'n hollol nac yn peidio bodoli'n hollol, ond yn bodoli'n berthynol – mae Nagarjuna yn honni ei fod yn ffyddlon i ddysgeidiaeth wreiddiol Shakyamuni 'nid tragwyddoldeb na difodiant'. Byddai'n ddefnyddiol i ddarllenwyr atgoffa'u hunain yn y fan yma o ddysgeidiaethau llenyddiaeth *Prajnaparamita*. Yn y *Mulamadhyamakakarika* (adnodau ar hanfodion y ffordd ganol) gan Nagarjuna, deuwn o hyd i'r un cysyniadau o 'wacter', gwrthodiad *svabhava* (bod ei hun) fel nodwedd o bethau, a dwy lefel gwirionedd (confensiynol ac eithafol).

Svabhava a gwacter

Mae Nagarjuna yn diffinio *svabhava* fel bodolaeth sy'n ddibynnol ar ddim arall. Ond, gan fod pob peth yn ddibynnol ar achosion ac amodau i'w dwyn i fod, ni all fod y fath fodolaeth: mae pob peth yn *shunya* (S) (gwag) o fodolaeth gynhenid. 'Nid yw dod i fodolaeth bod-ei-hun o amodau ac achosion yn bosibl' (15.1). O wneud y datganiad yma, gwêl Nagarjuna ei hun yn ail-ddatgan yn syml ddysgeidiaeth wreiddiol y Bwdha bod pob cyflwr yn dod i fodolaeth drwy achosion ac amodau 'cychwyniad dibynnol ydyw a elwir gennym yn wacter' (24.18).

I alw pob peth 'yn wag' yw ffordd o geisio cyfleu nad yw unrhyw beth unigol ynddo ac wrth ei hun, ond mewn perthynas ag eraill yn unig. Mae gwacter yn gwadu bod yna unrhyw endid, ffisegol neu ddi-faterol, sy'n meddu ar yr hyn y mae'r Bwdhyddion yn ei alw'n *svabhava* (bod ei hun). Hynny ydy, nid yw dim yn hunan-fodoli, nid oes gan ddim byd nodweddion digyfnewid yn ôl yr hyn y mae'n hollol amlwg rhag pob peth arall, nid oes dim yn meddu ar sylwedd na hanfod digyfnewid tragwyddol, nid oes dim yn bodoli ar wahân, yn annibynnol, yn ddigyfnewid. Mae gwacter yn cyfleu cyd-ddibyniaeth pob peth.

Os gofynnwn a yw pethau 'gwag' yn bodoli neu beidio, mae'r ateb yn dibynnu ar ba lefel o wirionedd a ddefnyddiwn. Ar lefel gwirionedd confensiynol, mae pethau'n bodoli, ond ar lefel gwirionedd eithaf (lle bod bodoli'n golygu bodoli'n dragwyddol ac yn annibynnol) ni wnânt.

Os gofynnir a yw pethau'n bodoli, ni all dyn ddweud naill ai 'ydynt' neu 'nac ydynt' gan y byddai'r ddau yn rhoi'r argraff anghywir. Mae 'ydynt' yn rhy bendant, gan awgrymu (yn enwedig gyda chefndir meddylfryd Indiaidd) bod pethau'n bodoli'n dragwyddol, ar wahân ac yn annibynnol. Mae 'nac ydynt' yn rhy negyddol, gan awgrymu nad yw pethau'n bodoli mewn unrhyw ystyr. Teimlodd meddylwyr fel Nagarjuna eu bod nhw'n dilyn yng ngwir ôl traed y Bwdha wrth arddel 'Ffordd Ganol' rhwng tragwyddoldeb bodolaeth a difodiant anfodolaeth. Nid yw pethau'n bodoli nac yn peidio bodoli, maen nhw'n 'wag' ac yn bodoli'n berthynol. Ffordd arall y mae Bwdhyddion yn cyfleu hyn yw drwy siarad am *tathata* (cyffelyb) pethau – yn syml, maen nhw'n bodoli yn y ffordd berthynol hon.

Gall fod o gymorth i ganfod ystyr 'gwacter' oddi wrth yr hyn nad ydyw. Er ei sain negyddol, nid yw gwacter yn golygu 'diddymdra' yn yr ystyr nad oes dim yn bodoli o gwbl; mae pethau'n bodoli ar lefel berthynol, ond rhaid i ni beidio ceisio am sefydlogrwydd nad yw yno. Nid math o ddefnydd na sylwedd yw gwacter allan o'r hwn y gwneir pob peth, fel mewn rhai ffurfiau Hindŵaidd o ddysgeidiaeth di-ddeuoliaeth. Nid celloedd o ryw organeb fwy yw pethau unigol a ellid dweud wedyn ei fod yn bodoli ynddo'i hun. Nid oes 'Un' mewn gwirionedd lle mae pob peth, neu'n rhan ohono. Mae pethau'n ddibynnol ac yn rhyngddibynnol.

Dull Nagarjuma o ddadlau oedd i gymryd syniad gwrthwynebydd ac, wrth ei ddadansoddi, dangos ei fod yn rhesymegol afresymol. Gwrthododd bob 'barn' ddamcaniaethol a oedd heb eu seilio ar brofi'r byd fel ag y mae mewn gwirionedd. Yn benodol, gwelwyd ei farn fel beirniadaeth o'r ddamcaniaeth Sarvastivadin bod gwirionedd wedi'i gynllunio o *dharmau*, er nad oedd dim 'hunan'; gellir dweud bod gan y *dharmau* hyn fodolaeth eu hunain.

Mae llenyddiaeth Abhidhamma Sarvastivadin, fel y Theravada, yn gwadu cysyniad *atman* (hunan-sylwedd digyfnewid) yr Hindŵ ac yn cyflwyno'r syniad bod realiti wedi'i gynllunio o gyfres amhersonol o ddigwyddiadau a elwir yn *dharmau*. Cynghorwyd dyn i ddadansoddi pob peth, yn enwedig y bersonoliaeth ddynol, i'w *dharmau* cydrannol, a byddai gwirionedd *anatta*'n dod yn amlwg. Felly, byddai'r frawddeg 'Mae angen bwyd arnaf fi' yn gynrychioliad gwael o realiti, oherwydd, er bod ymdeimlad o angen bwyd, does dim *dharma* yn cyfateb i'r gair 'fi'. Does dim pethau parhaol, ar wahân o fewn eu hunain fel hunain neu gerbydau rhyfel, dim ond cyfres o gyfuniadau o *dharmau* sy'n newid yn barhaus. Dysgodd y Sarvastivadiniaid y gellid dweud bod y *dharmau* sylfaenol hyn yn real, tra bod y pethau y maen nhw'n eu cynnwys megis 'fi' yn labeli yn unig.

Honnodd athroniaeth Madhyamaka fod hyn yn gwneud *dharmau* yn ddiamod ac yn absoliwt, ac nad oedd athroniaeth Sarvastivadin yn mynd yn ddigon pell wrth gymhwyso dysgeidiaeth y Bwdha am ansefydlogrwydd a 'dim-hunan'. Mae *dharmau* hyd yn oed yn ddibynnol, yn newid yn barhaus ac yn amhosibl i'w canfod – mewn geiriau eraill 'yn wag'. Felly ni all dyn fynnu'n gywir bod *dharmau* naill ai'n real neu'n afreal.

'Gan nad oes unrhyw *dharma* sydd heb fod o darddiad dibynnol, nid oes unrhyw *dharma* nad yw'n wag.' (24:19)

Dadleua Najarjuna hefyd yn erbyn beirniaid sy'n honni ei fod yn heretic.

'Os yw popeth yn wag, ni fydd yna gyfodiad na darfod ... nid oes bodolaeth i'r pedwar gwirionedd sanctaidd ... nid yw'r *Dharma* a'r *Sangha* a'r Bwdha'n bodoli.' (24:1.5)

Dadleua eu bod wedi camddeall gwacter a dwy lefel gwirionedd. I'r gwrthwyneb, y rhai hynny sy'n gwadu gwacter sy'n gwadu Bwdhaeth, oherwydd wrth daeru hunan-fodolaeth *dharmau*, gwnânt hi'n amhosibl i bethau gyfodi a darfod – byddai pethau'n statig a digyfnewid.

'Os NAD yw popeth yn wag, yna nid oes naill ai cyfodiad na darfod ... i CHI nid yw'r pedwar gwirionedd nobl yn bodoli.' (24:20)

Achosiaeth

O ddysgu 'gwacter', mae Nagarjuna yn beirniadu'r farn a ddelir yn gyffredinol o achosiaeth, sef bod pethau sy'n bodoli 'mewn gwirionedd' yn cael eu hachosi gan achosion sy'n bodoli mewn gwirionedd. Os yw pethau'n bodoli 'mewn gwirionedd', (h.y. yn meddu ar fodolaeth eu hunain) yna byddent un ai'n bodoli am byth neu ddim o gwbl. Byddai'n afresymol i bethau sy'n meddu ar 'fodolaeth eu hunain' fyth gael dod i fodolaeth. 'Nid yw rhywbeth sy'n bodoli yn cael ei gynhyrchu, un ai ohono'i hun, o un arall, nac o'r ddau, nac o ddim achos.' (1:1)

Nirvana a *samsara*

Un o'r casgliadau syfrdanol o ddysgeidiaeth Nagarjuna yw 'nad oes dim gwahaniaeth rhwng *nirvana* a *samsara*. Terfyn *nirvana* yw terfyn *samsara*. Nid oes unrhyw wahaniaeth rhwng y ddau.' (25:19) Beth a olyga Nagarjuna yma?

Dywed Nagarjuna am *nirvana* nad yw'n bodoli, anfodoli, y ddau na'r un. 'Tawelu pob pryder a thawelu'n ddedwydd gysyniadau ffug' ydyw. Yn nysgeidiaeth gwacter, nid oes gan *samsara* fodolaeth gynhenid. Felly ni ellir gwahanu *nirvana* a *samsara* fel dau realiti sydd ar wahân sy'n annibynnol, terfynol a chyferbyniol; yn hytrach dysgir 'y cyflwr o frysio yn ôl ac ymlaen sy'n ddibynnol neu'n amodol fel *nirvana* pan yn ddi-ddibynnol a di-amodol' (25.9). *Nirvana* yw gweld *samsara* fel yr hyn ydyw mewn gwirionedd, sef gwacter.

Os gall dyn ddatrys lefel gwirionedd y caiff y gwahanol ddatganiadau eu gwneud, mae dysgeidiaeth 'gwacter', nad yw dim yn bodoli ar wahân ac yn annibynnol ar bethau eraill, yn wirionedd amlwg. Y broblem yw er bod dadansoddiad rhesymegol yn gallu dangos bod pob peth yn wag, fe siaradwn a byw fel pe bai gan bethau fodolaeth eu hunain. Mae gan ein hiaith gysyniadau a ddefnyddiwn fel pe baent yn cyfeirio mewn gwirionedd at wrthrychau sy'n bodoli'n annibynnol (e.e. fi a fy un i, ti a dy un di, ni a nhw). Mae ein hymddygiad, o afael mewn pethau fel pe baent yn barhaol ac yn ddigynewid ac y gallent ddod â llawenydd yn awgrymu ein bod ni'n credu ein bod ni ein hunain a'r pethau yr ydym yn dyheu amdanynt yn meddu ar 'fodolaeth eu hunain'. Mae doethineb perffaith y Mahayana yn cynnwys nid dim ond derbyn 'gwacter' yn ddeallusol, ond i'w sylweddoli yn ein hymagweddau a'n hemosiynau. Yma gall myfyrdod a moesoldeb gynorthwyo doethineb.

Yogacara

Y prif gystadleuydd i athroniaeth y Mahyamaka yw'r un hwnnw a elwir yn ysgol meddwl Yogacara (ymarfer yoga), Vijnanavada (dysgu ymwybyddiaeth), neu Cittamatra (meddwl-yn-unig). Sefydlwyd yr athroniaeth hon gan Asanga a'i frawd Vasubandhu, mynachod Mahayana o'r 4edd ganrif OG. Mae'n gweld ei hun fel symudiad ymlaen ar Madhyamaka, ac yn ei beirniadu am fod yn rhy negyddol ac yn cyfleu nad oes dim yn bodoli o gwbl (camddealltwriaeth Madhyamaka). Mae'r ddadl rhwng y ddau wedi parhau drwy'r canrifoedd, er bod rhai meddylwyr wedi ceisio cyfuno mewnwelediadau'r ddau, neu honni eu bod nhw'n dweud yr un peth, mewn gwirionedd, mewn ffyrdd gwahanol.

Cytuna'r ddwy ysgol y priodolir ffenomenau canfyddedig y bydysawd yn anghywir â *svabhava* (bod-ei-hun) a bod angen iddynt gael eu gweld fel y maent mewn gwirionedd. Honna'r Madhyamaka eu bod nhw'n 'wag' mewn gwirionedd (h.y. ond yn berthynol ac yn ddibynnol real). Honna'r Yogacara mai deongliadau meddyliol ydynt.

Mae testunau sylfaenol yr Yogacara'n cynnwys rhai *sutrau* sy'n adlewyrchu'r farn hon, megis *Sutra Samdhinirmocana* a *Sutra abhidharma-Mahayana* ynghyd â'r *shastrau* (traethodau) ac esboniadau a ysgrifennwyd gan Asanga a Vasubandhu fel Mahayanasamgraha Asanga. Mae'r *Sutra Lankavatara* hefyd yn adlewyrchu syniadau Yogacara ynghyd â thueddiadau Mahayana eraill.

Y ddysgeidiaeth sylfaenol yw, er yr ymddengys bod nifer fawr o bethau a bodau ar wahân yn y bydysawd, byd allanol o wrthrychau solet a hunain unigol, dim ond ymddangosiad yw hyn. Y gwirionedd yw bod ein meddyliau'n arddodi'r dehongliadau gosodedig hyn ar ein profiad, a bod yr hyn a wnawn ei ddirnad fel pethau sy'n bodoli mewn gwirionedd, mewn realiti wedi'u creu yn y meddwl. Mae rhai dyfyniadau o'r *Sutra Lankavatra* yn darlunio hyn:

'nid yw'r byd yn ddim byd mwy nag adeiledd meddwl'; 'lle bo dychymyg
ffug y mae lluosogrwydd o bethau'. 'Mae'r hyn a feddyliwn ni amdano fel
'y gwir fyd' yn cael ei gymharu â rhithlun, breuddwyd, anhwylder llygad,
adlais, adlewyrchiad, plentyn gwraig anffrwythlon mewn breuddwyd'.
(*Sutra Lankavatara* 90-96)
Mae ffenomenau fel breuddwydion a rhithluniau yn profi ei bod hi'n bosibl i gael
profiadau heb fod yna unrhyw wir wrthrychau cyfatebol.

'Gall dyn ofyn "Sut, yn absenoldeb gwrthrych, y gall dyn brofi
argraffiadau atyniadol ac anatyniadol?" I ddileu'r amheuaeth yma, gellir
cymharu pethau â breuddwyd. Mewn breuddwyd hefyd nid oes dim gwir
wrthrych, ac eto teimlir argraffiadau dymunol ac annymunol.' (Asanga,
Mahayanasamgraha 2.27 yn Conze (1964) tud. 215)

Mae Yogacara yn dysgu bod tair ffordd o ddeall realiti. Y ffordd gyntaf, *parikalpita*
(a ddychmygir neu a adeiladir), yw'r gred bod hunain a gwrthrychau sy'n berchen
ar 'hunan-fod', yn annibynnol ac ar wahân. Rhithdyb yw hyn. Yr ail ffordd yw'r
paratantra (yn ddibynnol neu'n berthynol). Dyma lif gwirioneddol canfyddiadau
sy'n ddibynnol ar amodau; dyma'r hyn a brofwn. Y drydedd yw'r *parinispanna* (yn
berffaith neu'n gyflawn). Gwelir realiti fel y ddealltwriaeth nad oes dim deiliaid a
gwrthrychau sy'n bodoli ar wahân.

Felly'r *parinispanna* yw'r dehongliad cywir o'r *paratantra,* mewn cyferbyniad â'r
parikalpita, sy'n rhithdyb. Nid oes dim hunain na gwrthrychau allanol, ond mae
llif o brofiadau meddyliol a ddehonglir yn anghywir fel y cyntaf.

Â'r Yogacara ymlaen i esbonio sut mae'r canfyddiad ffug yn digwydd. Mae'n
cynnig wyth math o ymwybyddiaeth, y chwe ymwybyddiaeth Fwdhaidd
draddodiadol (yr ymwybyddiaeth a gysylltir â'r pum synnwyr, ynghyd â'r
meddwl, a ystyrir fel chweched synnwyr), y *manas* (meddwl) a'r *alayavijnana*
(ymwybyddiaeth gadw). Mae'r ymwybyddiaeth gadw fel lefel anymwybodol
waelodol y meddwl sy'n gweithredu fel storfa ar gyfer argraffiadau a achosir
gan y gweithrediadau a gyflawnwn o ganlyniad i'n hawydd a'n hanwybodaeth
(*karma*). Mae'r rhain fel hadau sy'n tyfu i lif o ganfyddiadau. Mae'r *manas* wedyn
yn trefnu'n anghywir ac yn dehongli'r canfyddiadau hyn i bethau a phersonau
sy'n bodoli ar wahân. Daw'r rhain wedyn yn ganolbwynt chwantau pellach
a.y.b. sy'n achosi argraffiadau pellach i suddo i'r *alyavijnana,* i ddod yn hadau
rhithdybiau pellach a.y.b. Felly mae gan yr Yogacara ddamcaniaeth o sut mae
karma'n gweithio, a'r hyn sy'n darparu'r dilyniant rhwng un bywyd a'r nesaf; sef
yr ymwybyddiaeth-gadw waelodol. Mae'n esbonio sut mae ein canfyddiadau
camarweiniol yn ymddangos, a pham y mae hi mor anodd i ddianc rhag cylchred
samsara.

Hefyd mae'n dangos yr ateb; wrth sylweddoli bod personau a gwrthrychau'n
'meddwl-yn unig', ni fydd dyn mwyach yn glynu wrthynt a ffurfio hadau

karmaidd. 'Pan nad yw gwybyddiaeth mwyach yn dirnad gwrthrych, yna saif yn gadarn mewn ymwybyddiaeth-yn unig, oherwydd lle na bydd dim i afael ynddo nid oes rhagor o grafangu'. (Vasubandhu, a ddyfynnwyd yn Conze: 1964). Cwyd nifer o gwestiynau mewn cysylltiad â dysgeidiaeth Yogacara. A yw pobl eraill i gyd yn ffrwyth ein dychymyg? Fel hunain ar wahân, ydynt, ond fel ffrydiau canfyddiadau, nac ydynt. Gall ffrydiau eraill o ganfyddiadau ryngweithio â'n rhai ni ein hunain, a'r rheswm bod llawer o fodau'n ymddangos eu bod nhw'n profi 'gwirioneddau' tebyg, yw bod eu hadau karmaidd yn debyg.

Gwelai Yogacara a Madhyamaka eu hunain fel bod yn gywir i'r llwybr canolog rhwng difodiant a thragwyddoldeb, ond bod y llall wedi crwydro'n rhy bell dros y llinell. I'r person Yogacara, mae'r Madhyamika yn rhy negyddol, gan ddweud bod pob peth yn ddieithriad yn wag, sy'n ymddangos yn rhy anfodol'. Ond i'r Madhyamika mae'r Yogacara yn rhy gadarnhaol ynghylch meddwl, yn ei weld fel rhywbeth sy'n bodoli mewn gwirionedd, ac efallai'n rhy negyddol ynghylch pethau, yn eu gweld nhw'n hollol rithiol yn hytrach na'n gymharol real.

Rhai syniadau pellach: *Tathagatagarbha* a *Hua yen*

Mewn rhai *shastrau* (traethodau) a *sutrau* Mahayana, megis y *Sutra Lankavatara*, y *Sutra Srimala* a'r *Ratnagotravibhaga*, ceir syniad pellach – sef y *tathagatagarbha*. Cyfieithir hyn un ai fel 'embryo y Bwdha' neu 'groth y Bwdha', sy'n cyfleu'r syniad o botensial 'Bwdhadod' mewn pob bod. Nid yw'r syniad hwn yn sylfaen i ysgol athronyddol lawn, fel yn achos Madhyamaka a Yogacara, ond mae'n gysyniad dylanwadol, yn enwedig mewn Bwdhaeth y Dwyrain Pell. Y syniad yw bod gan bob bod y potensial hwn, hedyn, embryo neu groth 'Bwdhadod' o'u mewn, ond yn y rhai anoleuedig bod hyn yn guddiedig gan 'halogiadau'.

> 'Ym mhob bod mae elfen y Tathagata yn bodoli mewn ffurf embryonig, ond nid yw pobl yn edrych ar hynny.' (*Ratnagotravibhaga*, yn Conze (1954) tud.217)

Mae'r 'Bwdhadod' posibl hwn yn cael ei gymharu yn y *Ratnagotravibhaga* â delw Bwdha hyfryd a orchuddir â chadachau budron, â'r hedyn nas gwelir mewn ffrwyth, ac ag aur mewn mwyn. Fel yn yr achosion hyn, mae natur y Bwdha ei hun yn bur ac yn lân, ond yn cael ei orchuddio gan amhurdebau. Felly nid yw goleuedigaeth yn gymaint â chyflawni rhywbeth newydd, ond dadorchuddio'r hyn a oedd yno'n barod. Oherwydd y potensial Bwdha hyn y gall bodau ddilyn y llwybr Bwdhaidd. Mae dwy ffordd o ddeall y cysyniad. Gellir ei weld fel petai dim ond yn golygu bod gan bob bod y potensial ar gyfer 'Bwdhadod', ond bod ganddynt ffordd hir i'w dilyn cyn eu bod nhw'n fwdhau, neu os y'i cyfunir â meddwl Yogacara am natur rithiol ein canfyddiadau, gellir ei ddeall fel petai'n dweud bod pawb yn Fwdhau'n barod, oherwydd bod yr halogiadau honedig yn rhithiol fodd bynnag, a dim ond natur Bwdha sy'n ddilys. Tuedda'r traddodiad Tibetaidd at y ddealltwriaeth flaenorol, a thraddodiad y Dwyrain Pell at yr olaf. A yw pob bod yn Fwdhau posibl neu'n Fwdhau'n barod heb wybod hynny?

Hua yen

Mae'r *Sutra Avatamsaka* (yn Tsieinëeg, ystyr *Hua-yen* yw 'coronbleth o flodau') yn dysgu syniad pellach sef 'cyd-dreiddiad cyflawn pob peth'. Mae hwn yn datblygu'r syniad o 'wacter' mewn Madhyamaka, nad yw dim yn rhywbeth ynddo'i hun, ac ond yn bodoli'n ddibynnol yn unig, a syniadau Yogacara, fod pob peth yn y meddwl yn unig, a'r syniad bod pob peth yn rhyngberthynol yn y modd yma, yna mae pob peth yn bodoli mewn cyd-dreiddiad llwyr.

Mae pob person neu beth unigol yn cynnwys pob peth arall. Mae'r bydysawd fel rhwyd o emau yn yr hwn y mae pob gem yn adlewyrchu pob un arall. Mae hyn yn rhoi gwerth mawr i bob person ac atom gytbwys, ac yn rhoi sail ar gyfer gwerthfawrogiad mwy cadarnhaol o'r byd naturiol a geir mewn Bwdhaeth Tsieinëeg yn hytrach nag Indiaidd. Daeth y *Sutra Avatamsaka* yn sylfaen i un o ysgolion dylanwadol Bwdhaeth yn China a Japan.

Y *Trikaya* neu Dri Chorff y Bwdha

Gellir defnyddio'r gair Bwdha mewn nifer o ffyrdd mewn Bwdhaeth. Mae'r rhan fwyaf o orllewinwyr yn meddwl yn gyntaf am y dyn hanesyddol, Siddhartha Gautama, a fu'n byw ar y ddaear hon a llwyddo i gael goleuedigaeth neu fwdhadod. Fodd bynnag, hyd yn oed mewn Bwdhaeth Theravada, dysgir mai nid ef oedd yr unig fod. Roedd Bwdhau mewn oesau a fu, a bydd Bwdhau yn y dyfodol, megis y *bodhisattva* Maitreya, a ystyrir i fod ar hyn o bryd yn ei fywyd olaf cyn yr un lle y llwydda i gael Bwdhadod. Hefyd, mae nifer o ffyrdd gwahanol o edrych ar y Bwdha mewn Theravada – fel yr ymddangosodd i lygaid anwybodus, fel dyn cyffredin, fel yr ymddangosodd i lygaid ffydd, yn fod disglair, gogoneddus, â 32 nodwedd dyn mawr. Hefyd mae dywediad enwog y Bwdha yn y Canon Pali, sy'n uniaethu'r Bwdha â'r gwirionedd a ddysgodd: 'yr hwn a wêl y *dharma* a'm gwêl i'. (*Suttanipata* 3.120)

Mewn Bwdhaeth Mahayana, fel y gwelwyd, mae llawer mwy o Fwdhau, yn preswylio mewn tiroedd-Bwdhaidd eraill, ac mae pob bod yn rhai a allai fod yn Fwdhau. Honna *Sutra'r Lotws* fod Shakyamuni'n dal yn fyw ac yn gweithio dros fodau a bod ei enedigaeth, ei farwolaeth a'i oleuedigaeth yn *upaya*. Mae'r testunau *Nagarjuna* a'r *Prajnaparamita* yn sôn am ddwy ffurf y Bwdha, y ffurf corfforol, a'r corff *dharma*, neu'r doethineb perffaith yr ymarferai'r Bwdha ac a ddysgodd. Y peth pwysig yw nid y corff ffisegol ond y gwirionedd a ddysgodd.

Trefnwyd dealltwriaeth y Mahayana o'r Bwdha i'r hyn a elwir y *Trikaya* (athrawiaeth 3 chorff), mwy na thebyg ymhlith meddylwyr ysgol yr Yogacara. Cynigia'r athrawiaeth hon fod tair agwedd ar Fwdhadod – y *Dharmakaya* (corff *dharma*, corff gwirionedd neu gorff angenrheidiol), y *Sambhogakaya* (corff gogoneddus, corff mwynhad neu gorff dedwyddwch) a'r *Nirmanakaya* (corff trawsffurfiad).

Cyfeiria'r *Dharmakaya* at yr hyn yn y pen draw sy'n gwneud Bwdha yn Fwdha – dealltwriaeth y gwirionedd am y bydysawd, gwacter pob peth, gwirionedd sylfaenol y bydysawd. Yn ôl y cysyniad *tathagatagarbha*, mae'n bresennol mewn ffurf embryonig ym mhob bod 'yn amhur mewn bodau cyffredin, yn rhannol bur ac yn rhannol amhur yn y *bodhisattvau*, ac yn berffaith bur yn y Tathagata' (*Ratnagotravibhaga* 47). Mae'r *Dharmakaya*'n ymwybyddiaeth oleuedig bur sy'n gweld realiti fel yr hyn ydyw. Ni ellir ei ddisgrifio gan ddefnyddio iaith gyffredin.

Cyfeiria'r *Sambhogakaya* at y Bwdhau godidog, nefolaidd a ddisgrifir yn *sutrau*'r Mahayana. Bodau rhyfeddol yw'r rhain, â nifer o alluoedd a ddefnyddir er achubiaeth bodau. Preswyliant yn eu tiroedd Bwdha eu hunain (e.e. tir pur Bwdha Amitabha: gweler dechrau pennod 4), ac mae rhychwant bywyd hir ganddynt. Fel arfer, dywedir y pregethwyd *sutrau*'r Mahayana gan Bwdha Shakyamuni yn ei ffurf odidog ef. Dyma'r Bwdhau sy'n ffurfio canolbwynt ymgysegriad mewn Bwdhaeth Mahayana, a chânt eu darlunio mewn ffurfiau celfydd mewn peintiadau a cherfluniau. Cânt eu haddoli a'u delweddu. Gellir dweud mai'r *Dharmakaya* yw'r Bwdha o safbwynt doethineb, a'r *Samblogakaya* o safbwynt tosturi.

Cyfeiria'r *Nirmanakaya* (corff trawsffurfiad) at y Bwdha a amlygwyd mewn ffurf ddaearol, a'r enghraifft amlycaf yw Gautama. Mewn dysgeidiaeth Mahayana, roedd hanes bywyd Siddhartha Gautama megis drama, a gafodd ei hactio er budd bodau gan ffrydiau'r Bwdha Shakyamuni gogoneddus a gafodd oleuedigaeth nifer o oesoedd ynghynt. Nid oes rhaid i gyrff trawsffurfiad gymryd ffurf Bwdhau daearol, gallant gymryd unrhyw ffurf a fydd o gymorth i fodau byw, yn cynnwys ffurf anifail, duwiau neu athrawon crefyddol o grefyddau eraill. Caiff dysgeidiaethau y fath *Nirmanakayau* eu llywodraethu gan *upaya kausalya* (dulliau medrus) a'u haddasu i anghenion pa fodau bynnag sydd angen cymorth.

Mae tri chorff y Bwdha'n perthyn – mae'r *Nirmanakaya* yn cael eu cynhyrchu gan y *Sambhogakaya*, a'r *Sambhogakaya* yw'r bodau hynny sydd wedi sylweddoli'r *Dharmakaya*. Ar lefel gwirionedd eithaf, dim ond y *Dharmakaya* sy'n real.

Bwdhaeth Tibet

Yn sylfaenol mae Bwdhaeth Tibet yn Fwdhaeth Mahayana gydag elfennau Tantrig, ac yn debyg iawn i'r hyn a fyddai wedi cael ei ddarganfod yn India yn yr 8fed a'r 12fed ganrif OG. Dilynir y dull Tibetaidd o Fwdhaeth hefyd yn Sikkim, Bhutan, rhannau penodol o Nepal a Gogledd Orllewin India, ym Mongolia a rhai ardaloedd yr hen Undeb Sofietaidd.

Hanes

Yn ôl chwedloniaeth dywedir bod Bwdhaeth wedi dod gyntaf i Tibet yn y 7fed ganrif OG, pan anfonodd Brenin Tibet ddirprwyaeth i India i ddysgu am Fwdhaeth. Daethpwyd â thestunau Bwdhaidd yn ôl i Tibet, lluniwyd gwyddor Dibetaidd a dechreuwyd ar y gwaith o gyfieithu. Mwy na thebyg, arweiniwyd y Brenin at y diddordeb yma mewn Bwdhaeth gan ei ddwy wraig a oedd yn Fwdhyddion ill dwy, un o Nepal a'r llall o China. Fodd bynnag, ni wnaethpwyd dim ymdrech i ledaenu'r grefydd i'r bobl gyffredin tan yr 8fed ganrif, pan gyrhaeddodd dau athro enwog Tibet, sef ysgolhaig Mahayana o'r enw Shantarakshita a meistr tantrig o'r enw Padmasambhava. Roedd Padmasambhava'n llwyddiannus, a honna chwedloniaeth ei fod wedi llwyddo i roi tröedigaeth i'r ysbrydion a'r duwiau lleol a wrthwynebai gyflwyno Bwdhaeth. Mwy na thebyg roedd hyn yn golygu y gallai dull tantrig Padmasambhava o Fwdhaeth gyfuno'n haws â chredoau'r bobl leol, a'i fod yn apelio atynt yn fwy na Bwdhaeth ysgolheigaidd. Ystyrir Padmasambhava i fod yn sant mawr a hyd yn oed yn *Nirmanakaya* y Bwdha, h.y. ni chafodd ei eni yn y ffordd arferol ond a ddarganfuwyd y tu mewn i flodyn lotws. Caiff ei briodoli â gallu hudol mawr ac awduraeth *Llyfr Tibetaidd y Meirw*. Yn ystod ei gyfnod adeiladwyd y fynachlog gyntaf yn Tibet, a daeth y Tibetiaid cyntaf yn fynachod.

Y digwyddiad pwysig nesaf oedd dadl fawr, neu'n fwy na thebyg cyfres o ddadleuon, yn hwyr yn yr 8fed ganrif rhwng ysgolhaig Mahayana Indiaidd a meistr Ch´an (Zen) Tsieineaidd. Y brif ddadl rhwng y ddau oedd p'un ai oedd y ffordd i 'Fwdhadod' yn llwybr hir a graddol y *bodhisattva* neu a ellid ennill goleuedigaeth yn syth (syniad Zen). Gwnaeth y dadleuon Indiaidd fwy o argraff ar y Tibetiaid, ac yn gyffredinol mae Bwdhaeth Tibet wedi dilyn ffurfiau Indiaidd yn hytrach na Tsieineaidd. Fodd bynnag, sonia rhai dysgeidiaethau am y ffordd 'gyflym' at oleuedigaeth, a gall syniadau Ch´an fod wedi cael peth dylanwad.

Yn y 9fed ganrif OG roedd adlach yn erbyn Bwdhaeth, ac erlidiodd Brenin o'r enw Lang dar ma Fwdhaeth, gan obeithio adfer Tibet i'w chrefydd draddodiadol, Bon. Dinistriwyd mynachlogydd ac ysgrythurau, alltudiwyd mynachod, a gwnaed ymarfer Bwdhaeth yn drosedd farwol. Ar ôl chwe mlynedd o'r erledigaeth, bradlofruddiwyd Lang dar ma gan fynach Bwdhaidd a oedd wedi gwisgo fel dawnsiwr. Mae'r anturiaeth feiddgar hon yn un o hoff storïau Tibet, ac fe'i dehonglir fel enghraifft o *upaya* – er bod lladd yn anghywir, yn yr achos hwn yr oedd yn beth cywir i'w wneud er mwyn achub y grefydd Fwdhaidd ac i achub y Brenin ei hun rhag ennill hyd yn oed mwy o *karma* drwg na'r hyn oedd wedi'i gael yn barod.

Gydag adferiad y frenhiniaeth yn y 10fed ganrif, roedd yna adfywiad mewn Bwdhaeth, a theithiodd nifer o Dibetaid i India i ddysgu am Fwdhaeth un ai yn y prifysgolion mawrion neu gyda meistri tantrig unigol. Ar eu dychweliad, aethant ati i gyfieithu testunau ac addysgu'r hyn yr oeddent wedi'i ddysgu. Arweiniodd hyn at ffurfio gwahanol sectau o Fwdhaeth, wrth i wahanol athrawon bwysleisio gwahanol agweddau ar Fwdhaeth.

Dechreuwyd sect y **Ka dam pa** ('Rhwymwyd gan orchymyn') gan ysgolhaig Indiaidd o'r enw Atisa, a ddysgodd ysgoloriaeth athrawiaethol ynghyd â defodau tantrig. Pwysleisiodd y sect yma ddisgyblaeth a moesoldeb a gwneud yn fach o'r agweddau hudol a thantrig. Roedd rhaid i'r mynachod gadw'n llym at reolau'r *Vinaya* gan gynnwys ymgadw'n ddibriod a dim alcohol. Poblogeiddiwyd addoli Avalokitesvara a Tara.

Dechreuwyd sect y **Sakya**, a enwyd ar ôl ei phrif fynachlog, yn y 11eg ganrif. Mae arweinyddiaeth y sect yma'n etifeddol a chafodd ddylanwad gwleidyddol mawr yn y 12fed a'r 13eg ganrif.

Dechreuwyd sect y **Kargyupa** ('Gorchymyn a drosglwyddwyd') hefyd yn y cyfnod hwn gan Marpa. Astudiodd y meistr Tibetaidd hwn yn India o dan athrawon tantrig a honnodd ei fod yn parhau â llinell o ddysgeidiaeth a ddatgelwyd yn uniongyrchol gan Fwdha nefol, Vajradhara, i athro Indiaidd o'r enw Tilopa. Cyfuna'r sect yma athrawiaeth Mahayana ysgolheigaidd ac ymarferion tantrig uwch. Disgrifir yr athrawon cynnar megis yr Indiaid, Tilopa a Naropa, a'r Marpa Tibetaidd fel ecsentrigion, yn debyg i feistri Zen, a phwysleisiant na ellir gosod y dysgeidiaethau mewn geiriau, ond rhaid eu trosglwyddo'n uniongyrchol o feistr i ddisgybl. Olynydd Marpa oedd Milarepa, 'arwisgedig â chotwm', un o'r seintiau a garwyd fwyaf yn Tibet. Roedd Milarepa'n byw yn y 11eg ganrif OG a throes at Fwdhaeth er mwyn gwneud yn iawn am ei ymarfer blaenorol o ddewiniaeth 'ddu'. Roedd wedi defnyddio hyn i ddial ar ewythr a oedd wedi amddifadu ei fam weddw dlawd o'i holl eiddo. Ar ôl prentisiaeth lafurus gyda Marpa, bu'n byw fel meudwy yn uchel yn y mynyddoedd. Cyfeiria ei enw at y ffaith iddo fyw bywyd asgetig iawn, gan wisgo lliain cotwm yn unig yn yr eira, ar ôl meistroli cynhyrchu gwres drwy rym myfyrdod. Mynegodd ei weledigaeth oleuedig mewn barddoniaeth brydferth sy'n dysgu am Fwdhaeth a hefyd sy'n dathlu llawenydd unigedd ac amgylchoedd naturiol megis y mynyddoedd ac anifeiliaid gwyllt. Roedd disgybl Milarepa, Sgam-po-pa, yn fwy ysgolheigaidd a chyfansoddodd grynodeb enwog o lwybr y Bwdhydd a elwir yn *Addurniad Gemog Rhyddhad (The Jewel Ornament of Liberation)* sy'n dal i gael ei ddefnyddio heddiw. Ffurfiodd ei ddisgyblion o'r 12fed ganrif bedair cangen wahanol o sect y Kargyupa. Y sect yma oedd y cyntaf i adnabod *tulku* (*bodhisattva* daearol) a ailenir yn fwriadol dro ar ôl tro er mwyn cynorthwyo bodau sy'n dioddef. Mae Karmapa, y *tulku* cyntaf, wedi cael ei eni un ar bymtheg o weithiau erbyn hyn.

Bathwyd yr enw **Nying ma pa** ('rhai hen-ddull') i gyfeirio at Fwdhyddion na ddilynodd unrhyw un o'r sectau newydd a chyfundrefnol hyn, ond a oedd wedi parhau ag ymarfer Bwdhaeth drwy oes dywyll y 9fed ganrif. Gwahaniaethwyd rhwng y rhain a'r sectau newydd gan fwy o bwyslais ar ymarferion tantrig a dewinol. Roedd eu *lamau*, neu feistri crefyddol, yn cynnwys clerigwyr priod yn hytrach na mynachod oedd wedi ymgadw'n ddibriod. Gallant olrhain eu dysgeidiaethau a'u hymarferion yn ôl at Padmasambhava.

Ymddengys bod Bwdhaeth wedi sefydlu ei hun yn gadarn drwy Tibet i gyd erbyn y 12fed ganrif OG. Yn y 13eg ganrif, cefnogwyd sect y Sakya gan y Khaniaid Mongol, a olygai bod gan y sect yma rym gwleidyddol yn Tibet. Dylanwadwyd ar y Mongoliaid gan Fwdhaeth, a daethpwyd â Bwdhaeth dull-Tibet i China yn ystod rheolaeth Mongol y 13eg a'r 14eg ganrif. Roedd hyn yn gyfnod o ysgoloriaeth fawr ymhlith Bwdhyddion Tibet, ac fe drefnwyd y casgliad enfawr o lenyddiaeth Bwdhaidd a gasglwyd gan y Tibetiaid i ganon o ysgrythurau yn y 14eg ganrif. Rhennir yr ysgrythur yn ddwy adran – Kanjur (gair y Bwdha yn cynnwys rheolau *Vinaya; tantrau* a *sutrau* Mahayana a Hinayana) a *Tenjur* (esboniadau a gweithiau eraill). Mae'r canon printiedig yn cynnwys ymhell dros dri chant o gyfrolau.

Daethpwyd â datblygiad pellach i Fwdhaeth Tibet gan Tsong kha pa, sant enwog a fu'n byw o 1357 hyd 1419. Dechreuodd Tsong kha pa sect newydd o Fwdhaeth o'r enw **Ge lug pa** (ffordd rinweddol), oherwydd eu pwyslais ar ddisgyblaeth fynachaidd gywir, ymgadw'n ddibriod, ac ysgolheictod. Fe'u llysenwir hefyd yn 'hetiau melyn' sy'n gwahaniaethu Ge lug pas oddi wrth 'hetiau coch' sectau cynharach. Nid yw'r sect yma'n gwadu'r gwirionedd neu werth y *tantrau* ond yn ystyried bod llawer o ymarferion ar gyfer myfyrwyr uwch yn unig, gan bwysleisio y gellir cyrraedd goleuedigaeth drwy lwybr disgyblaeth-dda, graddol ac nid wrth ddefod gyfrinachol, ddi-oed. Datblygodd y llinell o athrawon a gychwynnwyd gan Tsong kha pa i sefydliad y Dalai Lama. Fel y soniwyd ynghynt, cred Tibetiaid bod rhai gwŷr sanctaidd, o fod yn *bodhisattvau*, wedi dewis yn fwriadol i gael eu haileni mewn ffurf ddynol er mwyn cynorthwyo bodau eraill sy'n dioddef. Yr hyn sy'n gwahaniaethu cred Dibetaidd oddi wrth cred gyffredinol Bwdhaeth Mahayana yw y gellir sylwi ar y gwŷr sanctaidd ailymgnawdoledig hyn mewn gwirionedd. Felly, pan fu farw pedwerydd patriarch yr ysgol Ge lug pa, honnwyd mai ei olynydd oedd ei ail ymgnawdoliad. Hawliodd y trydydd ymgnawdoliad ei hunaniaeth o oed cynnar iawn, ac yn ddiweddarach rhoes dröedigaeth i'r Mongoliaid i Fwdhaeth Ge lug pa. Y rheolwr Mongol a fathodd y teitl 'Dalai Lama' – mewn Mongoleg ystyr *dalai* yw 'cefnfor', ac mewn Tibeteg ystyr *lama* yw 'gŵr sanctaidd' neu 'athro crefyddol'. Roedd hyn yn yr 16eg ganrif. Nid yn unig roedd y Dalai Lama yn ymgnawdoliad o ŵr sanctaidd y 15fed ganrif, ond fel *bodhisattva*, roedd yn ffurf *Nirmanakaya* wironeddol o'r Bwdha. Yn fwy penodol roedd yn amlygiad daearol o'r *bodhisattva* nefol Avalokitesvara (Chen re zi mewn Tibeteg). Er yr enwocaf, nid y Dalai Lama oedd y *tulku* cyntaf i gael ei gydnabod, ac mae nifer o linellau cydnabyddedig eraill o ymgnawdoliadau. Pa bryd bynnag y bydd Dalai Lama neu *tulku* arall yn marw, mae chwilio am faban a anwyd ar ôl ei farwolaeth. Cadarnheir y baban *tulku* gan ddulliau amrywiol. Gall adnabod hen gyfeillion, dewis eiddo – er enghraifft, gleiniau gweddïo – o blith casgliad o gleiniau eraill, cael clustiau mawr y Bwdha, neu gellir datgelu pa le y mae mewn breuddwyd. Cymerir *tulku* bob tro oddi wrth eu teuluoedd, yn aml yn rhai tlawd a thaleithiol, a'u haddysgu fel mynach fel sy'n gweddu i *bodhisattva* sanctaidd.

Daeth y pumed Dalai Lama yn arweinydd crefyddol a gwleidyddol yn Tibet yn yr 17eg ganrif ac adeiladu'r palas Polata enwog yn Lhasa. Yn ystod y 18fed a'r 19eg ganrif, bu'r Dalai Lamau yng nghanol cynllwyn gwleidyddol a oedd yn cynnwys, ymhlith pethau eraill, yr hawl Tsieineaidd i sofraniaeth dros Tibet. Bu farw rhai yn ifanc, gan gael eu llofruddio o bosib.

Llwyddodd y 13eg Dalai Lama (1878–1933) i reoli fel brenin annibynnol, a cheisiodd foderneiddio Tibet wrth ddewis agweddau defnyddiol gwareiddiad Gorllewinol, ac fe'i cofir â hoffter gan yr estroniaid a'i cyfarfu.

Ganwyd y 14eg Dalai Lama yn 1935 ac roedd yn ei arddegau pan ymosododd (neu 'ryddhaodd') y Comiwnyddion Tsieineaidd ar Tibet yn 1951. Ar y cychwyn, gwnaed ymgais i gydymffurfio â'r goresgynwyr a chyfuno Comiwnyddiaeth wleidyddol â rhyddid crefyddol. Profodd hyn yn amhosibl, gan i'r Comiwnyddion wrthwynebu ymarferion crefyddol, a gwrthwynebodd nifer o Dibetiaid reolaeth Tsieineaidd. Arweiniodd y terfysgoedd dilynol at y Dalai Lama yn ffoi yn 1959 i India, lle y bu'n arwain y Tibetiaid sydd ar ffo hyd ei ymddeoliad ym Mawrth 2011. Amcangyfrifwyd bod tua 100,000 o Dibetiaid alltud, yn bennaf yn India ond hefyd drwy'r byd i gyd. Dihangodd nifer o'r *tulkuaid* a'r mynachod amlwg eraill, sydd wedi golygu bod Bwdhaeth Tibet wedi cael nifer o athrawon galluog ar gyfer ymdrechion cenhadol. Yn y cyfamser, ceisiodd Comiwnyddion y 60au ddinistrio popeth a oedd yn ymwneud â chrefydd yn 'Ardal Hunanlywodraethol Tibetaidd Gweriniaeth y Bobl'. Yn fwy diweddar, mae polisi Tsieineaidd wedi beirniadu'r dinistr yma o dreftadaeth ddiwylliannol ac mae peth tystiolaeth o adfywio crefydd. Dywed siniciaid, fodd bynnag, bod temlau Bwdhaidd yn China yn ddim ond sioe allanol ar gyfer pwrpas propaganda, ac er iddo gael ei wahodd yn aml, nid yw'r Dalai Lama wedi dychwelyd eto i Tibet.

Credoau ac Ymarferion

Cred Tibetiaid, fel Bwdhyddion eraill, yn y Pedwar Gwirionedd Nobl, tri nod bywyd, *karma,* ailenedigaeth, goleuedigaeth a thosturi. Daw'r pethau sylfaenol hyn i gof yn barhaus gyda'r llun poblogaidd a elwir 'Olwyn Bywyd Dibetaidd' sy'n portreadu chwe chyfnod posibl ailenedigaeth, deuddeg dolen cychwyniad achosol, a'r chwant, casineb a rhithdyb (a symboleiddir gan geiliog, neidr a mochyn) sy'n cadw olwyn *samsara* i droi. Mae marwolaeth, a ddarlunnir fel anghenfil, yn dal yr olwyn o fewn ei afael ac mae'r Bwdha'n dangos y ffordd allan. Wedi'u dallu gan agweddau mwy ecsotig Bwdhaeth Tibet, fe anghofia Gorllewinwyr ar adegau fod ei holl ymarferion wedi'u gwreiddio'n gadarn yn y *dharma* a ddysgwyd gan Shakyamuni. Mae Tibetiaid hefyd yn Fwdhyddion Mahayana ac felly'n derbyn athroniaethau 'gwacter' a 'meddwl-yn-unig', athrawiaeth *Trikaya* Bwdhadod a delfryd y *bodhisattva*. Dylanwadwyd yn drwm arnynt gan *tantra* ac felly mae eu defodau'n ddyrys iawn, yn cynnwys nifer o fodau nefolaidd, delweddau, *mandalau, mantrau, mudrau,* a ffurfiau mwy esoterig o yoga; ond mae'r rhain oll wedi'u cysylltu'n gadarn â nodau Bwdhaidd traddodiadol.

Daeth Bwdhaeth yn sylfaen holl gymdeithas Tibet, ac roedd gan y mynachlogydd anferth ddylanwad mawr, cyfoeth a grym gwleidyddol.

Fe amcangyfrifwyd bod un ym mhob chwech o holl ddynion Tibet yn fynachod, ac roedd ganddynt amrywiaeth o rolau crefyddol a chymdeithasol. Roedd yna (ac mae yna) hefyd leianod yn y traddodiad Mahayana, er nad oeddent mor niferus â'r mynachod. Mae mynachod Tibet yn gwisgo mentyll o liw gwin yn hytrach na lliw oren llachar gwledydd Theravada. Nid yw'r gair *lama* yn golygu mynach, ond mae'n cyfeirio at ddyn sanctaidd sy'n gweithredu fel *guru* neu athro neu feistr crefyddol, ac sy'n aml yn fynach ond gall hefyd fod yn lleygwr ac yn briod, fel Marpa a chlerigwyr Nying ma pa.

Mae Bwdhyddion lleyg Tibet yn cyfuno'r gred Fwdhaidd â chredoau lleol mewn ysbrydion, defodau hudol, a.y.b. Treuliant fwy o amser ar ffurfiau allanol o addoliad defodol – yn ymweld â themlau, yn rhoi aberthau i gerfddelwau, yn llafarganu gweddïau ac yn mynd ar bererindodau – nag ar fyfyrdod mewnol. Ar gyfer lleygwyr mae'r mynachod yn darparu defodau crefyddol, addysg, ac amddiffyniad goruwchnaturiol, tra bod y lleygwyr yn rhoi cefnogaeth faterol i'r mynachlogydd a'u meibion. Ymhlith y gwasanaethau a ddarperir gan y mynachod mae angladdau, a oedd yn draddodiadol yn Tibet yn cynnwys nid amlosgiad ond datgymaliad y corff, sy'n cael ei adael yn y gwyllt ar gyfer anifeiliaid ac adar i'w fwyta. Roedd hyn yn addas mewn gwlad gydag ychydig danwydd neu ddyfnder pridd. Cedwir lampau ynghynn am 49 niwrnod i gynorthwyo'r ysbryd ymadawedig drwy'r cyflwr canolradd i mewn i'w fywyd nesaf. Hefyd, mae gwyliau i ddathlu dyddiau genedigaeth, marwolaeth a goleuedigaeth y Bwdha. Yn y Gwanwyn, mae Gŵyl Blwyddyn Newydd, sy'n cynnwys gweddïau, offrymau arbennig yn y temlau megis cerfluniau enfawr allan o fenyn, dramâu dawns, dadleuon crefyddol, a gemau megis rasys ceffylau. Adeg achlysuron arbennig fel y rhain mae Tibetiaid yn rhoi sgarffiau mwslin neu sidan gwyn i'w gilydd a gellir eu taenu o amgylch cerfluniau'r Bwdhau neu *bodhisattvau* fel offrymau.

Ymhlith arweddion gwahaniaethol Bwdhaeth Tibet mae'r amrywiaeth eang o fodau goruwchnaturiol, y credoau am y *Bardo* (cyflwr canolradd rhwng un bywyd a'r nesaf), amrywiaeth gymhleth defodau a'r gred mewn *tulkuaid.*

Mae mytholeg liwgar Bwdhaeth Tibet yn cynnwys yr holl Fwdhau nefol a *bodhisattvau* Bwdhaeth Mahayana. Y ffefrynnau yn Tibet yw Avalokitesvara, *bodhisattva* nawdd Tibet, Tara a Manjusri. Yn ychwanegol, mae *bodhisattvau* a Bwdhau y *tantrau* ac ysbrydion a hanner-duwiau aneirif a fabwysiadwyd o'r grefydd flaenorol ac a wnaed yn 'amddiffynwyr y Ffydd'. I ychwanegu at y cymhlethdodau, darperir cymar benywaidd ar gyfer pob *bodhisattva* (o symbolaeth dantrig) a gall ymddangos mewn dwy ffurf. Mae'r 'agwedd heddychlon' lle mae'r *bodhisattva*'n ymddangos yn ffurf duw caredig, a'r 'agwedd ddig' lle mae'r *bodhisattva*'n ymddangos fel anghenfil brawychus, a amgylchynir gan fflamau. Nid yw'r ffigurau ffyrnig hyn – ac mae gan bob un ei enw – yn ddrwg, ond yn dinistrio drygioni, ac yn ymddangos yn elyniaethus oherwydd eu casineb tuag at bob peth sy'n ddrwg. Gellid bod wedi dylanwadu ar ffurf wirioneddol y *bodhisattvau* 'dig' gan syniadau am ysbrydion yn y grefydd leol, neu o bosib gan gredoau Hindŵaidd, gan fod duwiau fel Shiva a'r dduwies Kali â'r natur ddwbl yma. Mae'r Tibetiaid yn arlunwyr gwych ac wrth eu bodd yn portreadu'r bodau mytholegol hyn; hoff ffurf celfyddyd yw'r *thanka* neu baentiad ar liain, ffurf gelfyddydol gludadwy, ymarferol, ar gyfer pobl grwydrol neu athrawon teithiol.

Mae *Llyfr Tibetaidd y Meirw* yn disgrifio'r *Bardo* neu'r cyflwr canolraddol o 49 niwrnod rhwng un bywyd a'r nesaf. Er nad yn credu mewn enaid yn ystyr *atman* Hindŵaidd, mae Bwdhyddion wedi ceisio uniaethu'n aml dull parhad rhwng un bywyd a'r nesaf. Mae athrawiaeth Theravada llym yn gwadu'r cyflwr canolradd gan ystyried bod gweithred olaf ymwybyddiaeth mewn un bywyd yn pennu'n uniongyrchol weithred gyntaf ymwybyddiaeth yn y nesaf; ond mewn ymarfer nid ydynt wedi bod mor sicr, fel y mynegir gan arferiad Burma o adael cangen ar gyfer 'ysbryd y glöyn byw' i orffwys arni am saith niwrnod. Mae'r Canon Pali yn sôn am *gandhabba* (P), *gandharva* (S) (ysbryd) hynod, sydd, ynghyd â'r gametau gwryw a benyw, yn angenrheidiol ar gyfer ffurfio bywyd newydd.

Yn ôl *Llyfr Tibetaidd y Meirw*, y profiad cyntaf ar ôl marwolaeth yw bod yr ysbryd (neu rym bywyd, neu beth bynnag), yn aros yn agos at y corff marw, heb sylweddoli ei fod yn farw, ac yn ceisio cysylltu'n wyllt â pherthnasau galarus. Ar ôl ychydig, mae'r olygfa ddaearol yn pylu ac mae rhywun yn profi golau gwyn, clir. Hwn, mewn gwirionedd yw ymwybyddiaeth dyn ei hun yn ei gyflwr goleuedig, pur, sylfaenol, lle y mae yr un fath yn union â gwacter pob peth, a *Dharmakaya* Bwdhadod. Os gall dyn adnabod hyn am yr hyn ydyw, a heb gred mewn hunan ar wahân, ymroi ei hunan yn y goleuni, gall dyn ennill goleuedigaeth a Bwdhadod heb angen unrhyw aileni. Mae'r rhan fwyaf o bobl yn ddryslyd ac yn ofnus ac yn canfod y goleuni gwyn a'u hunain fel dau beth ar wahân. O ganlyniad, mae ail gam y *Bardo*'n gwawrio. Ymddengys bod dyn yn bodoli ar ffurf corff cynnil, fel ysbryd, ac mae gweledigaethau'n ymddangos. Am saith niwrnod mae'r Bwdhau a'r *bodhisattvau* yn ymddangos yn eu ffurfiau heddychlon, yn brydferth ac yn disgleirio. Dylai dyn sylweddoli bod y rhain yn rhithiau o Fwdhadod, dylai weddïo iddynt, ac yna gael ei aileni mewn tir Bwdha paradwysaidd, pur, yn lle byd o ddioddefaint. Am y saith niwrnod nesaf, os collir y cyfle hwnnw, bydd y Bwdhau a'r *bodhisattvau*'n ymddangos yn eu ffurf dig fel cythreuliaid yn bygwth lladd. Rhaid i ddyn geisio sylweddoli mai dim ond creadigaethau yw'r rhain ym meddwl dyn ei hunan, nad oes dim deuoliaeth, neu pe na bai dim arall, eu haddoli fel *bodhisattvau* caredig. Nid yw'r rhan fwyaf o bobl yn gwneud yr un ohonynt, wedi'u parlysu gan ofn, ac yn mynd heibio i gam nesaf y *Bardo*, yn ceisio ailenedigaeth.

Y digwyddiad cyntaf yw rhithdyb bod dyn yn cael ei farnu gan Yama, Arglwydd mytholegol y Meirw a bod gweithredoedd da a drwg dyn yn cael eu barnu. Mae'r cyfan yn greadigaeth meddwl dyn ei hun a *karma*. Ar ôl y feirniadaeth yma caiff dyn ei lusgo i ffwrdd gan angenfilod a sylweddoli ei fod yn farw. Achosa hyn deimlad o dristwch mawr a chwant am fwy o fywyd. Fe'i disgrifir fel yr ymdeimlad o gael eich lluchio o gwmpas a'ch gyrru gan wynt a'ch gwasgu i graciau mewn creigiau. O ganlyniad i chwant, bydd dyn yn gweld chwe golau sy'n gwahodd, sy'n arwain at chwe lle ailenedigaeth. Mae golau gwyn yn arwain at nefoedd dros dro y duwiau, golau coch tuag at y duwiau cenfigennus, golau glas tuag at fywyd dynol, golau gwyrdd tuag at fywyd anifail, golau melyn gwelw tuag at fywyd *preta* neu ysbryd diflas, a golau myglyd tywyll yn arwain at yr uffernau. Mae holl ddewisiadau (*karma*) arwyddocaol moesegol blaenorol dyn yn achosi iddo gael ei ddenu'n arbennig at un o'r goleuadau hyn. Mae'r dyhead am ailenedigaeth i'w deimlo fel syched ofnadwy ac fel ymlid cythreuliaid. Gwêl dyn rieni posibl o'i gwmpas a theimla ddyhead i fynd i mewn i un groth neilltuol. Cyn i chi wybod hynny, rydych wedi cael eich geni eto yn *samsara!*

Pan fo person yn marw, bydd mynach yn darllen *Llyfr y Meirw* mewn ymgais i gysylltu â'r ysbryd ymadawedig ac esbonio'r hyn sy'n digwydd iddo. Y syniad yw un ai i sylweddoli nad oes dim o hyn yn real, ac ennill goleuedigaeth, neu os, yr un fath â *tulku*, rydych eisiau cael eich aileni mewn gwirionedd, i gael rheolaeth effro o'r holl broses a dewis eich ailenedigaeth. O leiaf efallai y gallwch ddylanwadu ar y broses ryw ychydig, ac osgoi'r ailenedigaethau gwaethaf.

Mae defodau crefyddol Tibet yn amrywiol iawn ac yn gymhleth; ymfalchïa Bwdhaeth Tibet yn ei hamrywiaeth o 'ddulliau medrus' er mwyn cynorthwyo pobl tuag at ryddhad. Mae athrawon Tibet yn ceisio annog pobl i wneud yr ymdrech drwy bwysleisio'r prinder o geisio genedigaeth ddynol, a photensial Bwdhadod ym mhob un, na ellir ond ei wireddu mewn ffurf ddynol. Anogaeth bellach yw'r ddyled sydd arnoch chi i'r holl fodau. Mewn meddwl Tibetaidd, mewn *samsara* anfeidraidd, mae pob bod, mwy na thebyg, ar un adeg wedi bod yn Fam i chi, ac ymdrechu am oleuedigaeth yw'r peth gorau y gallwch chi ei wneud er mwyn eu talu yn ôl. Mae pwysau mawr ar gynnydd unigol a'r angen am *lama* (meistr ysbrydol) neu *guru* unigol. Gall y meistr yma bennu 'duw' addas penodol neu *yidam* (h.y. Bwdha neu *bodhisattva* i ganolbwyntio arno yn eich ymarfer) ar eich cyfer. Yr ymarfer canolog yw'r un tantrig ynghylch delweddu, *mudrau, mandalau,* a llafarganu *mantrau.* Cyfyngir delweddau cymhleth fel arfer i fynachod neu leygwyr sydd o ddifrif yn ceisio ymarfer myfyrdod. Fodd bynnag, mae hyd yn oed addolwyr cyffredin yn gwneud defnydd arbennig o *mantrau.*

Caiff *mantrau* megis **om mani padme hum** eu llafarganu drwy'r dydd, eu hysgrifennu ar faneri a cherrig ac olwynion a gânt eu gyrru gan wynt, dŵr, neu'r llaw a ystyrir wedyn eu bod yn dweud y *mantra* drosoch. Mae hon yn ddyfais fedrus i atgoffa pobl o wirioneddau ysbrydol pa le bynnag yr edrychant. Hefyd, gall addolwyr wneud offrymau o flodau, arogldarth, bwyd (teisennau arbennig), dŵr, goleuadau a sgarffiau gwynion, ynghyd â *mantrau, mandalau* a *mudrau,* i gerfddelwau o'r Bwdhau a'r *bodhisattvau* yn y gobaith yr atebir eu gweddïau. Gall eraill weld hyn fel ffurf o fyfyrdod, neu gyflawni'r offrymau yn y dychymyg yn unig. Gall defodau gynnwys cymryd y tair noddfa, ymgreiniadau hyd llawn ar y llawr, a chyffes. Mae'r ddefod gyffes yn cynnwys gweddïo ar Fwdha o'r enw Vajrasattva, gan gyffesu pechodau dyn a llafarganu ei *mantra.* Gellir dychmygu Vajrasattva fel un yn rhyddhau dyn o'i holl bechodau, paratoad seicolegol defnyddiol ar gyfer myfyrdod pellach. Hefyd mae defod yn cynnwys bwyta pelenni bychain o fara a fendithiwyd a gyflawnir i sicrhau 'bywyd hir', yn enwedig o'r *bodhisattvau* a'r Bwdhau a all gynnig cymorth. Cyflawnir defodau cymunedol Tibetaidd i gyfeiliant drymiau, clychau, gongiau ac utgyrn a wneir o esgyrn cluniau.

Hefyd mae defodau cyfrin sydd dim ond yn wybyddus i ymarferwyr uwch o fyfyrdod, ond a ddisgrifir yn rhannol mewn llyfrau. Mae un ddefod yn cynnwys mynd i le unig ar eich pen eich hun, darlunio torf o Fwdhau, *bodhisattvau* a chythreuliaid a delweddu bod un yn cael ei ddatgymalu'n aberthol gan y bodau hyn a chael ei fwyta ganddynt. Fe'i defnyddir fel modd i ddistrywio'r ymgysylltiad â'r 'hunan'.

Mae gan sect y Kargyupa chwe ymarfer uwch a gydnabyddir fel chwe athrawiaeth Naropa. Mae'r rhain yn cynnwys ymarferion yoga cymhleth, delweddau a dysgeidiaethau cyfrinachol, ond fe ddywedir eu bod yn arwain at y galluoedd i gynhyrchu gwres yn ôl grym y meddwl, sylweddoli natur rithiol y corff, cael rheolaeth lwyr dros y meddwl mewn breuddwydion, dysgu adnabod y 'goleuni clir', dysgu adnabod profiadau Bardo, ac y rhyfeddaf o'r rhain oll, y gallu i symud yr ymwybyddiaeth o'r corff a'i drosglwyddo i ffurfiau eraill. Mae Bwdhaeth wedi honni o'i dechreuad y gall myfyrdod datblygedig arwain at alluoedd seicig neu hudol, ond ni bwysleisir yr agwedd yma bob amser; roedd 'galluoedd' a dystiwyd iddynt gan ymwelwyr estron yn cynnwys dadmer eira gan yoga gwres, a thramwyo'r mynyddoedd ar gyflymder mawr tra mewn llesmair myfyrdodol.

Ymarfer ddatblygedig Kargyupa arall yw gwireddiad uniongyrchol y *mahamudra* (ymwybyddiaeth oleuedig) drwy wagio'r meddwl o bob syniad cwmpasog.

Y nod yw cyrraedd cyflwr naturiol y meddwl pan fo'n rhydd o orchuddion arferol dychmygu, meddwl, dadansoddi, myfyrio ac ystyried. Mae nifer o bobl wedi nodi bod hyn yn debyg i 'fyfyrdod eistedd' ym Mwdhaeth *Ch'an* (Zen) Tsieineaidd.

Roedd ymarferion tantrig datblygedig eraill yn cynnwys y defnydd sacramentaidd o rywioldeb; ond ers Tsong kha pa, ystyriwyd hyn yn anaddas ar gyfer y rhan fwyaf o bobl. Fodd bynnag, mae celfyddyd Tibetaidd yn dal i ddefnyddio portread o *bodhisattva* gwryw a benyw mewn cofleidiad rhywiol, a elwir *yab/ yum* (tad/mam) fel symbol am undod doethineb a thosturi mewn goleuedigaeth eithaf. Symbol arall a geir mewn Bwdhaeth math-Tibetaidd yw cysyniad yr *adi- Buddha* (Bwdha gwreiddiol), personoliad o'r realiti sylfaenol sy'n sail i fydysawd lluosogrwydd, sef yr agosaf y mae Bwdhaeth erioed wedi dod at Dduw dull- theistig.

Bwdhaeth yn y Dwyrain Pell

Astudir Bwdhaeth China, Japan, Korea a Viet Nam gyda'i gilydd, oherwydd er bod pob gwlad wedi gwneud ei chyfraniad unigol i'r traddodiad Bwdhaidd, derbyniodd Japan, Korea a Viet Nam Fwdhaeth o China (yn uniongyrchol neu drwy Korea) ac mae'r rhan fwyaf o'r sectau dylanwadol yn y gwledydd hyn o darddiad Tsieineaidd.

China

Pan ymledodd Bwdhaeth i China tua'r ganrif 1af OG, daeth ar draws yr hyn nad oedd wedi taro arno o'r blaen – gwareiddiad llythrennog estron blaengar â systemau crefyddol ac athronyddol tra datblygedig ei hun. Ni ddisodlodd Bwdhaeth y systemau hyn ond datblygodd ochr yn ochr â nhw. Weithiau roedd gwrthdaro, ond dylanwadodd 'tair crefydd China' ar ei gilydd hefyd.

Mae'r Tsieineaid yn olrhain eu hanes yn ôl i linach y Shang o 1766 COG. Mae ymarferion sydd wedi bod yn ddylanwadol ers yr adegau hynafol hyn yn cynnwys cwlt ysbrydion, yn enwedig y rhai hynny o gyndeidiau meirw, yr ymchwil am gytgord rhwng nefoedd a daear, a phroffwydoliaeth. Yn fras, ar yr un adeg ag yr oedd Siddartha Gautama yn pregethu yn India, datblygodd y ddwy gyfundrefn Tsieineaidd fwyaf dylanwadol yn China, sef Conffiwsiaeth a Taoaeth.

Conffiwsiaeth

Bu Confucius (Kung fu tze) fyw o 551-479 COG. Yn sylfaenol roedd ei ddysgeidiaeth yn system o ymddygiad moesol a fyddai'n golygu byw'n gytûn ar y ddaear. Cyflwynodd y syniad o'r gŵr bonheddig a oedd â'i ymddygiad yn golygu'r canlyniadau gorau posibl i'r gymdeithas; felly y nodweddion roedd e'n eu hedmygu oedd parch, cwrteisi, gwaith caled a gofal cymdeithasol. Roedd cwrteisi yn bwysig iawn, fel roedd addysg a phwysigrwydd safle dyn mewn cymdeithas – rhaid i blant barchu rhieni ar bob adeg, gwragedd eu gwŷr, gweithwyr eu cyflogwyr, deiliaid eu llywodraethwyr. Eto, nid dim ond arfer allanol o foesgarwch oedd Conffiwsiaeth ond hefyd caredigrwydd cariadus diffuant am gyd-ddynion. Gellid crynhoi'r holl ddarnau llai o gyngor yn y Rheol Aur 'Peidiwch â gwneud i eraill yr hyn na hoffech iddyn nhw ei wneud i chi'. Nid oedd gan Confucius lawer i'w ddweud am unrhyw wirionedd tu hwnt i'r deyrnas ddynol; ni soniodd am unrhyw wobr na chosb am ymddygiad moesol mewn byd a ddaw; ac er iddo argymhell cynnal y defodau traddodiadol ynghylch anrhydeddu cyndeidiau a grymoedd natur, ymddengys hyn yn fwy ar gyfer yr effeithiau o uno y gall ef ei gael ar y byw yn hytrach nag unrhyw gyswllt gwirioneddol â galluoedd goruwchddynol. Fodd bynnag, cyfeiriodd bob amser at ei ddysgeidiaeth fel *T'ien* (nefoedd), yn yr hyn y gosodai ei ymddiriedaeth pan ymddengys bod pethau'n mynd o chwith ar y ddaear. Felly, ymddengys bod Confucius wedi credu mewn rhyw ystyr eithaf i fywyd dynol, ond nad nod dyn oedd damcaniaethu am hyn, ond i fwrw ymlaen â byw bywyd da a buddiol. Yn ddiweddarach, byddai Confucius yn datblygu ei syniadau mewn un ai ffordd grefyddol neu ddynol – roedd gan Mencius yn y 4edd/3edd ganrif COG gred bendant yn y nefoedd, tra roedd Hsun-tzu yn y 3edd ganrif COG yn rhesymolydd ac yn anffyddiwr. Erbyn yr 2il i'r ganrif 1af COG mabwysiadodd Conffiwsiaeth nifer o elfennau yn y traddodiad Tsieineaidd nad oedd yn nysgeidiaethau gwreiddiol Confucius, yn arbennig aberthau seremonïol a defodau angladdol, proffwydoliaeth a damcaniaeth 'Yin' a 'Yang'. Cynrychiolir proffwydoliaeth gan y clasur 'Conffiwsaidd', yr *I ching*, sy'n defnyddio dull o broffwydoliaeth wedi'i seilio ar 64 hecsagram, neu gyfuniadau posibl gwahanol o chwe llinell, un ai wedi'u rhannu neu heb eu rhannu, pob un ohonynt ag ystyr arbennig. Mae damcaniaeth Yin a Yang yn cyfeirio at y syniad bod rhaid i fywyd fod yn gytgord rhwng dwy egwyddor sylfaenol. Mae Yin yn cynrychioli tywyllwch, goddefedd, benyweidd-dra, a.y.b. a Yang yn cynrychioli goleuni, prysurdeb, gwrywdod, a.y.b. Mae anghydbwysedd rhwng y ddau yn arwain at anghytgord ac yn cynnwys pob adran o fywyd, hyd yn oed bwyd.

Ymhen amser, dan linach Sun (960-1279), daeth Conffiwsiaeth yn gwlt swyddogol y wlad mewn ffurf a ddylanwadwyd yn drwm arni gan y grefydd werinol hynafol, Bwdhaeth a Thaoaeth, a gyfeirir ati fel 'Conffiwsiaeth newydd'. Roedd datblygiad mewn gwasanaeth llywodraethol yn golygu bod angen gwybodaeth fanwl o'r 'Clasuron Conffiwsaidd' a brofwyd drwy arholiad cyhoeddus. Arhosodd fel y prif ddylanwad ar y dosbarthiadau llywodraethol tan y cipiwyd grym gan y Comiwnyddion yn 1949.

Taoaeth

Mae Taoaeth i fod wedi cael ei dechrau yn y 6ed ganrif COG gan yr athronydd Lao-tzu, er bod amheuaeth ynglŷn â'i fodolaeth hanesyddol. Canfyddir syniadau Taoaeth mewn dau lyfr, y *Tao-te-ching* sydd wedi'i ddyddio tua'r 4edd ganrif COG a'r *Chuang-tzu*, gan yr athronydd â'r un enw yn y 4edd/3edd ganrif COG. Y gred sylfaenol a gyflwynwyd yw cysyniad y *tao* (ffordd), yr undod sy'n tanlinellu lluosogrwydd bodolaeth. Canfyddir yr egwyddor dragwyddol yma mewn natur ac mewn myfyrdod tawel. Felly, tueddai Taoaeth bwysleisio agweddau bywyd i'r gwrthwyneb i'r rhai hynny a bwysleisiwyd gan Gonffiwsiaeth. Dylai ymddygiad fod yn naturiol ac yn ddigymell, yn hytrach na moesgarwch artiffisial. Yr unigolyn sy'n bwysig yn hytrach na chymdeithas, ac mae dyn yn gwneud yn well drwy dynnu'n ôl yn dawel o'r byd yn hytrach nag ymhél â cheisio ei wella. Nid yw Taoaeth yn ymwneud llawer â llywodraethau a chyfraith a threfn, gan deimlo bod pobl yn dod yn eu blaen yn well pan adewir nhw i wneud fel y mynnont, ac felly fe'i gwelir fel math o anarchiaeth. Mae'n pwysleisio heddwch a thawelwch, gan gynnig dŵr fel model cyrhaeddiad, drwy gymryd llwybr gwrthwynebiad lleiaf, ac yn erbyn pob defnydd o drais gan lywodraethau neu unigolion. Nid oedd yn glir ynghylch bywyd ar ôl marwolaeth, ond gan iddi ystyried bywyd yn freuddwyd a marwolaeth yn newid naturiol yn hytrach na thrychineb, gadawodd le am obaith. Gadawodd yr amhendantrwydd hyn yr athroniaeth Daoaidd wreiddiol yn agored i ddatblygiadau. Erbyn yr 2il ganrif cyfunodd ag elfennau o'r traddodiad gwerin i ffurfio crefydd â duwiau, temlau, defodau ac offeiriaid. Roedd pwyslais y 'Taoaeth grefyddol' yma ar yr ymchwil am anfarwoldeb, iachau a maddeuant pechodau ac apeliodd at amrediad mwy eang o bobl na'r Daoaeth fwy athronyddol. Er yr ymddengys bod Taoaeth a Chonffiwsiaeth yn wahanol mewn egwyddor, yn ymarferol ymgorfforodd y Tsieineaid y ddau fath o feddwl i'w dealltwriaeth nhw o'r byd.

Bwdhaeth yn China

Cyrhaeddodd Bwdhaeth China gyntaf o India drwy Ganol Asia rhywle o gwmpas y ganrif 1af OG. Nid oedd yn llwyddiant ar unwaith, oherwydd roedd y Tsieineaid yn ystyried bod eu traddodiadau eu hunain yn well na'r rhai hynny oedd yn perthyn i hiliau 'barbaraidd'. Er bod ganddi rai agweddau'n gyffredin â Thaoaeth, ystyriwyd nifer o agweddau ar Fwdhaeth yn annerbyniol i'r Tsieineaid. Roedd yn estron, roedd yn tanseilio'r teulu trwy ddadlau dros ddibriodrwydd mynachaidd, dangosodd amharch i gyndeidiau dyn drwy larpio'r corff (eillio pennau), roedd hi'n morbid yn ei phwyslais ar ddioddefaint bywyd yn hytrach na hapusrwydd, yn pryderu'n hunanol am achubiaeth unigolyn yn hytrach na chyfrannu'n gadarnhaol i gymdeithas, ac roedd ganddi gredoau newydd rhyfedd fel ailenedigaeth. Er gwaethaf hyn, roedd gan Fwdhaeth apêl i rai, a rhwng yr 2il a'r 3edd ganrif cyfieithwyd rhai testunau Bwdhaidd i Tsieinëeg a dechreuodd pobl China ymuno â'r *sangha*. Ymddengys bod atyniad cyntaf Bwdhaeth yn ddeublyg; canfyddodd athronwyr, yn enwedig Taoyddion, ei syniadau'n ddiddorol i ddamcaniaethu yn eu cylch a'u cysylltu â Thaoaeth; gobeithiai pobl mwy ymarferol eu meddwl y gallai ei defodau a'i thechnegau myfyriol gyfoethogi'r cyflenwad Tsieineaidd o ddewiniaeth. Felly, roedd gan y Bwdhyddion Tsieineaidd cyntaf olwg braidd yn ystumiedig ar Fwdhaeth, nas cynorthwywyd gan ansawdd gwael y cyfieithiadau cyntaf, a dueddai i osod cysyniadau Bwdhaidd mewn ieithwedd Daoaidd – er enghraifft, *nirvana* oedd *wu wei* (di-weithgaredd). Er hyn, treiddiodd syniadau Bwdhaeth yn raddol i'r byd Tsieineaidd ac erbyn y 4edd ganrif OG roedd 24,000 o fynachod a 1786 o fynachlogydd wedi'u cofnodi gan y llinach Chin Ddwyreiniol. Cynorthwyodd dau fynach pwysig o'r 4edd ganrif i sefydlu Bwdhaeth a ddeallwyd yn gywir. Gwnaeth Kumarajiva nifer o gyfieithiadau gwell o *sutrau* Mahayana, a threfnodd Tao-an urdd fynachaidd ddisgybledig gywir.

O'r 4edd i'r 6ed ganrif OG datblygodd Bwdhaeth yn Ne a Gogledd China. Yn Ne China roedd yn fwy annibynnol a deallusol. Yng Ngogledd China roedd yn fwy ymarferol, yn gysylltiedig ag anghenion poblogaidd, ac o dan reolaeth y llywodraethwr. Pe byddai Bwdhaeth yn digio llywodraethwr Gogleddol, byddai'n cael ei chosbi, fel yn erledigaethau 446 a 574-77.

Y 6ed i'r 9fed ganrif OG oedd oes euraidd Bwdhaeth Tsieineaidd. Er y gallai llywodraethwyr unigol fod o blaid Taoaeth, Bwdhaeth oedd crefydd amlycaf y bobl. Daeth y *sangha*'n gyfoethog a grymus iawn, a daeth mynachlogydd yn rhan o gymdeithas Tsieineaidd. Ynghyd â chanolfannau ar gyfer astudiaeth grefyddol, myfyrdod a defodau teml, roedden nhw'n gweithredu fel ysbytai, fferyllfeydd, gwestai a banciau. Roedd nifer o fynachlogydd yn berchen ar felinau rholio a gwasgfeydd olew a ddefnyddiwyd gan werinwyr lleol ac roedd mynachod yn ymwneud â gweithiau cymdeithasol fel adeiladu ffyrdd, adeiladu pontydd, dyfrhau a phlannu coed. Roedd y bobl yn dathlu gwyliau Bwdhaidd megis pen-blwydd y Bwdha ym mis Chwefror a gŵyl i'r meirw ym mis Gorffennaf.

Gwelodd y cyfnod hwn ddatblygiad hefyd mewn gwahanol sectau Bwdhaidd. Tyfodd y rhain oherwydd cymhlethdodau ac amrywiaeth Bwdhaeth Mahayana Indiaidd, a'r modd y cyflwynwyd Bwdhaeth yn raddol i China gan athrawon gwahanol yn defnyddio gwahanol gyfieithiadau o wahanol ysgrythurau. Dilynodd rhai sectau un ysgol benodol o athroniaeth Mahayana, canolbwyntiodd eraill ar un ymarfer neu ysgrythur benodol, ceisiodd eraill wneud synnwyr o'r holl dreftadaeth Fwdhaidd drwy drefnu'r amrywiol ysgrythurau ac ymarferion i un system unedig. Mae'r ysgolion pwysig a ddatblygodd yn China yn cynnwys y **San Lun** neu ysgol Madhyamaka; **Fa hsiang** neu ysgol Yogacara (sefydlwyd y ddwy yn y 6ed ganrif); ysgol y **Lu** neu *Vinaya* a bwysleisiai ddisgyblaeth fynachaidd; **Tien t'ai** a **Hua yen** a oedd ill dwy'n ceisio cyfuno'r gwahanol agweddau o Fwdhaeth; **Ching t'u** a oedd yn canolbwyntio ar Fwdha Amida; **Ch'an** a oedd yn canolbwyntio ar fyfyrdod, a **Chen yen** a oedd yn dantrig. Caiff dysgeidiaethau'r ysgolion hyn eu trafod yn nes ymlaen. Dilynodd y rhan fwyaf ohonynt y *Vinaya* Hinayana tan i sect y Ch'an gyfaddasu'r rheolau yn yr 8fed ganrif OG. Yn ystod y cyfnod hwn, teithiodd nifer o Fwdhyddion Tsieineaidd i India a gadael cofnod o'u hanturiaethau, megis Hsuan-tsang ac I tsing.

Yn 845 roedd adlach yn erbyn Bwdhaeth a ysbrydolwyd gan Daoyddion, a darostyngwyd Bwdhaeth drwy'r Ymerodraeth Tsieineaidd i gyd. Fel mewn erledigaethau eraill o'r fath, nid dim ond crefyddol oedd y cymelliadau ond gwleidyddol a chyllidol, gan fod y mynachlogydd Bwdhaidd wedi dod yn bwerus a chyfoethog iawn. Er i Fwdhaeth barhau ar ôl y cyfnod hwn a'i fod yn eithaf llwyddiannus yn allanol – er enghraifft, argraffwyd y Canon Tsieineaidd yn llawn yn y 10fed ganrif – yn raddol collodd ei oruchafiaeth dros fywyd Tsieineaidd. Diflannodd y rhan fwyaf o'r ysgolion gwahanol, ar wahân i Ch'an a Ching t'u, nad oedd mor gaeth i sefydliadau mynachaidd mawr, llyfrgelloedd o ysgrythurau a chefnogaeth dosbarthiadau deallusol Tsieineaidd. Trodd y dosbarth yma'n ôl yn raddol i draddodiadau Conffiwsiaeth, yn enwedig ar ôl Conffiwsiaeth newydd systematig Chu Hsi (1130-1200 OG).

Cyflwynodd y llinach Mongol (1280-1368) Fwdhaeth yn y dull-Tibetaidd i China ond ni chafodd hyn effaith fawr ar gymeriad Bwdhaeth Tsieineaidd, a arhosodd un ai'n Ch'an neu Ching t'u. Ar wahân i gyfnod byr o adfywiad yn y 19eg ganrif ac yn gynnar yn yr 20fed, roedd Bwdhaeth yn gwanhau'n barod mewn dylanwad cyn i'r grym gael ei gipio gan y Comiwnyddion yn 1949. Fel mewn gwledydd Comiwnyddol eraill, ymosodwyd ar Fwdhaeth fel mympwy arallfydol a wastraffai adnoddau a nerth corfforol. Dinistriodd 'Chwyldro Diwylliannol' yr 1960au lawer o'r etifeddiaeth Fwdhaidd yn China ynghyd â Tibet. Mae arwyddion yn ddiweddar o adfywiad crefydd, gan fod yna demlau Bwdhaidd Tsieineaidd gweithredol ac mae ymwelwyr â China yn adrodd am ymarfer Bwdhaidd agored ymhlith pobl gyffredin. Beth bynnag yw'r sefyllfa yn nhir mawr China, mae Bwdhaeth Tsieineaidd yn parhau ymhlith cymunedau Tsieineaidd mewn lleoedd megis Taiwan, Hong Kong, Malaysia a Singapore, a chafodd ffurfiau Tsieineaidd Bwdhaeth eu lledaenu hefyd i Korea, Viet Nam a Japan. Er bod gan y gwahanol sectau lawer o ymarferion a dysgeidiaethau gwahanol, mae gan Fwdhaeth Tsieineaidd, yn gyffredinol, o'i gymharu â Bwdhaeth Indiaidd, dueddiad i fod yn fwy pendant ac yn cadarnhau bywyd. Mae Bwdhaeth Mahayana Tsieineaidd ac Indiaidd wedi'u sylfaenu ar y gred yn di-ddeuoliaeth *nirvana* a *samsara,* ond tra bod y tueddiad Indiaidd yn pwysleisio *nirvana* a gwacter dilynol *samsara,* y tueddiad Tsieineaidd yw i bwysleisio *samsara* a'i burdeb dilynol. Os yw natur y Bwdha yn bresennol ym mhob bod, i'r Tsieineaid mae'n gwneud pob bod yn werthfawr yn hytrach na'n ddibwys, ac mae pethau bywyd bob dydd yn cael pwysigrwydd ysbrydol. Mae natur gadarnhaol Bwdhaeth Tsieineaidd yn cael ei ddal gan y 'Bwdha chwerthingar' boliog tra chyfarwydd, sy'n gyfuniad mewn gwirionedd o Bwdha Maitreya y dyfodol ac ecsentrig o'r 10fed ganrif o'r enw Pu-tai, a oedd wrth ei fodd yn gwamalu ac yn chwarae gyda phlant.

Japan

Pan ddaeth Bwdhaeth i Japan yn y 6ed ganrif OG, daeth gyda gwareiddiad Tsieineaidd i wlad gymharol annatblygedig. Felly, roedd llai o wrthwynebiad i'r grefydd nag yn China. Roedd crefydd leol yno'n barod, sef Shinto, sydd wedi parhau ochr yn ochr â Bwdhaeth hyd heddiw. Fodd bynnag, ni wnaeth gyflwyno Bwdhaeth â her ddeallusol yn y ffordd y gwnaeth Conffiwsiaeth. Mae'r grefydd Shinto wedi'i sylfaenu ar gred ac addoliad o'r *kami*, sef duwiau neu ysbrydion amhendant. Mae'r *kami*'n preswylio ym mhob man mewn natur, yn bywiogi gwrthrychau fel mynyddoedd, coed, rhaeadrau ac yn cynnwys ysbrydion rhai cyndeidiau. Nid oes yr un prif *kami* sy'n cyfateb i'r syniad o Dduw, ond mae gan Amaterasu, duwies yr haul, ychydig amlygrwydd gan y dywedir bod llinell yr ymerwadwyr yn ddisgynnol oddi wrthi. Nid oes unrhyw athrawiaethau llym nac ysgrythurau ysgrifenedig gan y grefydd – mae'n fwy o ymdeimlad greddfol – cynrychiola'r *kami* rymoedd nerthol yn y byd, neu ymdeimlad o gymuned leol. Dywedir weithiau bod wyth miliwn *kami* yn gyfan gwbl, na chânt eu cynrychioli gan ddelwau ond gan symbolau megis drych, cleddyf neu em. Teimlir y gall y *kami* ddylanwadu ar fywyd dynol, felly cyflwynir gweddïau ac offrymau wrth eu cysegrfeydd. Mae ei chefnogwyr yn curo eu dwylo i ddenu sylw'r *kami*, ac yn ysgrifennu eu deisyfiadau ar ddarnau o bren a grogir wedyn yn y gysegrfa. Gartref, gall fod 'silff *kami*' gan y teulu lle cedwir symbolau o'r *kami*. Mae'r grefydd yn un optimistaidd sy'n cadarnhau bywyd, sy'n dathlu prydferthwch natur. Yn yr oes hon, dehonglir *kami* ambell waith fel rhywbeth tebyg i Dduw. Drwy gydol y rhan fwyaf o hanes Japan, ystyrir bod Shinto a Bwdhaeth, gyda'i gilydd, yn ffurfio crefydd gyflawn ar gyfer y Japaneaid.

Daeth y cysylltiad Japaneaidd cyntaf â Bwdhaeth yn 539 pan anfonodd llywodraethwr Koreaidd ddirprwyaeth i geisio cynghrair â llywodraethwr Japaneaidd, a gyda'r cwmni daeth mynachod Bwdhaidd, ysgrythurau a delwau. Ymddiddorodd rhai o'r dosbarth llywodraethol yn y grefydd newydd yma, a chafodd ei chefnogi'n frwdfrydig gan Dywysog Shotoku (574-621) sy'n cael ei ystyried fel tad Bwdhaeth Japaneaidd. Croesawodd Shotoku syniadau Conffiwsaidd a Bwdhaidd, adeiladodd demlau, sefydlodd fynachlogydd a gwnaeth Bwdhaeth bron yn grefydd y wlad. Yn ystod y 7fed ganrif, cyflwynwyd nifer o sectau Bwdhaidd Tsieineaidd megis **Sanron** (Sanlun), **Hosso** (Fa hsiang) a **Kegon** (Hua yen). Nara oedd y brifddinas ar yr adeg yma, a chadarnheir pwysigrwydd Kegon yn benodol gan gerflun enfawr o'r Bwdha Vairocana, sy'n symboleiddio'r Bwdha Dharmakaya cosmig, rhyng-berthynas pob peth. Yn yr 8fed ganrif symudodd y brifddinas i Heian (Kyoto) a daeth dwy sect arall yn ddylanwadol iawn, sef yr ysgol **Tendai** (Tien t'ai) a gyflwynwyd gan Saicho, sef math cynhwysfawr o Fwdhaeth a **Shingon** (Chen yen) a gyflwynwyd gan Kukai a seiliwyd ar ymarferion Tantrig. Roedd gan y ddwy ganolfannau mewn mynachlogydd mynyddig. Er bod y ddwy ysgol hyn yn rhannol gystadlu â'i gilydd, arweiniodd natur holl-gwmpasog Tendai at ymarferion Shingon yn cael eu hymgorffori yn ei system. Felly, erbyn yr 11eg ganrif roedd Bwdhaeth hudol, tantrig wedi lledaenu.

Roedd y 12fed a'r 13eg ganrif yn gyfnod o newid cymdeithasol a datblygodd nifer o sectau newydd. Roedd y sefyllfa'n ffafrio credoau symlach a allai apelio at bobl, yn hytrach na systemau sgolastig. Yr ysgolion a ddaeth i'r amlwg ar yr adeg yma oedd **Jodo**, 'Tir Pur', (*Ching t'u* mewn Tsieinëeg) a boblogeiddiwyd gan Honen, **Jodo Shinshu**, 'Gwir Dir Pur', a gychwynnwyd gan Shinran, **Rinzai Zen** (Lin chi Ch'an) a gyflwynwyd gan Eisai, **Soto Zen** (Ts'ao tung Ch'an) a gyflwynwyd gan Dogen a ffurf newydd Japaneaidd o Fwdhaeth a ddechreuwyd gan Nichiren.

Roedd y 14eg a'r 15fed ganrif yn gythryblus, a gwarchododd mynachlogydd, yn enwedig y rhai Zen, ddysgeidiaethau Bwdhaeth a Chonffiwsiaeth. Yn yr 16eg ganrif, dinistriwyd canolfannau mynyddig Tendai a Shingon mewn rhyfeloedd cartref, gan adael Zen a Jodo fel prif ffurfiau Bwdhaeth; er, yn wahanol i'r sefyllfa yn China, mae Hosso, Kegon, Tendai a Shingon wedi parhau hyd heddiw.

Gwelodd yr 17eg ganrif ddechreuad yr ymarfer o orfod cofrestru gyda sect benodol, p'un ai oedd dyn yn grefyddol weithredol neu beidio. Cyflwynwyd hyn i rwystro pobl rhag aros yn Gristnogol ar ôl alltudio cenhadon Cristnogol a gwahardd Cristnogaeth. Canlyniad hyn oedd mai unig gysylltiad nifer o Fwdhyddion â'r grefydd oedd angladd.

Yn ystod y 19eg ganrif, gwelwyd Shinto fel crefydd y wlad a symbol cenedlaetholdeb, gyda Bwdhaeth fel ail rym. Ers 1945 mae cymdeithas Japan wedi mynd drwy newidiadau cyflym. Mae ffurfiau traddodiadol o Fwdhaeth yn goroesi ac yn gweithredu yn debyg i enwadau Cristnogol, gan ddarparu gwasanaethau – yn enwedig angladdau – a digwyddiadau cymdeithasol. Mae'r rhan fwyaf o glerigwyr Japaneaidd yn briod yn hytrach na bod yn fynachod di-briod, yn enwedig yn y traddodiad Tir Pur. Mae yna rywfaint o seciwlareiddio a throi i ffwrdd o grefydd yn gyfan gwbl, fel sy'n digwydd mewn nifer o wledydd, ond hefyd mae ffurfiau newydd o Fwdhaeth a chyltiau newydd eraill yn datblygu. Hyd yn oed nawr, byddai tua dwy ran o dair o bobl Japan yn cael eu cyfrif mewn enw o leiaf fel Bwdhyddion, gan berchen ar allor Bwdhaidd yn eu cartrefi er mwyn anrhydeddu cyndeidiau, ac ymuno mewn dathliadau traddodiadol. Gorffennaf y 15fed yw gŵyl *O bon* sy'n cysylltu Bwdhaeth â pharch traddodiadol Tsieineaidd a Japaneaidd tuag at gyndeidiau meirw. Y stori Fwdhaidd y tu ôl i'r ŵyl yw gweledigaeth Maudgalyayana, drwy ei alluoedd seicig, o'i fam ei hun mewn byd uffern, a'i rhyddhad drwy dosturi'r Bwdhau. Yr arfer yw i bawb ddychwelyd i gartref y teulu ar gyfer *O bon* a chynnig ffrwythau a blodau dros gyndeidiau ymadawedig. Cyfunir hyn â mwynhad, megis ffeiriau a dawnsfeydd. Yn draddodiadol roedd y ddwy gyhydnos, Medi 21ain a Mawrth 21ain, yn adegau peryglus mewn traddodiad Tsieineaidd hynafol pan fyddai grymoedd Yin a Yang yn cyfnewid goruchafiaeth. Mewn Bwdhaeth, fe'u gelwir yn *Higan* ('y lan arall', neu *nirvana*), gwyliau â thema cytgord, cydbwysedd a heddwch. Mae pobl yn ymweld â themlau a beddau teuluol ac yn arllwys dŵr allan fel symbol o offrymu teilyngdod i'r meirw. Ar Nos Galan (Rhagfyr 31ain), mae temlau Bwdhaidd yn croesawu'r flwyddyn newydd â chaniad lwcus o 108 o glychau. Ebrill 8fed yw pen-blwydd Bwdha Shakyamuni, a bydd dathlu gyda gŵyl flodau gan iddo gael ei eni mewn gardd. Gelwir yr ŵyl yma'n Hanamatsuri. Mae delwau o'r baban Bwdha, yn sefyll yn unionsyth, yn cael eu hymolchi â the persawrus fel arwydd o addoliad, ac mae pobl yn gyffredinol yn mwynhau eu hunain.

Mae Bwdhaeth, felly, wedi bod yn rhan o ddiwylliant Japaneaidd ers dechrau ei hanes ysgrifenedig yn y 6ed ganrif OG ac yn dal i fod yn rym nerthol mewn cymdeithas Japaneaidd heddiw.

Rhai Ysgolion Bwdhaeth y Dwyrain Pell

Soniwyd am nifer o wahanol ysgolion Bwdhaeth yn yr amlinelliad hanesyddol yma ar Fwdhaeth yn China a Japan. Ar wahân i'r adeg ar y dechrau cyntaf oll, mae'r ysgolion hyn i gyd wedi bod yn ffurfiau o Fwdhaeth Mahayana. Dilynodd rhai ysgolion athroniaeth a gafwyd yn India, canolbwyntiodd eraill ar un ymarfer neu ysgrythur benodol ym Mwdhaeth Mahayana, a cheisiodd eraill drefnu pob agwedd o Fwdhaeth i gyfuniad cyflawn. Datblygodd ysgolion pellach, neu is-ysgolion, fel mudiadau diwygio gan unigolion penodol, ac mae ymchwil yr 20fed ganrif am 'grefyddau newydd' wedi arwain at hyd yn oed mwy o sectau newydd yn cael eu ffurfio heddiw. Pwysleisiwyd cymeriad y mudiadau fel sectau ar wahân yn hytrach na llinachau o athrawon yn unig yn fwy yn Japan nag yn China, er bod yr ysgolion Japaneaidd bron pob un yn ddatblygiadau o ysgolion Tsieineaidd. Mae'r ysgolion mwyaf pwysig yn y rhestr ganlynol, gyda'r enw Tsieineaidd yn gyntaf a'r enw Japaneaidd mewn cromfachau: Fa hsiang (Hosso), San lun (San ron), Hua yen (Kegon), Tien t'ai (Tendai), Chen yen (Shingon), Ching t'u (Jodo), Ch'an (Zen) a Nichiren (dim ond yn Japan).

Fa hsiang yw'r ysgol Tsieineaidd a seiliwyd ar yr ysgol Yogacara Indiaidd a ddysgai 'meddwl-yn unig'. Fe'i sefydlwyd fel ysgol Fwdhaeth yn China yn y 7fed ganrif OG gan Hsuan-tsang, yr enwocaf o'r mynachod a deithiodd i India i chwilio am ysgrythurau. Fe'i cyflwynwyd yn Japan fel Hosso o fewn yr un ganrif. Peidiodd Fa hsiang â bod yn China yn ystod erledigaeth 845 OG, ond mae Hosso wedi parhau fel sect fechan yn Japan hyd heddiw.

San lun yw fersiwn Tsieineaidd ysgol y Madhyamaka yn India. Fe'i cyflwynwyd yn y 5ed ganrif OG pan gyfieithodd yr enwog Kumarajiva dri thraethawd Madhyamaka gan Nagarjuna ac Aryadeva, sylfaenwyr ysgol y Madhyamaka. Roedd gan ddysgeidiaeth 'gwacter' rywfaint o apêl i'r rhai hynny oedd wedi arfer ag ieithwedd Taoaidd, a gwelwyd bod syniad Madhyamaka o ddwy lefel gwirionedd, yr eithaf a'r confensiynol yn ddefnyddiol hefyd. Yn Japan, gwelwyd

San ron fel athroniaeth academaidd i'w hastudio yn hytrach na sect wirioneddol. Darfu'r sect yn China yn 845 OG.

Mae **Hua Yen** (Kegon), fel Tien t'ai, yn cynrychioli un o'r ceisiadau Tsieineaidd i gyfosod ymarferion ac ysgrythurau Bwdhaidd i gyfundrefn hollgynhwysfawr. Er mwyn gwneud hyn, gwelwyd bod amrywiol ysgrythurau Mahayana a Bwdhaeth Hinayana fel datguddiad cynyddol gan y Bwdha, gan ddechrau gyda dysgeidiaethau symlach ar gyfer yr anneallus ac yn raddol yn arwain at y datguddiad terfynol a llawn a gredai Hua Yen iddo gael ei gynnwys yn yr Hua yen neu'r *Sutra Avatamsaka*. (Ystyr yr enw yw 'Coronbleth flodau'). Sefydlwyd Hua yen fel ysgol Fwdhaeth gan Tu Shun (557-640) ond ei hathro mwyaf dylanwadol oedd Fa tsang (693-712). Dysgeidiaeth sylfaenol yr ysgol yw ffurf o athroniaeth Mahayana sy'n mynnu undod pob peth ac eto pwysigrwydd ffenomenau unigol. Fel ym meddylfryd Madhyamaka, mae endidau unigol yn wag o fodolaeth ar wahân, ac, fel yn Yogacara mae pob peth yn amlygiadau o'r Un Meddwl. Eto nid yw hyn yn golygu bod pobl unigol a phethau yn ddim byd – mae pob ffenomen unigol yn amlygiad llwyr o'r egwyddor fyd-eang ac felly'n hollol werthfawr ynddo'i hun. Mae pob peth yn un, ond mae'r un ym mhob peth; yr holl Fwdhau, *bodhisattvau* a bydoedd ym mhob gronyn o lwch. Ni ellir gosod yr 'un' ar wahân i'r 'pethau' ond dywedir bod yr holl *dharmau* wedi codi yr un pryd mewn cyd-ddibyniaeth lwyr. Ceisiodd Fa tsang ddarlunio hyn yn ôl dwy ddelwedd, yr un o lew a wnaed o aur, ac o nifer o ddrychau sy'n adlewyrchu. Yn nelwedd y llew, mae'r aur yn cynrychioli'r undod gwaelodol a'r llew yn cynrychioli amlygiad lluosog natur y Bwdha yn ffenomenau gwahanol y bydysawd. Mae pob un o'r drychau yn cynrychioli un endid unigol sydd ynddo'i hun yn adlewyrchu'r cyfan. Mae'r gwerth mwy cadarnhaol hwn o fydysawd ffenomenaidd yn nodweddiadol Tsieineaidd, ac eto'n aros o fewn cyfeiriad cyffredinol meddwl Mahayana. Symboleiddiwyd egwyddor waelodol y bydysawd yn Hua yen drwy ffigur Bwdha Vairocana, y Bwdha disglair, y dywedir iddo ddatgelu'r *Sutra Avatamsaka* drwy gorff daearol Shakyamuni. Ystyrir y drefn y datgelwyd llinynnau amrywiol dysgeidiaeth Bwdha fel a ganlyn: yn gyntaf, ysgrythurau'r Hinayana, sy'n tynnu ein sylw at anfodolaeth hunain ar wahân, drwy ddadansoddiad i *dharmau*; yn ail, ysgolion Mahayana sylfaenol Madhyamika a Yogacara sy'n pwysleisio gwacter ac unoliaeth pob *dharma*; yn drydydd daeth dysgeidiaeth y T'ien t'ai a ddehonglir gan Hua yen fel dysgeidiaeth Bwdhadod pob bod, yn pwysleisio undod; yn bedwerydd, Ch'an a'r mewnwelediad sydyn i mewn i'r gwirionedd, a ddeellir yn sythweledol yn hytrach nag mewn geiriau, ac yn olaf, sylweddoliad llawn Hua yen o'r undod mewn amrywioldeb ac amrywioldeb yn undod pob peth, eu cyd-dreiddiad llwyr mewn cytgord perffaith.

Aethpwyd â dysgeidiaeth Hua yen at y torfeydd annysgedig a'r dosbarthiadau uchaf, yn arbennig yr Ymerodres Wu (625-705), a threiddiodd ei syniadau cyffredinol i ffurfiau eraill o Fwdhaeth, yn enwedig Ch'an. Yn China diflannodd fel sect ar wahân yn erledigaeth 845 OG, ond roedd wedi cael ei chyflwyno i

Japan yn ystod cyfnod cynnar Nara (8fed ganrif), lle'r oedd yn eithaf dylanwadol ac mae'n bodoli fel ysgol ar wahân (Kegon) hyd heddiw. Roedd Kegon yn arbennig o ddylanwadol ar farn y Japaneaid o gymdeithas lle mae unigolion yn bwysig ac eto i gyd rhaid ymdrechu i weithio fel un mewn cyd-ddibyniaeth gytûn. Roedd ffigur Bwdha Vairocana yn apelio fel symbol o undod Cosmig, yn fwy cadarnhaol na chysyniadau fel 'gwacter'. Roedd y Bwdha disglair, yn ôl syniadau Japaneaidd traddodiadol, yn wir ffurf Amaterasu a ymddangosodd fel y dduwies haul yn Japan, ac a oedd ar adegau yn perthyn i'r ymerawdwr, fel cynrychiolydd o'r gallu yma ar y ddaear.

Mae **T'ien t'ai (Tendai)**, fel Hua yen, yn ymgais i gyfuno'r holl ddysgeidiaethau Bwdhaidd i system hollgynhwysfawr. Er ei bod yn mynegi ei dysgeidiaethau mewn cysyniadau gwahanol, ac yn gosod *sutrau*'r Mahayana mewn trefn wahanol, yn y diwedd mae ei dysgeidiaeth sylfaenol yn ddigon tebyg – cyd-ddibyniaeth llwyr pob peth, fel bod natur y Bwdha ym mhob peth a bod yr holl fydysawd mewn pob gronyn o lwch neu ennyd o feddwl. Enwir y sect T'ien t'ai ar ôl mynydd yn China a ddaeth yn bencadlys y sect, a oedd yn ddylanwadol iawn yn China rhwng y 7fed a'r 9fed ganrif. Fe'i sefydlwyd gan Chih-kai (538-597) a oedd wedi cael ei ddysgu gan Hui ssu (514-577). Credai Chih-kai bod datganiad mwyaf llawn a mwyaf perffaith Bwdhaeth Mahayana i'w ddarganfod yn *Lotws y Gyfraith Ryfeddol* (*Sutra'r Lotws*) â'i gyhoeddiad o natur dragwyddol y Bwdha a Bwdhadod pob bod yn ddieithriad. Fel Hua yen, mae T'ien t'ai yn dysgu bod y byd ffenomenaidd yn amlygiad o'r meddwl diamod unigol, sydd ym mhob peth a thu ôl i bob peth. Eto, nid yw hyn yn gwadu gwerth endidau unigol oherwydd bod y meddwl diamod yn bresennol yn ei gyfanrwydd ym mhob endid unigol hyd at ronyn unigol o lwch. Nid yw pob peth yn un yn ystyr celloedd mewn organeb mwy o faint neu ddarnau o glai a ddodwyd at ei gilydd i wneud lwmp, ond caiff hanfod y Bwdha dwyfol ei amlygu yn gyfan mewn bodau unigol a'r byd materol. I roi gwerth i *samsara*, esboniodd T'ien t'ai er bod pob bod yn wag ac felly nad yw'n bod ar un ystyr, maent yn bodoli hefyd dros dro ac felly mae gwerth perthynol iddynt. Gwelir hyn fel athroniaeth 'ffordd ganol' ac mae'n dilyn meddwl Madhyamaka.

Cred T'ien t'ai bod y Bwdha wedi datgelu'n fwriadol amrywiaeth o athrawiaethau oherwydd amrywiaeth galluoedd dyn, a bod ganddo oddefiad mawr o bob dysgeidiaeth, hyd yn oed Hinayana, fel dim ond llwybrau gwahanol at yr un nod. Mae safle T'ien t'ai ar ddysgeidiaethau fel a ganlyn: Dysgeidiaeth gyntaf y Bwdha oedd Hua yen, sef y gwirionedd llawn, ond fe'i mynegir mewn ffordd rhy anodd i'w deall. Nesaf, o sylweddoli cyfyngiadau dynol, dysgodd y Bwdha Fwdhaeth Hinayana; arweiniodd hyn ymlaen at y dysgeidiaethau Mahayana sylfaenol megis delfryd y *bodhisattva*, ac yna at y dyfnaf o feddwl Mahayana, y llenyddiaeth *Prajnaparamita* a'i ddysgeidiaeth 'gwacter'. Yn olaf, roedd y datguddiad llawn a chyfan yn gynwysiedig yn ysgrythur y Lotws, yn cyhoeddi tragwyddoldeb y Bwdha a Bwdhadod pob bod. Er bod yr ysgrythur yma'n dweud yr un peth mwy neu lai â Hua yen, gwna hyn felly mewn ffordd y gellir ei deall gan bawb, gan symboleiddio'r undod tragwyddol yn ffurf ddeniadol Shakyamuni, y Bwdha-tad cariadus, gan esbonio Bwdhadod pawb mewn damhegion. Canlyniad ymarferol T'ien t'ai oedd bod pob ffurf o ymarfer Bwdhaidd yn cael eu hystyried yn ffyrdd dilys at yr un nod. Ni ddylai un ffurf o ymarfer Bwdhaidd hawlio rhagoriaeth, gan fod pob un yn ffyrdd at yr un nod, a fynegir yn hollol berffaith yn *Sutra'r Lotws*.

Cyflwynwyd T'ien t'ai i Japan yn yr 8fed ganrif gan Saicho (Dengyo Daishi) (767-822) a adeiladodd deml fach ar Fynydd Hiei. Ehangodd hyn yn raddol i anheddiad mynachaidd enfawr o dair mil o demlau a daeth yn ddylanwad grymus iawn yn Japan. Roedd Tendai Japaneaidd efallai hyd yn oed yn fwy cynhwysfawr na T'ien t'ai Tsieineaidd gan iddi groesawu defodau tantrig, ymarferion myfyrdod Zen, gweddïau Tir Pur i Amida, a cheisio cwmpasu Shinto hyd yn oed, gan esbonio'r *kami* fel *bodhisattvau* a oedd wedi paratoi'n dosturiol feddyliau'r bobl Japaneaidd ar gyfer gwir grefydd Bwdhaeth. Yn y 12fed a'r 13eg ganrif gadawodd nifer o fynachod Tendai i ffurfio sectau newydd o Fwdhaeth, *mantra*-seiliedig yn aml. Dinistriwyd anheddiad Mynydd Hiei yn yr 16eg ganrif, ond mae Tendai wedi parhau fel sect fechan hyd heddiw. Yn China darfu o'r tir ar ôl erledigaeth 845 OG.

Chen-yen (Shingon) ('gwir air', neu *mantrayana*) yw'r enw Tsieineaidd am Fwdhaeth Tantrig (gweler dechrau'r bennod). Daethpwyd â hwn i China yn yr 8fed ganrif OG gan athrawon tantrig Indiaidd megis Amogavajra a fu farw yn 774. Ni ddaeth erioed yn sect mewn gwirionedd yn China, ac yn raddol, diflannodd ar ôl diwedd yr 8fed ganrif. Fodd bynnag, yn ystod y cyfnod byr hwn pan oedd *tantra*'n ffasiynol, yr ymwelodd mynach Japaneaidd o'r enw Kukai (Kobo Daishi, 774-835) â China ac fe'i dysgwyd gan y meistr Tsieineaidd Hui kuo (746-805). Dychwelodd Kukai i Japan i ffurfio ysgol tantrig, a adwaenir yn Japaneg fel Shingon. Yr un fath â T'ien t'ai, roedd wedi'i sylfaenu ar bencadlys mynyddig, Mynydd Koya, a daeth yn ddylanwadol a grymus iawn. Fel sect Mahayana, dysgodd Shingon ryng-berthynas pob peth, a symboleiddiwyd gan ddelweddau a defodau *tantra*. Fel yn *tantra* Indiaidd a Tibetaidd, defnyddiwyd llawer o wahanol Fwdhau a *bodhisattvau* fel delweddau ar gyfer darlunio, ond gosododd Shingon bwyslais arbennig ar Bwdha Vairocana, fel personoliad y cosmos ei hun – o gorff Dharmakaya y Bwdha. Cymerodd Vairocana le canolog yn y *mandala* Shingon, neu ddiagram y bydysawd. Gwnaeth Shingon ddefnydd o ymarferion tantrig eraill megis llafarganu *mantrau,* delweddau, ffurfio *mudrau* (arwyddion symbolaidd), seremonïau derbyniad a throsglwyddiad cudd dysgeidiaeth o feistr i ddisgybl. Gellir gweld *tantra* fel gweithredu mewn corff, lleferydd a meddwl o'r mewnwelediad a gyflwynwyd mewn damcaniaethau Tsieineaidd fel rhai Hua yen a T'ien t'ai – bod yr holl fydysawd yn un, a bod yr egwyddor fyd-eang hon, yn bresennol ym mhob ffenomen yn y byd materol. Felly, gellir defnyddio'r byd materol a'r corff dynol fel cerbyd yr ysbrydol.

Pwysleisiodd Kukai bwysigrwydd harddwch a chytgord yn ei ddefodau, a gwerth ysbrydol ffurfiau celf megis peintio, cerflunio, cerddoriaeth a llenyddiaeth. Mae pob peth prydferth yn cyfleu rhywbeth o natur y Bwdha i ni, yn ein cynorthwyo i gael cipolwg sythweledol o'r hyn na ellir ei gyfleu mewn athroniaeth resymegol. Ymddengys bod yr ymagwedd esthetig a sythweledol hon i grefydd yn apelio at y cymeriad Japaneaidd, fel y gellir ei weld o'r grefydd Shinto a Zen. Pwysleisiodd Shingon a Zen y gellir cyrraedd goleuedigaeth 'yn yr union gorff hwn' heb aros drwy nifer o ailenedigaethau.

Mynegodd Kukai ei ddysgeidiaeth mewn dull llenyddol caboledig ac, fel Hua yen a T'ien t'ai, ymgeisiodd restru amrywiol ysgolion dysgeidiaeth grefyddol yn nhrefn eu dealltwriaeth raddol o'r gwirionedd. Gan ddechrau o anwybodaeth lwyr, gwelodd Kukai gynnydd graddol o fewnwelediad mewn Conffiwsiaeth, Taoaeth, Bwdhaeth Hinayana, Hosso, San ron, Tendai, Kegon a'r datguddiad terfynol yn nysgeidiaeth esoterig Shingon. Roedd Shingon yn boblogaidd yn Japan rhwng yr 8fed a'r 11eg ganrif, ac roedd hyd yn oed yn cael ei ymarfer ar Fynydd Hiei, canolbwynt Bwdhaeth Tendai. Mae'n parhau fel sect hyd heddiw.

Bwdhaeth Tir Pur

Ystyr *Ching t'u* (*Jodo* yn Japaneg) yw 'Tir Pur', ac mae'n cyfeirio at y math o Fwdhaeth a seiliwyd ar addoli Bwdha Amitabha (Amida) sy'n preswylio mewn tir Bwdhaidd pur, paradwysaidd a adnabyddir fel 'Sukhavati' neu 'y Tir Dedwydd'. Disgrifir Amitabha a'i Dir Pur mewn *sutra* Mahayana Indiaidd a elwir y *Sukhavati-vyuha*, lle mae Bwdha Shakyamuni yn dweud wrth Ananda hanes mynach *bodhisattva* o'r enw Dharmakara (Hozo yn Japaneg), a addunedodd mewn oes a fu ym mhresenoldeb Bwdha byw y byddai'n creu paradwys berffaith o dosturi tuag at fodau dioddefus. Gwnaeth Dharmakara 48 (neu 46, yn dibynnu ar fersiwn y *sutra*) o addunedau sy'n cyfeirio at brydferthwch y wlad hon, ei ffordd o fyw hyfryd, presenoldeb *bodhisattvau* ac, yn bwysicaf oll, bod dim ond angen i fodau feddwl amdano mewn ymgysegriad ffyddiog ac aiff â nhw i'r wlad yma ar eu marwolaeth. Gwnaeth ei addunedau ar boen o fforffedu goleuedigaeth am byth, a, gan fod Shakyamuni wedi dysgu bod Dharmakara wedi dod yn Fwdha a elwid Amitabha (Goleuni Anfeidraidd) ac yn preswylio mewn gwlad baradwys yn y Gorllewin, gall pobl gael hyder yn effeithiolrwydd ei addunedau. Mae dwy fersiwn o'r ysgrythur Sukhavati, mae'r un hiraf yn cynnwys teilyngdod bywyd moesol, ynghyd ag ymgysegriad ffyddlon, fel y dulliau dros ennill ailenedigaeth yn y Tir Pur.

Mae dau *bodhisattva*, sef Mahasthamaprapta ac Avalokitesvara yn gwmni i Amitabha yn y Tir Pur. Mewn Bwdhaeth y Dwyrain Pell, Avalokitesvara yw Kwan yin (Tsieinëeg), Kwannon (Japaneg), ac ers y 10fed ganrif caiff ei ddarlunio fel benyw.

Yn aml dywedir mai Hui Yuan yw sylfaenydd Ching t'u Tsieineaidd, a drefnodd, yn y 4edd ganrif, grŵp a gyfarfu'n aml i adrodd ymbil Amida. Fel ysgol wirioneddol, ymddengys iddi ddechrau gyda Tan lu'an (476-545), a ysbrydolwyd gan weledigaeth o Amitabha. Dysgodd bod myfyrdod ar nodweddion anfeidrol Bwdha Amitabha a llafarganu ei enw yn llwybr di-ffael ar gyfer achubiaeth i bawb ond y gwaethaf o bechaduriaid (h.y. y rheini sy'n llofruddio mam, tad, neu sant, yn taro Bwdha neu'n achosi rhwyg yn fwriadol yn y gymuned fynachaidd). Mae athrawon Tsieineaidd pwysig eraill yn cynnwys Tao-cho (562-645), mynach T'ien t'ai a ddysgodd mai dull gweddïo am ailenedigaeth yn y Tir Pur oedd yr unig un addas ar gyfer y rhan fwyaf o bobl yn yr oes bresennol hon o ddirywiad, pan nad oes neb bron yn dod i ben â llwybr anodd sancteiddrwydd personol. Arferai Tao-cho ddysgu gwerth cannoedd o ymbiliau, a gyfrifwyd â ffa. Dysgodd Shan tao (613-681) fod y dyhead am ailenedigaeth yn y Tir Pur fel llwybr cul ar draws llifeiriant o ddŵr a thân, a fyddai'n ein harwain ni i ddedwyddwch anfeidraidd. Dylai'r dyhead hwn gael ei ddatgan drwy adrodd enw Amida, adrodd y *sutrau* Mahayana, myfyrio ar ryfeddodau'r Tir Pur, cynnig addoliad i gerfluniau o Amitabha a chanu ei glodydd. Gelwir y fath ymbil o Fwdha Amida yn *nien fo* ac er iddo gynnwys y pum ymarfer hyn yn wreiddiol, yn y diwedd mae'n cyfeirio at lefaru'n syml yr enw – 'namo Amito-fo' (Tsieinëeg), 'namu Amida Butsu' (Japaneg), 'Moesymgrymaf i Fwdha Amitabha!' Ceisiodd Tzu min (680-748) gyfuno'r *nien fo* â bywyd Bwdhaidd traddodiadol o ddisgyblaeth, myfyrdod ac ysgoloriaeth, ond wrth iddi ledaenu ymhlith y bobl gyffredin, tueddai fod yn gyfyngedig i'r *nien-fo*. Roedd gan y syniad o achubiaeth dan rym Amida atyniad arbennig i'r bobl weithiol annysgedig nad oedd â'r amser na'r tueddiad am athroniaeth Fwdhaidd nac ymarferion myfyriol, neu a oedd yn ymwneud â thasgau dadleuol moesol, fel pysgota. Ar ôl erledigaeth 845 OG, Tir Pur a Ch'an oedd yr unig ffurfiau o Fwdhaeth a ffynnodd, gan nad oes angen arnynt lyfrgelloedd mawrion o ysgrythurau, temlau'n llawn delweddau artistig na threfniant mynachaidd cymhleth. Daeth Tir Pur yn benodol yn grefydd y lluoedd, a dylanwadodd ar ymarfer Ch'an hyd yn oed; tra bod y dosbarthiadau uwch yn dychwelyd at Gonffiwsiaeth. Yn yr 1930au, roedd rhwng 60% a 70% o Fwdhyddion Tsieineaidd yn dilyn y Tir Pur.

Ymddengys bod llefaru'r enw Amitabha wedi cael ei ymarfer gyntaf yn Japan fel un o'r dulliau niferus a ddefnyddiwyd gan y sect Tendai eclectig a oedd wedi'i sylfaenu ar Fynydd Hiei. Denwyd nifer o fynachod Tendai gan y syniad o ledaenu dysgeidiaeth Fwdhaidd i'r bobl gyffredin, gan ddarganfod mai traddodiad y Tir Pur oedd y ffordd fwyaf effeithiol o wneud hyn. Arferai Kuya (903-972) ddawnsio drwy'r strydoedd, gan ganu caneuon am Amida a'i ddamhegion a dysgu adroddiad enw Amida i'r bobl gyffredin. Hefyd cyfansoddodd Ryonin (1072-1132) ganeuon, a cheisio annog pobl i adrodd yr enw er lles pob bod ynghyd â nhw eu hunain. Ceisiodd Genshin (942-1017) ledaenu neges y Tir Pur drwy gymharu dedwyddwch Tir Pur Amida ag arswydion bydoedd uffern y byddai pechaduriaid yn sicr o fynd iddynt os na fyddent yn galw ar Amida i'w hachub.

Daeth yr uffernau a'r baradwys yn bynciau hoff i arlunwyr.

Roedd y 12fed ganrif yn gyfnod o gynnwrf cymdeithasol yn Japan, a datblygodd nifer o grwpiau Bwdhaidd diwygiadol. Un o ffigurau pwysicaf traddodiad y Tir Pur oedd Honen (1133-1212), a gwnaeth ei ddilynwyr Tir Pur yn sect wirioneddol mewn gwrthwynebiad ymwybodol i sectau Bwdhaidd eraill. Cychwynnodd ei yrfa fel mynach Tendai ar Fynydd Hiei, wedi'i amddifadu mewn oed cynnar. Teimlai fod y gymdeithas Japaneaidd a'r grefydd Fwdhaidd Tendai wedi cael eu llygru, ac ar ôl cael argraff dda iawn o adduned Amida, dechreuodd ddysgu mai ffydd yn Amida oedd yr unig obaith i bobl. Er parchu ymarferion crefyddol eraill, ychydig iawn sy'n gallu achub eu hunain drwy lwybr traddodiadol sancteiddrwydd personol yng nghyflwr presennol y byd (*mappo*, oes dirywiad ysbrydol). Rhaid i ni ddibynnu ar ras Amida, cael ffydd ynddo ef, canolbwyntio ein meddyliau ar ei wlad baradwysaidd, ailddweud ei enw, a cheisio ein gorau i fyw bywyd moesol gweddus. Ymddengys bod Honen ei hun yn ddyn caredig, wrth iddo edrych ar ôl mam di-briod ifanc, er gwaethaf y sgandal y gallai hyn ei achosi. Fodd bynnag, arweiniodd ei feirniadaeth o ymarferion crefyddol eraill at wrthwynebiad gan fynachod Tendai eraill a losgodd ei ysgrifau. Yn 1206, yn 74 mlwydd oed, tynnwyd ei urddwisg oddi arno ac fe'i alltudiwyd oherwydd sibrydion am ddylanwad rhai o'i ddilynwyr dros wragedd ifanc o lys yr ymerawdwr. Ymateb Honen oedd i groesawu'r cyfle i ledaenu efengyl Amida mewn ardaloedd pellennig ymhlith pobl annysgedig. Cyfeirir at ysgol Fwdhaeth Honen fel Jodoshu (Sect Tir Pur) ac mae wedi parhau hyd heddiw.

Ar yr un pryd â Honen, alltudiwyd disgybl o'r enw Shinran (1173-1262) hefyd. Roedd Shinran yn amddifad hefyd, ac ar ôl gadael mynachlog Tendai, penderfynodd briodi, yn ôl pob sôn, ar ôl gweledigaeth o Kwannon a'i cynghorodd ef i weithredu fel hyn. Yn y diwedd, ffurfiodd dilynwyr Shinran sect o Fwdhaeth a alwyd yn Jodo Shin Shu, neu Sect Gwir Dir Pur, gan iddynt deimlo mai ef oedd yr unig un a oedd wedi deall dysgeidiaeth Honen mewn gwirionedd. Dysgodd Shinran na allai'r ddynoliaeth bechadurus, yn cynnwys ef ei hun, wneud dim i ennill achubiaeth drostynt eu hunain a rhaid taflu eu hunain yn gyfan gwbl ar drugaredd Amida. Beirniadodd yr agwedd o geisio ennill teilyngdod drwy gadw rheolau moesol, a chyflawni ymarferion defodol, gan ystyried pechadur yn agosach at Fwdha Amida na dyn da honedig sydd efallai'n falch o'i gyraeddiadau ei hun. Roedd Honen wedi cyfleu trugaredd Amida yn y dywediad canlynol:
    'Caiff hyd yn oed dyn drwg ei dderbyn yng ngwlad Bwdha, pa faint yn fwy dyn da.'
Gwell oedd gan Shinran ddweud:
    'Caiff hyd yn oed dyn da ei dderbyn yng ngwlad Bwdha, pa faint yn fwy dyn drwg.'

Mae'r syniad o deilyngdod yn arwain yn syml at ffug hunan-bwysigrwydd tra dylai dyn ddibynnu'n gyfan gwbl ar allu Amida yn y farn wylaidd na all dyn wneud dim drosto'i hun. I warchod yn erbyn unrhyw ffurf o hunanhoniad, pwysleisiodd Shinran bod hyd yn oed gweithred unigol o ffydd yn Amida yn ddigonol; nid oedd ailadrodd ei enw ar achlysuron ar ôl hyn yn ennill dim teilyngdod ychwanegol ond roedd megis ffordd o fynegi diolchgarwch i Amida. Byddai hyd yn oed ffydd yn demtasiwn i ymfalchïo i rai pobl, a phwysleisiodd Shinran bod ffydd yn Amida yn rhodd oddi wrth Amida ac nid rhywbeth a enillwn drosom ein hunain. Ymddengys mai'r Tir Pur oedd y nod terfynol i Shinran, yn cyfateb i *nirvana* neu Fwdhadod, yn hytrach na cham ar y ffordd yno.

Dysgir Bwdhyddion 'Shin' i fyw bywyd gwylaidd, gan addasu i bobl sydd o'u cwmpas, ac nid gosod eu hunain fel rhai gwahanol ac uwchraddol drwy unrhyw arferion arbennig. Bywyd teuluol cyffredin yw'r patrwm yn hytrach na dibriodrwydd mynachaidd, ac mae trefnwyr y sect yn ffurfio math o glerigwyr priod ar gyfer seremonïau syml, y swyddogaeth yn etifeddol yn hytrach na'n seiliedig ar unrhyw gymhwyster personol. Anogir peidio ag addoli Bwdhau na *bodhisattvau* eraill, a gwelir Shakyamuni fel cynrychiolydd daearol Amida yn unig. Fodd bynnag, dysgir Bwdhyddion Shin i beidio â barnu crefyddau na sectau eraill. Pwysleisiwyd yn arbennig yr agwedd yma o ddilyn yn wylaidd y llwybr 'Shin' heb wneud hyn yn hysbys na barnu eraill, gan yr athro Rennyo o'r 15fed ganrif.

Roedd Bwdhaeth Shin yn apelio'n benodol at bobl brysur, gyffredin. Denodd aelodau esgymun cymdeithas, gwragedd ac eraill a oedd yn cael eu diarddel gan Fwdhaeth fynachaidd draddodiadol. Gall ymddangos yn bell o ddysgeidiaeth wreiddiol y Bwdha, ond gellir ei esbonio fel ffurf o *upaya* – un o'r dulliau medrus niferus a ddefnyddir gan y Bwdhau i achub bodau. Mae nifer o geisiadau wedi bod i gysoni dysgeidiaethau'r Tir Pur â ffurfiau eraill Bwdhaeth. Gellir gweld gweddïo ar Amida fel tynnu ar y natur Bwdha o fewn yr hunan yn hytrach nag i dduw ar wahân, a'r Tir Pur fel cyflwr o ymwybyddiaeth yn hytrach na lle. Gellir gweld taerineb Shinran ar gael gwared ag unrhyw arlliw o hunan-falchder mewn dibyniaeth llwyr ar Amida, fel ffordd amgenach o fynegi dysgeidiaeth Fwdhaidd sylfaenol *anatta*, 'dim hunan'. Awgrymodd Suzuki, yr ysgolhaig Zen, mai pwysigrwydd adrodd y *nembutsu* (namu Amida Butsu) yw ei effaith ar yr ymwybyddiaeth. Defnyddir *mantrau* yn aml mewn myfyrdod fel techneg dros atal meddwl crwydrol ac ennill profiad cyfriniol. Felly, teimla Suzuki y gall lwyddo i gyrraedd yr un nod ag ymarferion Zen, megis myfyrdod ar y *koan*. Fodd bynnag, nid dyma'r ffordd draddodiadol o ddeall y *nembutsu*.

Bwdhaeth Shin yw ffurfiau mwyaf poblogaidd Bwdhaeth 'brif ffrwd' yn Japan fodern, gan ei bod hi'n bosibl ei chyfuno â bywyd diwydiannol prysur, ac mae'n cynnig y gobaith o hapusrwydd ar ôl marwolaeth.

Zen (Ch'an)

Mae *Ch'an* (Tsieinëeg) a *Zen* (Japaneg) yn cyfieithu'r gair Indiaidd *dhyana* (myfyrdod). Mae Bwdhaeth Ch'an yn ffurf o Fwdhaeth seiliedig ar fyfyrdod; nid yn ystyr ymarfer y technegau oll a ymarferir yn India, ond yn ystyr cyffredinol puro'r meddwl er mwyn profi realiti yn uniongyrchol. Felly, er iddi gael ei galw yn Fwdhaeth 'myfyrdod', gellid galw Ch'an yn Fwdhaeth 'doethineb', oherwydd ei bod yn pwysleisio'r angen am ddeall realiti'n syth, a elwir *prajna*. Mae Ch'an yn honni cynrychioli llinell arbennig o drosglwyddiad y traddodiad Bwdhaidd yn uniongyrchol oddi wrth Shakyamuni. '**Trosglwyddiad uniongyrchol o ymwybyddiaeth effro y tu allan i draddodiad a thu allan i ysgrythur**' yw'r crynodeb Zen traddodiadol a briodolir i Bodhidharma. Caiff ei estyn ymlaen nid mewn geiriau ond yn uniongyrchol o feddwl i feddwl, athro i ddisgybl. Mae hefyd mewn nifer o ffyrdd yn debyg i Daoaeth yn ei phwyslais ar ddysgeidiaeth ddi-eiriau, natur, ymddygiad digymell a diffyg parch at draddodiad, ac fe'i gwelwyd yn aml fel cyfuniad o Fwdhaeth Indiaidd a Taoaeth Tsieineaidd. Eto, ar y llaw arall, gellir dod o hyd i'r rhan fwyaf o Ch'an yn nysgeidiaeth Bwdhaeth Mahayana Indiaidd. Y profiad a geisir gan Ch'an yw'r doethineb perffaith sy'n gafael yn sythweledol yn natur anneuol, gwag realiti y siaredir amdano yn llenyddiaeth y Doethineb Perffaith neu'r Un Meddwl y siaredir amdano mewn athroniaeth Yogacara. Roedd athroniaeth Madhyamaka wedi dangos yn barod sut y gall y meddwl gael ei dwyllo i farnau ffug gan eiriau a dadleuon; roedd y *Sutra Lankavatara* wedi siarad yn barod am natur y Bwdha sy'n guddiedig o fewn pob bod; a *Sutra Avatamsaka* o gydymdreiddiad pob peth, fel bod pob peth yn un, tra bod gan bob peth unigol ei ystyr arbennig ei hun. Roedd *Tantra*, yn ei ffordd ei hun, wedi dangos yn barod werth pethau *samsara* fel cyfryngau i brofi gwirionedd ysbrydol. Felly, er y siaredir am Zen ar adegau fel rhywbeth hollol chwyldroadol, mewn gwirionedd, mae'n ffurf o Fwdhaeth Mahayana a fynegir mewn dull y Dwyrain Pell. Mewn ymarfer, mae weithiau wedi cael ei nodweddu gan ddisgyblaeth lem, ac ymddygiad digymell, bron yn anarchaidd. Mae'r pethau hyn a ymddengys i fod yn wrthgyferbyniol, wedi denu amrywiaeth o fathau o bobl. Edmygodd rhyfelwyr Japaneaidd y cyntaf, ac edmygodd 'hipis' Americanaidd yr ail. Mae Zen yn cyfuno disgyblaeth a natur ddigymell, na welir fel pethau cyferbyniol, ond dwy ochr yr un geiniog; ni all dyn weithredu'n rhydd heb ddisgyblaeth, ac mae disgyblaeth yn y pen draw yn arwain at natur hollol ddigymell a naturioldeb. Tuedda ffurfiau celf Tsieineaidd a Japaneaidd fynegi'r cyfuniad rhyfedd hwn o 'hamddenoldeb disgybledig', a welir mewn celf yn well nag mewn geiriau. Mae'r pwyslais ar ddoethineb ac annigonoldeb geiriau wedi denu deallusion, yn y ffordd y denodd Bwdhaeth Tir Pur y llai dysgedig. Fel Tir Pur, mae Ch'an yn llwybr 'parod' i oleuedigaeth, yn hytrach nag un graddol strwythuredig, a phrofodd y ddwy ffurf hon o Fwdhaeth i fod y mwyaf llwyddiannus yng ngwledydd y Dwyrain Pell.

Hanes Zen

Yn nhraddodiad Zen, mae hanes chwedlonol Zen yn mynd yn ôl at Fwdha Shakyamuni, a ddywedir iddo unwaith ddysgu'r *dharma* wrth ddal blodyn sengl i fyny a'i droi yn ei law. Dim ond un o'i ddisgyblion, Kasyapa, a ddeallodd y neges a gwenu. Estynnwyd y gafael uniongyrchol yma ar realiti i lawr o feistr i ddisgybl yn India fel traddodiad arall i'r hyn a gofnodir yn y *sutrau*. Yn y diwedd, yn 520 OG, daeth meistr Indiaidd o'r enw Bodhidharma o India i China a dechrau llinell meistri Ch'an Tsieineaidd.

Mae Bodhidharma yn ffigur rhannol chwedlonol a ddywedir iddo ddechrau ei bregethu wrth fyfyrio gan wynebu wal am naw mlynedd, tan i'w goesau syrthio i ffwrdd, ac iddo sarhau'r ymerawdwr wrth ddweud wrtho nad oedd ei noddi o ysgrythurau a mynachlogydd Bwdhaidd yn ennill dim teilyngdod iddo o gwbl. Mae'r rhain yn symboleiddio gwrthwynebiad y Ch'an i Fwdhaeth sydd megis geiriau ac arferion allanol yn unig, a'r angen am ymarfer mawr yn chwilio am y gwirionedd. Darlunnir Bodhidharma gan artistiaid Zen diweddarach fel dyn ffyrnig, gyda llygaid yn rhythu sydd ar yr un pryd yn ddigri. Mae ffyrnigrwydd a doniolwch yn nodweddion Zen. Dywedir ei fod wedi torri ei amrannau i ffwrdd er mwyn cadw ei hun rhag cysgu yn ystod myfyrdod. Roedd Bodhidharma, mwy na thebyg yn ffigur hanesyddol, ond mae haneswyr yn credu bod y dyddiad traddodiadol yn anghywir, a bod y dyddiad yn fwy cywir o gwmpas 480 OG. Dywedir bod Bodhidharma wedi hoffi'r *Sutra Lankavatara* yn benodol, sy'n dysgu natur anneuol realiti, ac athroniaeth 'meddwl yn unig', ac embryo Bwdhadod o fewn pob bod. Sylfaenodd ef y fynachlog Shao-lin enwog.

Yr ail athro oedd Hui k'o, a ddywedir iddo eistedd y tu allan i deml Shao-lin yn yr eira, yn erfyn ar Bodhidharma i'w adael i mewn, ac yn y diwedd torrodd ei fraich i ffwrdd er mwyn argyhoeddi'r meistr o'i natur benderfynol. Mae'r fath storïau, o bosib, wedi'u dyfeisio neu wedi'u gor-ddweud ond yn mynegi agwedd benderfynol, galed Zen a edmygir gymaint gan ryfelwyr Tsieineaidd a Japaneaidd.

Y trydydd athro oedd Seng t'san a gyfansoddodd gerdd enwog ar natur anneuol realiti eithaf, a elwir 'Ar gredu mewn Meddwl'. Yng nghyfieithiad Conze, dyma'r ddwy bennill olaf:

> 'Un yn yr Oll, yr oll yn un
> Pe bai hyn ond yn cael ei sylweddoli
> Dim rhagor o ofidio am beidio â bod yn berffaith.
> Pan fo Meddwl a phob meddwl sy'n credu heb fod yn rhanedig
> A heb eu rhannu yw pob meddwl sy'n credu a Meddwl
> Dyma lle mae geiriau'n methu;
> Oherwydd nid o'r gorffennol y mae, na'r presennol na'r dyfodol.'
>
> (Conze 1959 tud.175)

Y pumed patriarch oedd Hung jen (601-675). Tuag at ddiwedd ei fywyd, yn ôl *Sutra'r Llwyfan*, awgrymodd gystadleuaeth farddoniaeth er mwyn penderfynu pa un o'i ddisgyblion oedd â'r gafael gorau ar wirionedd y Bwdhydd, ac felly, yn haeddu bod y nesaf yn y llinell. Cyfansoddodd y prif fynach dysgedig, o'r enw Shen hsiu, gerdd a'i hysgrifennu ar wal a oedd ar fin cael ei haddurno.

'Y corff yw'r goeden bodhi
Y meddwl sydd fel drych clir
Ar bob adeg rhaid i ni ymdrechu i'w loywi
A pheidio â gadael i'r llwch gasglu.'

Mynegodd y pennill yma'r farn draddodiadol bod goleuedigaeth yn cael ei chyrraedd drwy buro'r meddwl rhag rhwystrau anwybodaeth, ac mai'r fangre lle mae'r broses hon yn cymryd lle yw mewn bywyd corfforol dynol. Roedd y darlun o feddwl fel drych yn un traddodiadol mewn Bwdhaeth a Thaoaeth. Ystyriwyd y pennill hwn yn rhesymol, ond nid yn nodedig. Daeth y newyddion am y gystadleuaeth i glustiau nofis gostyngedig o'r enw Hui neng a oedd yn gweithio yn y gegin. Yn ôl yr hanes, roedd Hui neng yn werthwr coed tân anllythrennog, tlawd a gafodd ei ddenu at Fwdhaeth pan glywodd rai o'i gwsmeriaid yn trafod *Sutra'r Diemwnt*, ond a oedd hyd yn hyn dim ond wedi cael ei gyflogi yng nghegin y fynachlog, yn curo reis. Cyfansoddodd y gwas cegin anllythrennog hwn ei gerddi ei hun a gofynnodd i ffrind i'w hysgrifennu ar y wal nesaf at rai Shen hsui. Dyma gerddi Hui neng:

'Yn wreiddol nid coeden mo'r goeden Bodhi
Nid oes gan y drych ddim ateg
Mae natur Bwdha'n lân a phur bob amser
Pa le y mae lle i lwch?

Y meddwl yw'r goeden Bodhi
Y corff yw ateg y drych
Y drych sy'n wreiddiol lân a phur
Ym mha le y gellir ei ddifwyno gan lwch?'

Dangosodd y cerddi hyn afael llawer dyfnach ar wirionedd Zen. O farn oleuedig dragwyddol realiti ni ellir gwahanu'r meddwl unigol a natur y Bwdha, ac felly mae'r ddau yn dragwyddol bur a heb eu cyfyngu i unrhyw amser na lle. Mae 'llwch' *karma* a gynhyrchir gan anwybodaeth a chwant yn ddim ond rhith mewn gwirionedd, ac felly mae ymdrechu i'w symud ymaith yn dangos nad ydych wedi deall ei natur.

Yn ôl dilynwyr Hui neng, fe'i galwyd yn gyfrinachol i bresonoldeb Hung jen ac fe ddysgwyd *Sutra'r Diemwnt* iddo, sy'n cyfleu'r syniad o wacter pob peth. Gyda hyn, derbyniodd Hui neng oleuedigaeth ac fe'i gwnaed yn chweched patriarch.

Cyflwynodd meistr o'r enw Huai hai, a berthynai i ddiwedd yr 8fed i ddechrau'r

9fed ganrif, y syniad o werth gwaith corfforol i mewn i ymarfer Ch'an. Cynorthwyodd hyn fynachlogydd Ch'an i fod yn hunangynhaliol ac i oroesi erledigaeth 845 OG ynghyd â'r ffaith nad oedd dim angen llyfrgelloedd o ysgrythurau, temlau'n llawn delwau na threfniant cymhleth arnynt.

Yn ystod y 9fed a'r 10fed ganrif, rhannodd y traddodiad Ch'an yn bum sect neu linach wahanol, a bwysleisiodd wahanol agweddau o Ch'an. Y ddwy a brofodd o bwysigrwydd parhaol oedd **Lin chi** (Japaneaidd, Rinzai) a **Ts'ao tung** (Japaneaidd, Soto). Dechreuwyd Lin chi gan I hsuan o Lin chi, a fu farw yn 867. Pwysleisiodd Lin chi draddodiad dulliau dysgu ecsentrig, megis gweiddi a churo, dywediadau fel rhigymau, a disgyblaeth galed. Ef a ddywedodd y dywediad enwog 'Os dewch ar draws y Bwdha ar eich llwybr, lladdwch ef', gan bwysleisio'r angen am fod yn rhydd o bob ffurf allanol o grefydd a theipiau syniadol megis y syniad o'r Bwdha fel bod ar wahân i'r hunan. Caiff y Bwdha ei 'ladd' pan sylweddola dyn, ei fod, fel pob peth, yn wag o fodolaeth hanfodol. Roedd y ffurf anodd, ambell waith ysgytiol yma o Fwdhaeth yn arbennig o ddeniadol i'r dosbarth rhyfelgar Tsieineaidd, a thrwy'r cysylltiad yma daeth Ch'an Lin chi i ymwneud â gwleidyddiaeth a chenedlaetholdeb.

Dechreuwyd Ts'ao tung gan Lian Chieh o Tung Shan (807-869) a deimlai y gallai ecsentrigrwydd dramatig Lin chi ddirywio'n hawdd i hunan-bendantrwydd a 'gemau meddwl' deallusol. Gallai gweithredoedd ecsentrig fod yn ddim ond megis ffordd o ddangos ei hun a gallai o ddifrif danseilio moesoldeb y werin gyffredin a allai feddwl y gallent fynd o gwmpas yn torri'r rheolau moesol arferol ar fympwy. Pwysleisiodd Ts'ao tung ffordd dawelach, wylaidd o fynd ati yn cynnwys ymddygiad moesol gweddus, astudiaeth o'r ysgrythurau, dim cysylltiadau gwleidyddol bydol a chyfnodau hir o fyfyrdod gan eistedd yn dawel.

Ar ôl y 10fed ganrif, daeth Ch'an yn fwy sefydliadol. Daeth mynachod Lin chi yn arbennig, i ymwneud llawer â materion llywodraethol. Yn lle creu eu ffyrdd eu hunain o gyfleu'r gwirionedd, daeth yr arferiad o astudio'r dywediadau a gweithredoedd athrawon Ch'an blaenorol. Gelwir y rhain yn *Kung an* (*koan* yn Japaneg) sy'n golygu hen gist neu ddogfen gyhoeddus ac maent fel arfer ar ffurf stori neu sesiwn cwestiwn ac ateb (*mondo*) rhwng meistr a disgybl. Gwnaed dau gasgliad mawr o *Kung an*, y *Pi yen* yn yr 11eg ganrif a'r *Kuan Wu men* yn y 12fed ganrif.

Yn y 12fed ganrif y daeth Zen yn boblogaidd yn Japan, er bod ymarferion myfyrdod Zen wedi bod yn wybyddus ers y 7fed ganrif. Arloeswr Zen Japaneaidd oedd Eisai (1141-1215), yn wreiddiol mynach Tendai a deithiodd i China a dod yn ôl â'r traddodiad Lin chi (Rinzai). Fel yn China, roedd y math yma o Fwdhaeth yn ddeniadol iawn i'r Samurai neu'r rhyfelwyr, ac fe'i nodweddir gan wytnwch, ymarfer crefft ymladd, cenedlaetholdeb wleidyddol, meistri ecsentrig, dulliau dramatig o ddysgu megis gweiddi a churo, ac ymdrechu i ddeall y *koanau* paradocsaidd. Ni wnaiff myfyrdod tawel byth ddod â'r fflach o fewnwelediad sythweledol a elwir yn oleuedigaeth. Poblogeiddiodd Eisai hefyd y defnydd o de yn Japan, gan gynghori'r *shogun* y byddai'n llawer gwell iddo nag alcohol – 'Pa bryd bynnag y bydd dyn yn teimlo'n wangalon, dylai yfed te.' (de Bary 1972 tud.367) Hefyd canfyddodd mynachod myfyriol bod yfed te yn adnewyddol.

Roedd Dogen (1200-1253) yn fynach Tendai arall a oedd, er o deulu bonheddig, wedi cael ei amddifadu ac wedi byw fel mynach er yn 13 mlwydd oed. Cafodd ei ddenu yn y lle cyntaf gan ddysgeidiaeth Eisai ond, heb ei fodloni'n hollol, teithiodd i China ei hun a dod yn ôl â'r traddodiad Tsao tung (Soto). Ystyrir Dogen yn sant mawr. Dysgodd bod y gwir fywyd Bwdhaidd yn un anhunanol, syml, a does dim rhaid i ni fynd i eithafion dramatig i sylweddoli Bwdhadod, gan fod pob bod, yn barod, yn Fwdha tragwyddol. Dysgodd mai'r ffordd orau i sylweddoli'r Bwdhadod hwn oedd i eistedd mewn myfyrdod tawel, yn gwneud dim byd ond eistedd yn unig, gan adael i'r meddyliau ddiflannu heb fod ag obsesiwn o'u gwthio nhw i ffwrdd. Ni ddylem gael dim chwantau, hyd yn oed ar gyfer Bwdhadod, ac ni ddylem fod yn ceisio am unrhyw brofiad 'meddyliol' mawr. Eistedd yn unig oedd nod Bwdhadod a byddai ein natur Bwdha'n datgelu ei hun yn raddol i ni mewn ffordd naturiol, annramatig. Gelwir y dull yma o fyfyrdod yn *zazen* neu 'fyfyrdod eistedd', ar gyfer yr hwn y gadawodd Dogen gyfarwyddiadau manwl a elwir yn 'rheolau zazen', a ddefnyddir o hyd gan Fwdhyddion Soto Zen heddiw.

Beirniadodd Dogen rai o ymarferion yr athrawon Zen eraill; gallai ymddygiad ecsentrig ddod yn hunanhoniad, fel y gallai gormod o ymdrechu deallusol, neu ymwneud â gwleidyddiaeth fydol. Yn lle hynny, dylai dyn fyw bywyd syml, gweddus, tawel gyda ffydd yn y Bwdha a'i athro, yn ymarfer zazen yn ffyddlon heb chwilio am ganlyniadau. Dylai ei fynachod fyw bywyd gwylaidd traddodiadol o dlodi a chardod. Teimlai fod athrawon a gâi wared ar ysgrythurau yn gyfan gwbl yn ffôl i daflu arf defnyddiol i ffwrdd. Dylid astudio'r ysgrythurau heb golli golwg ar eu bwriad. Os yw dyn yn methu yn y bywyd Bwdhaidd, dylai wneud gweithred ddiffuant o edifeirwch i'r Bwdha a rhoi cynnig arni eto.

Mae Rinzai a Soto Zen wedi cael eu cyferbynnu'n aml; mae Rinzai yn ceisio dealltwriaeth ar unwaith o'r gwirionedd a enillir drwy chwyldro sydyn o ymwybyddiaeth a achosir gan ddulliau dramatig a disgyblaeth lem; tra bod Soto Zen yn teimlo y bydd y gwirionedd yn gwawrio arnoch yn raddol wrth i chi eistedd mewn myfyrdod tawel a byw bywyd gweddus, da – nid yw'n ddim byd arbennig, yn y ffaith ei fod wedi bod yno erioed. Er bod y profiad personol gwirioneddol efallai yn y ddau draddodiad yn gallu teimlo'n wahanol o ganlyniad i'r gwahaniaeth mewn dull, gellir eu gweld hefyd fel ffyrdd gwahanol at yr un nod a addasir i wahanol fathau o bersonoliaeth. Y farn Japaneaidd yw bod Rinzai ar gyfer y mwyafrif, a Soto ar gyfer y ffermwr.

Yn ystod yr anghydfod sifil yn y 14eg a'r 15fed ganrif yn Japan, daeth mynachlogydd Zen yn noddfeydd heddwch mewn byd cythryblus. Yn ystod y cyfnod hwn y datblygodd y ddefod de, yn cyfuno naturioldeb Zen â moesgarwch Conffiwsiaeth i gyflwr o lonyddwch.

Yn ystod yr 16eg a'r 17eg ganrif, dirywiodd Zen rywfaint i ffurfioldeb, wrth iddi ddod yn rhan o'r sefydliad. Fodd bynnag, roedd Hakuin (1685-1768) yn athro Rinzai mawr a roddodd ysgogiad newydd i Zen ar ôl iddo gael goleuedigaeth wedi iddo gael ei daro ar ei ben â brwsh. Lledaenodd Hakuin y neges Zen ymhlith pob adran o gymdeithas, gan wrthod Bwdhaeth mewn enw'n unig. Dyfeisiodd ef ei hun *koanau* newydd megis 'Beth yw sŵn un llaw yn curo?' a mynegodd wirionedd Zen mewn paentiadau yn ogystal ag ysgrifen. Ers ei gyfnod, mae Zen wedi gorfod gwrthsefyll dod yn ddim ond yn un sect grefyddol arall, gyda threfniant ac aelodau'n gysylltiedig mewn gweithgareddau defodol yn unig. Arweiniodd hyn athro cyfoes Zen, D T Suzuki, i awgrymu y ceir y gwir draddodiad Zen byw yn fwy yn America, lle mae'n dal yn fyw ac yn gyffrous, nag yn Japan lle mae wedi dod yn draddodiadol.

Prif ddysgeidiaethau Zen

1. Fel ym mhob ffurf o Fwdhaeth, nod Zen yw goleuedigaeth, gweld y byd fel y mae mewn gwirionedd. I Zen, dyma weld anneuoliaeth pob peth, *nirvana* nad yw ar wahân i *samsara,* ond yn syml *samsara* a welir yn ei wir oleuni. Mae Zen yn defnyddio terminoleg Bwdhaidd gwahanol i ddisgrifio'r 'gwacter' realiti hyn, sef 'meddwl' neu 'gydymdreiddiad llwyr pob peth', a ddaeth yn wreiddiol o athroniaethau Bwdhaidd amlwg. Yn wahanol i syniad rhai ysgolion Mahayana bod y mewnwelediad hwn dim ond yn dod ar ddiwedd gyrfa *bodhisattva* hir, dysga Zen ei fod ar gael yma a nawr, fel yn amser Shakyamuni. Daw'r profiad goleuedigaeth hyn i gyd ar unwaith, fel deall jôc a chyfeirir ato fel *wu* mewn Tsieinëeg a *satori* mewn Japaneg. Pwysleisir natur 'syth' *satori* yn fwy gan Rinzai na Soto Zen. Cymharodd Hakuin hyn i ddryllio sydyn lwmp o iâ. Mae disgrifiadau *satori* fel profiadau cyfriniol clasurol – undod mawr, tangnefedd mawr, ymdeimlad o wybod y gwir wirionedd, wedi mynd y tu hwnt i amser a gofod, cyrraedd cyflwr uwch o ymwybyddiaeth, sy'n amhosibl i'w ddisgrifio mewn geiriau arferol. Mae'n anodd gwybod pa un ai yw'r *satori* a honnir gan feistri Zen yr un profiad mewn gwirionedd â *nirvana* Shakyamuni. Ymddengys bod gwahanol lefelau o fewnwelediadau, fel y gellir cymharu *satori*'n fwy cywir â'r 'weledigaeth *dharma*' a enillir gan ddilynwyr Shakyamuni, neu ragflas dros dro *nirvana*, a geir yn *samadhi*, na goleuedigaeth eithaf a pherffaith Bwdhadod. Ni fyddai ymarferwyr Zen a honnant eu bod wedi profi *satori* yn honni eu bod wedi ennill Bwdhadod llawn a chyfan, ac eithrio yn yr ystyr bod yr ymwybyddiaeth gyffredin, bob dydd yn ymwybyddiaeth Bwdha mewn gwirionedd yn y diwedd.

2. Mae Zen yn pwysleisio'r hunaniaeth rhyngoch chi eich hun a Bwdha, gan ddysgu bod natur y Bwdha yn preswylio o fewn pob bod, a does dim rhaid i ddyn ddod yn Fwdha oherwydd bod dyn wedi bod yn un erioed. Pwysleisir y syniad hwn nad oes dim byd i'w ennill yng ngherdd Hui neng, a'r dywediad Zen 'Gweld i mewn i natur dyn ei hun a sylweddoli Bwdhadod'. Eich meddwl dyddiol eich hun yw meddwl y Bwdha, pwynt a bwysleisir gan ddysgeidiaeth y Soto – mai eistedd yn *zazen* yw Bwdhadod, nid ffordd i Fwdhadod.

3. Fel yn y rhan fwyaf o ffurfiau Tsieineaidd a Japaneaidd o Fwdhaeth, dehonglir anneuoliaeth *nirvana* a *samsara* fel rhoi gwerth ysbrydol i fywyd bob dydd a'r byd materol. Mae cariad mawr tuag at natur yn Zen, a fynegir mewn celf a barddoniaeth; o bosib dan ddylanwad Taoaeth, ond hefyd o gred Hua yen (gwelir ynghynt yn y bennod hon) bod pob gronyn o lwch yn cynnwys yr holl fydysawd. Honnai I hsuan bod Zen mewn gwirionedd 'yn ddim ond bywyd bob dydd heb ddim i'w wneud', gan fwyta pan fo angen bwyd arnoch a gorwedd i lawr pan yn flinedig. Mae cario tanwydd a thynnu dŵr yn weithgareddau ysbrydol. Ynghyd â'r gwerthfawrogiad hwn o natur ac o'r gweithgareddau dyddiol y mae'r syniad na ddylai ymddygiad fod yn ffordd wasaidd o ddilyn rheolau arferol, ond yn naturiol a digymell. Mae hyn eto wedi'i weld fel dylanwad Taoaidd, a gellir ei gamddeall yn hawdd fel ymddygiad plentynnaidd, yn dilyn mympwyon. Fodd bynnag, yr hyn a olyga mewn gwirionedd yw ymddygiad sy'n deillio'n uniongyrchol o natur y Bwdha o'n mewn, fel bod yr hyn sy'n gywir yn cael ei wneud bob amser ar yr adeg briodol, *upaya kausalya* 'dulliau medrus'.

4. Fel y nodwyd gan gyfrinwyr ym mhobman, cred Zen na ellir gosod y gwirionedd mewn geiriau, ni ellir ond ei estyn yn uniongyrchol o feddwl i feddwl. Mynegir hyn yn y dywediadau a briodolir i Bodhidharma: 'Trosglwyddiad uniongyrchol y tu allan i draddodiad a thu allan i ysgrythur; dim dibyniaeth ar eiriau; yn pwyntio'n uniongyrchol at y galon ddynol; yn gweld i mewn i natur dyn ei hun a gwireddu Bwdhadod.' Oherwydd hyn, mae Zen wedi bod yn feirniadol o orddibyniaeth ar yr ysgrythurau. Llosgodd Te Shan (780-865) yr holl ysgrythurau cyn gynted ag y cyrhaeddodd oleuedigaeth ac arferai Han Shan (yr 16eg ganrif, China) fynd o gwmpas yn darllen sgrôl wag. Dim ond symbolau yw ysgrythurau, mae hyd yn oed 'gwacter' neu 'Fwdha' ond yn ddim ond cysyniad meddyliol a gall y rhain amharu rhag deall y gwirionedd yn uniongyrchol. Teimlai Dogen y gallai'r agwedd 'ysgrythurau llosg' hyn fynd yn rhy bell a phwysleisiodd y gallai'r ysgrythurau fod yn offer defnyddiol. Y feirniadaeth Zen o'r ysgrythurau yw nad ydynt yn ddiwerth ond y gellir anghofio'n hawdd mai offer yn unig ydynt, fel yr holl ymarferion crefyddol, defodau, rheolau moesol, ayb. Ymddengys bod crefydd mewn angen parhaol o atgoffa nad yw ei symbolau yn realiti ynddo'i hun. Ceir y feirniadaeth hon o gael eich caethiwo i eiriau

gwirioneddol, mewn Taoaeth hefyd, 'Nid y Tao y gellir ei enwi yw'r Tao Tragwyddol'. Dywedodd Chuang-tzu, 'Ble y gallaf ddarganfod dyn sydd wedi anghofio geiriau – dyn ydyw yr hoffwn siarad ag ef.' Dylem geisio profi realiti yn uniongyrchol yn hytrach nag yn ail-law drwy ein lluniadau meddyliol. Mewn ffordd debyg, mae Zen yn ddelwddrylliol ynghylch symbolau Bwdhaeth fel cerfluniau Bwdha. Gwnaeth un meistr Zen dân o gerfluniau pren pan oedd yn oer, dangosodd arall fod Bwdha euraidd ei ddisgybl wedi troi'n neidr. Gall y fath symbolau fod yn rhwystr ynghyd â chymorth os credir eu bônt yn gysegredig ynddynt eu hunain.

Ymarfer Zen

Os na ellir gosod y gwirionedd mewn geiriau, rhaid iddo gael ei gyfleu rhywffordd. Mae gan Zen nifer o ddulliau ei hunan lle gellir trosglwyddo'r gwirionedd 'o feddwl i feddwl':

1. Mae'r berthynas meistr-disgybl yn bwysig iawn yn Zen oherwydd dim ond person sydd eisoes wedi derbyn goleuedigaeth sy'n gwybod orau sut i drefnu i un arall brofi realiti. Gelwir meistr Zen yn *roshi* yn Japan a disgwylir i ddisgyblion ymostwng heb gwestiynu i awdurdod y meistr. Mae'n draddodiadol i gael cyfweliadau preifat cyfnodol gyda'r meistr, a fydd yn cwestiynu'r disgybl a mesur ei ddatblygiad. Yn Rinzai Zen, gall y rhain fod yn brofiadau dirdynnol, oherwydd gall y meistr gyflawni rhyw weithred ecsentrig megis curo neu weiddi ar y disgybl – torrodd un fys ei ddisgybl! Mae llawer o storïau am weithredoedd ecsentrig a gyflawnwyd gan feistri Rinzai. Un braidd yn ysgytwol yw'r stori am Nan chuan a laddodd gath pan na roddodd un o'i ddisgyblion yr ateb cywir i'w gwestiwn. Pan gyrhaeddodd disgybl arall, gofynnwyd iddo pa beth y byddai ef wedi'i ddweud; gosododd y disgybl hwn ei sandalau ar ei ben a cherddodd allan, gan achosi i'r meistr ddweud, 'Pe baet ti wedi bod yma, ni fyddai angen i'r gath fod wedi marw.' Mae'r fath storïau yn gwneud ychydig synnwyr yn unig allan o gyd-destun y berthynas arbennig rhwng meistr a disgyblion, ac arweiniodd at feirniadaeth Soto o Rinzai fel rhywbeth peryglus. Yn Soto Zen, mae gan ddyn ffydd dawel yn ei athro a'r dull *zazen*.

2. Yng nghyfweliadau meistr-disgybl Rinzai Zen, gellir gofyn i'r disgybl esbonio *koan*. Dywediadau paradocsaidd fel posau yw'r rhain, neu setiau o gwestiynau ac atebion, a ddaw fel arfer o gasgliadau dywediadau meistri Zen o gyfnodau blaenorol. Gall *koanau* fod yn gwestiynau megis: 'Beth yw sŵn un llaw yn curo?' neu 'Pam daeth Bodhidharma o'r Gorllewin?' Gallant fod yn ddatganiadau megis 'Hen farbariad barfog yw Bodhidharma'; 'Cwli tomen dail yw Shakyamuni'; neu 'Pregethodd Bwdha am 45 mlynedd eto ni symudodd ei dafod unwaith erioed'. Gallant fod yn gwestiynau gydag atebion wedi'u darparu megis: 'Beth yw'r Bwdha? Tri phwys o lin (*flax*)'; 'Ydy'r natur

Bwdha mewn ci?' – ateb '*wu*' (dim byd). Yn olaf, gallant fod yn storïau am yr hen feistri megis yr un am Bodhidharma a'r mynach a geisiodd heddwch meddwl. 'Dewch allan â'ch meddwl', meddai Bodhidharma, 'a rhoddaf dangnefedd iddo'. O ddarganfod na fedrai ddangos meddwl, dywedodd Bodhidharma nad oedd gan y mynach broblem mwyach. Stori arall yw honno am feistr a ofynnwyd iddo am y berthynas rhwng y corff a grym bywyd person ac atebodd ei bod hi'n wyntog y tu allan.

Gyda rhai o'r posau a'r sgyrsiau swreal hyn mae'n bosibl cynnig esboniad. Er enghraifft, nid oes y fath beth â sŵn un llaw yn curo oherwydd clap yw gair i ddisgrifio sŵn dwy law yn cael eu dwyn at ei gilydd. Fodd bynnag, y syniad yw nid i ddod o hyd i esboniad deallusol, ond i sylweddoli bod geiriau a chysyniadau yn bethau rydym yn eu gosod ar realiti ac sy'n ein rhwystro i'w weld. Wrth i'r disgybl ymdrechu dros y *koan* a gwthio ei feddwl i'r eithaf, caiff y ddealltwriaeth ei diffygio a gall y disgybl gael amgyffred sythweledol o'r gwirionedd.

3. Y dull a bwysleisir gan Soto Zen yw myfyrdod eistedd yn dawel a elwir yn *zazen*. Yn dilyn rheolau Dogen, rhoddir sylw penodol i gael yr ystum yn iawn, eistedd arferol yn safle'r lotws, â chefn syth a chledrau dwylo gyda'i gilydd. Ymarferir *zazen* drwy syllu ar wal gyda'r llygaid ar agor, gan nad yw Zen yn gwrthod y byd materol. Y syniad yw eistedd yn unig, yn hytrach nag eistedd a meddwl, a fydd yn arwain at y profiad uniongyrchol o realiti-Bwdha. Cymhorthion tuag at hyn yw canolbwyntio ar anadlu ac arsyllu meddyliau, gan geisio peidio â'u dal na'u hanwybyddu yn obsesiynol. Eistedd yn unig, heb unrhyw feddyliau neu ddyheadau, hyd yn oed ar gyfer Bwdhadod, yw nid yn unig y modd at y nod Bwdhaidd ond y nod ei hun.

Mae Soto Zen yn cynghori cyfnodau hir o *zazen*. I osgoi synfyfyrwyr rhag cysgu, gall y meistr fynd ar batrôl y tu ôl iddynt â ffon, yn barod i daro unrhyw un sy'n ymddangos yn gysglyd. I osgoi cael cramp, caiff *zazen* ei ymarfer bob yn ail â *Kin hin* (myfyrdod tra'n cerdded), dylid gwneud 'dim ond cerdded', mewn cylch gyda'r synfyfyrwyr eraill.

4. Mae disgyblaeth fynachaidd Zen wedi'i drefnu'n llym. Caiff y darpar fynach ei droi ymaith fel arfer ar y dechrau, i brofi ei ymrwymiad, fel y cafodd Hui k'o. Unwaith y'i derbynnir, gellir treulio'r ychydig wythnosau cyntaf yn gwneud tasgau corfforol fel paratoi bwyd neu lanhau. Ystyrir gwaith corfforol yn ddisgyblaeth dda mewn Bwdhaeth Zen, a threulia pob mynach beth amser yn ystod y dydd yn gweithio. Mae'r drefn arferol fynachaidd yn strwythuredig iawn. Nodir y diwrnod gan glychau a gwneir popeth ar yr adeg gywir. Cymerir prydau bwyd mewn tawelwch, gan adael ychydig ronynnau o reis bob tro ar gyfer y *pretau* (ysbrydion y meirw). Ynghyd â chyfnodau o waith, mae darlithoedd, cyfnodau o astudio'r ysgrythur, cyfnodau o fyfyrdod, cyfweliadau

gyda'r meistr a chyfnodau o lafarganu *sutrau* i gyfeiliant drymiau. Mae'r rownd gardod yn parhau, nid allan o reidrwydd, gan fod mynachod Zen yn gallu tyfu a choginio eu bwyd eu hunain, ond fel disgyblaeth dda. Rhoddir pwyslais mawr ar lendid personol a bydd gan fynachlogydd dŷ baddon bob amser. Dylid cadw'r mynachlogydd eu hunain yn hollol lân gydag awyrgylch o dawelwch syml. Mae'r moesgarwch defodol yn gyfuniad o reolau *Vinaya* traddodiadol a chwrteisi Conffiwsiaeth, ynghyd â'r syniad Zen mai trwy ddisgyblaeth yn unig y gall dyn fod yn rhydd i weithredu'n naturiol.

5.   Mae mynachod Zen yn aml yn ymarfer celfyddydau megis caligraffeg, peintio i gerddoriaeth, barddoni a garddio. Gwelir y rhain fel dulliau o dreiddio'n uniongyrchol i mewn i realiti; mesur o gelfyddyd Zen da yw p'un ai yw'n llwyddo i gyfleu profiad yn hytrach na bod yn dlws ond yn ddiystyr. Gall celfyddyd fynd â ni'n aml i le na all athroniaeth. Mae gan holl ffurfiau celfyddyd Zen y nodwedd o 'hamddenoldeb disgybledig', bod yn syml ac eto'n hollol gywir. Mae'r agwedd yma wedi dylanwadu ar gelfyddyd Tsieineaidd a Japaneaidd yn gyffredinol ac nid dim ond celfyddyd a gynhyrchir gan fynachod. Mae paentiadau a chaligraffeg a ddylanwadwyd gan Zen yn gyfuniadau syml o ychydig gyffyrddiadau o frwsh inc, du ar wyn, eto mae pob cyffyrddiad yn effeithiol iawn. Mae barddoniaeth a ddylanwadwyd gan Zen yn syml ond yn ddisgybledig, fel yr *haiku* Japaneaidd neu gerdd ddwy sill ar bymtheg. O fewn y cyfyngiad llym yma, caiff profiad gwironeddol ei ddal. Awdur *haiku* enwog o'r 17eg ganrif oedd Basho a ddaliodd deimladau'n uniongyrchol:

'Fioledau –   'A ddychwelodd,
pa mor werthfawr ar   yr eira
lwybr mynydd!'   a welsom gyda'n gilydd?'

Yn Ikebana (gosod blodau), mae'r union syniad yn ffug eto y medrusrwydd yw i ddilyn llinell naturiol y blodau a'r brigau. Mae gerddi a ddylanwadwyd gan Zen yn syml ac eto'n drefniadau manwl o greigiau a thywod a grybiniwyd gydag effaith heddychlon iawn.

Ymarferodd mynachod Zen grefft ymladd megis *kung fu*, *karate*, saethyddiaeth a chleddyfaeth. Gwelwyd y rhain fel ffurfiau o fyfyrdod, a hefyd cryfhaodd y cysylltiad rhwng Rinzai Zen a'r dosbarth rhyfelgar. Mewn crefft ymladd Japaneaidd, daw dewrder o beidio â chael dim cred ynoch chi eich hunan fel bod sydd ar wahân ac felly dim ofn marwolaeth. Nid yw llwyddiant mewn crefft ymladd o ganlyniad i gryfder nac ymdrechu, ond o ddefnyddio'r priodoleddau naturiol o sylwedd ac amseru cywir. Mewn saethyddiaeth, mae'r saeth yn gadael y bwa'n naturiol dim ond pan fyddwch chi'n atal ymdrechu'n rhy galed.

Troes y ddefod de y syniad o yfed cwpanaid o de yn ffurf o fyfyrdod. Yn

ddelfrydol, mae'r ddefod yn digwydd mewn caban arbennig, mewn gardd
arbennig, a gynlluniwyd i gyd gyda'r symlrwydd eithaf. Y tu mewn i'r caban dim
ond sgrôl syml ac ychydig flodau sydd yno, a'r offer ar gyfer gwneud te. Cyflawnir
y weithred o wneud, gweini ac yfed te gyda ffurfioldeb a chanolbwyntio llwyr.
Gall fod arogldarth a cherddoriaeth dawel. Dylai'r sgwrs fod yn ysgafn a chwrtais,
gall fod yn edmygu'r te, ac efallai'r cwpanau te. Mae'r holl effaith yn un o
heddwch mawr a phleser mewn pethau syml bywyd bob dydd.

Yn olaf, mae hiwmor yn bwysig iawn mewn Zen. Gall y meistri Zen ecsentrig
a'u dywediadau rhyfedd fod yn afresymol ddigrif ac mae llawer o luniau Zen
yn rhai doniol fel y Bwdha fel llyffant mawr. Mae chwerthin yn gymorth
i'n hatal ni rhag cymryd ein hunain a'n syniadau yn rhy ddifrifol ac felly'n
amddiffyniad gwerthfawr rhag y perygl bythol-bresennol o symbolau crefyddol
eilunaddolgar. Enghraifft dda yw'r chwerthin a achoswyd pan ddigwyddodd
mynach, a oedd wedi cadw adduned o beidio â gadael ei fynedfeydd meudwyaidd
yn llwyddiannus am 30 mlynedd, wneud hynny'n ddamweiniol pan yn dweud
ffarwel wrth ei gyfeillion. Mae Zen hyd yn oed yn chwerthin ar ei ben ei hun
– pan oedd mynach wedi dysgu'n drylwyr y ddysgeidiaeth bod pob peth yn y
meddwl yn unig, gwnaeth y sylw bod craig yr oedd yn edrych arni yn bodoli
mewn gwirionedd yn ei feddwl ei hun yn hytrach nag fel realiti ar wahân.
Atebodd ei gyfaill fod rhaid bod pen trwm ganddo. Gall llinellau doniol ac
ymddygiad afresymol ein harwain ni i weld rhywbeth a gollwyd gennym, os yw'n
real a heb ei orfodi. Efallai mai goleuedigaeth yw pan fo dyn yn sydyn yn 'cael' y
jôc sydd yn fydysawd.

Nichiren

Dyn o gefndir tlawd dosbarth isel oedd Nichiren (1222-1283) a ddaeth yn
fynach Tendai Mynydd Hiei, a'r un fath â Honen, Shinran, Eisai a Dogen,
gadawodd i ffurfio ei ysgol Fwdhaeth ei hun. Roedd y cyfnod yr oedd y gwŷr
hyn yn byw ynddo yn un o newid cymdeithasol ac anghydfod sifil yn Japan,
ynghyd â dirywiad yn ansawdd ysgol Tendai Bwdhaeth. Roedd yna ymdeimlad
eang o fyw yn oes *mappo* (dirywiad ysbrydol). Roedd Bwdhaeth Tendai yn
arbennig o gynhwysfawr ac, erbyn y 13eg ganrif, wedi cynnwys ymarferion
tantrig, technegau myfyrio Zen, llafarganu'r Tir Pur i Amida ac elfennau Shinto.
Teimlai Nichiren fod Japan a Bwdhaeth, y naill a'r llall yn dirywio ac yntau oedd
yr un a oedd wedi'i dynghedu i achub y ddau. Roedd ganddo ymdeimlad cryf
o genhadaeth ac roedd e'n argyhoeddiedig mai ond ef yn unig oedd yn deall
gwirionedd go iawn Bwdhaeth – agwedd annoddweddiadol i Fwdhydd. Mae'r
enw a fabwysiadodd, sef Nichiren (lotws haul), yn awgrymu'r pwysigrwydd
anhepgor a deimlai a oedd ganddo tuag at Japan, 'gwlad y codiad haul'.

Dysgodd Nichiren ei fod wedi dod i ailalw Bwdhyddion at ddysgeidiaethau
gwreiddiol sect Tendai, a oedd wedi cael eu llygru gan y rhai hynny o Zen, Tir

Pur a Shingon. Gellid dod o hyd i'r gwir ddysgeidiaeth yma ym mhrif ysgrythur sect y Tendai *Lotws y Gyfraith Ryfeddol*. Mae'r ysgrythur yma mewn cyfieithiad Japaneaidd yn dysgu'n glir natur dragwyddol y Bwdha Shakyamuni a chyfrinach ryfeddol Bwdhadod pob un. Darlunnir Bwdha Shakyamuni fel y Tad tragwyddol, sy'n gofalu'n dyner am bob bod o dragwyddoldeb, gan eu harwain yn raddol i Fwdhadod. Roedd ffurfiau eraill o Fwdhaeth, yn ôl Nichiren, wedi esgeuluso y gwir Fwdha, Shakyamuni, sy'n ymddangos ar y ddaear i'n dysgu yn ei 'gorff trawsnewid', i ddilyn Bwdhau dychmygol fel Amida a Vairocana.

Disodlodd Nichiren ddefodau Tir Pur a Shingon gyda'i rai ef ei hun. Yn lle llafarganu enw Amida, llafarganodd ei ddilynwyr enw *Sutra'r Lotws* **'nammyoho rengye kyo'**, Japaneg am "Parchedigrwydd i 'Flodyn Lotws y Gwirionedd Llwyr'". Fel *mantra,* gellir deall y llafarganu hyn ar nifer o lefelau. Gellir ei gymryd yn syml fel datganiad o deyrngarwch i ysgrythur benodol, neu'n fwy dwfn fel 'tiwnio i mewn' i'r gwirionedd dwfn sy'n tanlinellu'r bydysawd, y Bwdha cosmig, y natur Bwdha o fewn pawb. Neu bod gwir ystyr y geiriau'n amherthnasol, ac mai'r sŵn gwirioneddol sy'n cael effaith fuddiol ar ymwybyddiaeth dyn. Ffurfiodd Nichiren y llythrennau Japaneaidd sy'n gwneud yr ymadrodd hwn i *mandala* neu ddiagram myfyrdod yn lle *mandalau* Shingon.

Treuliodd Nichiren ei fywyd yn pregethu'n frwdfrydig neges *Sutra'r Lotws*. Ystyriodd ei hun i fod yn ailenedigaeth o *bodhisattva* yn y *sutra*, a'i fod, felly, wedi bod yn bresennol ym mhregethu gwreiddiol *Sutra'r Lotws*. Teimlai fod ffurfiau eraill o Fwdhaeth wedi diystyru syniad y *bodhisattva* o wneud ymdrechion anferth ar gyfer achubiaeth eraill, a beirniadodd yn benodol ddibyniaeth Honen ar Amida yn hytrach na Shakyamuni.

Erlidiwyd Nichiren yn aml oherwydd ei ymosodiadau ar yr holl sectau Bwdhaidd eraill, a'i gondemniad ef o'r llywodraethwyr am eu cefnogi. Bu bron iddo gael ei ddienyddio unwaith, ond llwyddodd i ddianc rywfodd, a ystyriodd yntau fel arwydd o gywirdeb ei neges. Fodd bynnag, fe'i alltudiwyd ef i ynys bell. Croesawodd Nichiren y dioddefiannau hyn fel cyfle i wneud iawn am *karma* gwael gweithredoedd drwg o fywydau blaenorol. Fel proffwyd o'r Hen Destament, rhagddywedodd Nichiren gwymp Japan oherwydd ei gwrthodiad i wrando arno a rhagddywedodd yn benodol am ymosodiad byddin y Mongol. Ddeng mlynedd yn ddiwddarach, yn 1268, hwyliodd y llongau Mongol i Japan a galw am wrogaeth. Fodd bynnag, gadawon nhw heb achosi llanast mawr, gyda'u llynges wedi'i distrywio gan 'wynt dwyfol'.

Cyfunodd Nichiren Fwdhaeth â chenedlaetholdeb dwys. Teimlai fod gan Japan dynged gysegredig fel 'llwyfan ordinhad dros y byd'. Deuai pobl o'r holl wledydd i Japan a chydnabod gwirionedd ei chrefydd Lotws. Edrychai ar adeg y byddai cyfraith wladol a gwirionedd Bwdhaidd yn uno a byddai Japan Fwdhaidd yn arwain y byd i achubiaeth.

Ffurfiodd chwech o brif ddisgyblion Nichiren eu canghennau eu hunain o
Fwdhaeth Nichiren, a cherdded yn ôl ei draed o waith cenhadol egnïol drwy holl
Japan. Cafodd Nisshin (1407-1488), Bwdhydd Nichiren hwyrach, ei arteithio'n
arw am ei ffydd a gwasgwyd potyn coginio dros ei ben mewn ymgais daer i'w
dawelu.

Mae nifer o grwpiau Japaneaidd modern yn dilyn dysgeidiaethau Nichiren,
ynghyd â'r rhai hynny a sefydlwyd ynghynt. Y rhai pwysicaf yw Reiyukai,
Rissho-kosei-kai a Soka Gakkai. Mae Reiyukai, 'Cymdeithas Cyfaill yr
Ysbryd', yn cyfuno dysgeidiaeth Nichiren â gofal traddodiadol am gyndeidiau
meirw. Cynhelir seremonïau gweddïo a throsglwyddiad teilyngdod ar gyfer
perthnasau meirw, ac mae'n cyfuno animistiaeth hynafol ag ysbrydegaeth fodern.
Dechreuwyd y sect yma yn 1923 gan wraig a honnai gysylltu ag ysbrydion.

Ffurfiwyd Rissho-kosei-kai, y 'Gymdeithas er sefydlu cyfiawnder a
chymrodoriaeth', yn wreiddiol fel mudiad a dorrodd yn rhydd o Reiyukai yn
1938. Yn awr, mae'n pregethu Bwdhaeth fodern lle cymhwysir dysgeidiaethau
Bwdhaidd traddodiadol fel y Pedwar Gwirionedd Nobl a *Sutra'r Lotws* i fywyd
yr 20fed ganrif. Maen nhw'n ymwneud â chynlluniau defnyddiol cymdeithasol
fel adeiladu ysgolion, ysbytai a chartrefi i blant amddifad ac yn 1964 adeiladon
nhw Neuadd Gyfarfod fawr yn Tokyo. Mae eu haelodaeth yn nifer o filiynau ac
un nodwedd drawiadol yw eu techneg o gael grwpiau trafod bychain neu grwpiau
sesiynau cynghori, lle mae pob aelod yn rhannu ei brofiadau neu ei phrofiadau
ag eraill a gyda'i gilydd maen nhw'n penderfynu'r ffordd o weithredu Bwdhaidd
cywir i'w gymryd. Mae Rissho-kosei-kai hefyd yn addoli Bwdha Shakyamuni ac
yn adrodd *mantra* lotws y Nichiren, ac yn darparu ar gyfer ysbrydion y meirw â
gweddi ddyddiol wrth gysegrfeydd y cartref. Mewn rhai ffyrdd, mae fel clwb ac
mae'r aelodau yn gwisgo sash a gleiniau gweddïo. Maen nhw'n awyddus i gael
cysylltiad â chrefyddau eraill, ac yn caniatáu bod Bwdha a Duw yn ddim ond
geiriau gwahanol am yr un peth. Mae'r grŵp wedi gwneud cysylltiad â'r 'Mudiad
Focolare' Cristnogol, seiliedig yn yr Eidal, sydd, fel Rissho-kosei-kai â syniad
hollfydol o heddwch byd ac undod.

Y Soka Gakkai, neu 'Gymdeithas er creu gwerthoedd', a ddechreuwyd yn 1937,
yw'r mwyaf llwyddiannus o'r mudiadau newydd, efallai, â thua deng miliwn o
aelodau yn Japan yn unig. Yn debyg i'w harwr Nichiren, mae'r Sokka Gakkai yn
genhadon brwdfrydig. Cymdeithas ydyw ar gyfer Bwdhyddion lleyg, yn wreiddiol
o fewn Shoshu Nichiren (Gwir Sect Nichiren), ond a wahanodd yn ddiweddar,
ac ar hyn o bryd yn cael eu harwain gan Daisaku Ikeda. Dysgant Fwdhaeth
sydd wedi'i seilio ar lafarganu *mantra*'r Nichiren yn ddyddiol. Bydd y *mantra*
yn dod â gwobrwyon materol ynghyd ag ysbrydol – iechyd, llwyddiant mewn
busnes a hapusrwydd personol. Mae Soka Gakkai wedi'i drefnu'n dda iawn gydag
adrannau gwahanol ar gyfer grwpiau gwahanol oedran. Mae llawer o bwyslais
ar weithgaredd grŵp, fel chwaraeon, cerddoriaeth a dawnsio, clybiau ieuenctid,

ayb. Edrychir ar Nichiren ei hun fel Bwdha'r oes bresennol 'Bwdha Nichiren'. Mae ganddynt adnoddau ariannol mawr ac maent wedi adeiladu pencadlys teml enfawr ar gyfer y Shoshu Nichiren. Cyn y rhwyg, byddai aelodau Japaneaidd yn ymweld â hwn unwaith y flwyddyn, ynghyd ag adrodd y *mantra* a bod yn berchen ar *gohonzon*, neu sgrôl *mandala* Nichiren. Mae ganddynt eu hysgolion eu hunain, prifysgol ac arholiadau crefyddol a chynllun cyhoeddusrwydd trefnus. Mae ganddynt lawer o ddylanwad yn y 'Komeito' neu 'Blaid Llywodraeth Lân', a oedd y drydedd blaid wleidyddol fwyaf yn yr 1960au. Mae Bwdhyddion eraill, yn cynnwys dilynwyr Nichiren, wedi beirniadu Soka Gakkai am ei bropaganda trwm, gweithgareddau gwneud arian ac agwedd faterol. Ymddengys bod rhai aelodau yn gweld y *mantra* fel hud dewinol i ddod â ffyniant materol. Honnodd gelynion bod isleisiau o ffasgiaeth hyd yn oed yn y fath elfennau ag addoli-arwr, cenedlaetholdeb, propaganda trwm, a phwyslais ar weithgareddau grŵp trefnedig. Fodd bynnag, honna Daisaku Ikeda fod Soka Gakkai yn gweithio am heddwch byd, nod roeddent wedi gobeithio ei gyflawni cyn diwedd yr ugeinfed ganrif.

Mae dilynwyr Soka Gakkai yn amddiffyn eu llafarganu am fuddion materol drwy bwyntio at ddyhead y Bwdha i leihau dioddefaint ar gyfer pob bod, ac yn honni y bydd yr ymarfer o lafarganu, hyd yn oed os dechreuir am resymau hunanol, yn puro'r meddwl yn raddol i edrych y tu hwnt i'r hunan tuag at weithio'n dosturiol dros eraill.

Nid oes ganddynt ddelwau Bwdha, oherwydd y byddai hyn yn awgrymu bod y Bwdha yn fod ar wahân i'w addoli fel duw, yn hytrach na grym cudd o fewn pawb.

Grŵp arall sy'n seiliedig ar Nichiren yw'r Nipponzan Myohonji, sy'n ymroddedig i heddwch byd a diarfogi. Gellir eu gweld yn aml mewn ralïau heddwch a gorymdeithiau o fudiadau megis CND. Maen nhw'n gyfrifol am adeiladu 'pagodâu heddwch' ar draws y byd, a gellir dod o hyd i ddau ohonynt yn Lloegr: un yn Milton Keynes a'r llall ym Mharc Battersea, Llundain, yn edrych dros yr afon Tafwys.

BWDHAETH YN Y GORLLEWIN, GYDA CHYFEIRIAD ARBENNIG AT BRYDAIN

Ers y ganrif ddiwethaf, ond yn benodol yr ychydig ddegawdau diwethaf, mae Bwdhaeth wedi dod yn bresenoldeb canfyddadwy yn y traddodiadau crefyddol sy'n agored i Orllewinwyr. Efallai fod y rhai hynny sy'n gwybod dim am Fwdhaeth ym Mhrydain, wedi sylwi ar y pagoda heddwch ger y Tafwys, neu wedi gwrando ar y Dalai Lama yn cael ei gyfweld ar deledu. Nid mor hysbys yw'r temlau hardd a adeiladwyd i bwrpas (y deml Thai yn Wimbledon, y deml Dibetaidd yn Swydd Dumfries, a'r tŷ te a'r deml Japaneaidd yn Suffolk) a'r cannoedd o grwpiau Bwdhaidd lleol sy'n cyfarfod mewn adeiladau addasedig neu dai preifat drwy Brydain i gyd. Mae ysgol Fwdhaidd ar gyfer plant Japaneaidd sy'n byw ym Mhrydain, a chynlluniau ar gyfer ysgolion ar gyfer plant Bwdhyddion Prydeinig. Mae Bwdhaeth wedi'i sefydlu yn yr un modd yn UDA, Awstralasia, y rhan fwyaf o wledydd Ewrop, y gorllewin a'r dwyrain ill dau; mae'n tyfu yn Ne America a gyda rhai canolfannau mewn gwledydd Affricanaidd. Gellir dweud felly ei bod wedi dod yn grefydd fyd-eang.

Mae diddordeb mewn Bwdhaeth yn y Gorllewin wedi tyfu'n gyflym ac mae canolfannau Bwdhaidd newydd yn agor bob blwyddyn. Yn achos Prydain, gallai'r Gymdeithas Fwdhaidd restru 76 grŵp yn 1981, 107 grŵp yn 1983, 188 yn 1987 a 214 yn 1991 ac mae hyn heb gyfrif y Nichiren Soka Gakkai sy'n un o'r mudiadau sy'n tyfu gyflymaf ar hyn o bryd. Ers yr 1970au, mae hi wedi bod yn bosibl i astudio Bwdhaeth fel rhan o Addysg Grefyddol yn yr ysgol ym Mhrydain. Mae arweinydd Bwdhaeth Tibet, y Dalai Lama, wedi dod yn ffigur byd tra chyfarwydd a pharchus, ac mae hyd yn oed bechgyn Gorllewinol wedi cael eu hadnabod fel *tulkuaid*, neu ailymgnawdoliadau *lama* sanctaidd, fel Lama Osel, y bachgen ifanc o Sbaen, a anwyd yn 1985 (Mackenzie 1988). Caiff pob traddodiad o Fwdhaeth eu cynrychioli yn y Gorllewin. Ym Mhrydain, o'r grwpiau a restrir gan y Gymdeithas Fwdhaidd, mae tua 25-30% yn Theravada, 20% yn Dibetaidd, 15% yn Zen, 14% yn Urdd Bwdhyddion y Gorllewin a'r gweddill yn gymysg. Mae un neu ddau grŵp Tir Pur, grŵp yn dilyn mudiad Bwdhaidd Indiaidd Dr Ambedkar (gweler ymhellach ymlaen), a nifer cynyddol o grwpiau Nichiren. O'r grwpiau Tibetaidd, mae'r pedair ysgol i gyd yn bresennol, ond mae'r mwyafrif un ai'n Gelugpa neu Kargyupa. Mae Soto Zen yn fwy poblogaidd na Rinzai Zen. Mae'r patrymau'n wahanol mewn gwledydd Gorllewinol gwahanol, yn dibynnu ar gysylltiadau cenedl, patrymau mewnfudiad a ffactorau eraill. Er enghraifft, nifer fach o ganolfannau Theravada sydd yn UDA, gyda llawer mwy o ganolfannau Tibetaidd a Zen. Mae gan yr Almaen fwy o ganolfannau Theravada tra bod gan Ffrainc fwy o ganolfannau Tibetaidd. Ym Mhrydain, mae'r cysylltiadau cynharach â gwledydd Theravada wedi arwain at duedd tuag at Theravada yn cynrychioli Bwdhaeth 'bur' mewn rhai gwerslyfrau a meysydd llafur arholiad, ac mae angen bod yn ofalus gyda hyn.

Hanes

Cant neu hyd yn oed bum deg mlynedd yn ôl, i bawb ond yr ychydig rai, ni glywyd am Fwdhaeth yn y Gorllewin, ac ni fyddai'n cael ei ystyried o ddifrif fel ffydd. Eto roedd enw'r Bwdha yn adnabyddus ers cyfnod cynnar. Ni wyddom beth a ddaeth o'r genhadaeth a anfonwyd i'r Gorllewin gan Frenin Ashoka yn y 3edd ganrif COG, ond cyrhaeddodd Alecsander Fawr India yn yr un ganrif, felly byddai wedi bod yn bosibl i breswylydd yng ngwledydd Môr y Canoldir fod wedi clywed am y Bwdha. Y cyfeiriad ysgrifenedig cyntaf yw gan ysgrifennwr Cristnogol o'r ail ganrif OG, Clement o Alexandria, sy'n cyfeirio at y Bwdha ymhlith delwau paganaidd.

Cyrhaeddodd Marco Polo Lys Llywodraethwyr Mongol China yn y 13eg ganrif, a gweithiodd cenhadon Jeswitaidd, megis Sant Ffransis Xavier, yn China, Japan a hyd yn oed Tibet yn yr 16eg a'r 17eg ganrif. Fodd bynnag, ar wahân i'r ychydig gysylltiadau hyn, ni wnaed unrhyw astudiaeth ddifrifol o Fwdhaeth gan Orllewinwyr tan y 19eg ganrif, ac nid ystyriwyd Bwdhaeth o ddifrif gan unrhyw un fel crefydd i fyw wrthi tan yr 20fed ganrif.

Gwnaeth Prydeinwyr gysylltiad â Bwdhaeth pan, yn hwyr yn y 18fed ac yn gynnar yn y 19eg ganrif, ehangodd yr Ymerodraeth i gynnwys gwledydd Bwdhaidd fel Sri Lanka a Burma (Myanmar erbyn hyn) a gwnaed cysylltiadau â gwledydd megis Nepal. Rhai o'r bobl gyntaf i astudio Bwdhaeth o ddifrif oedd gweision sifil Prydeinig a oedd wedi'u lleoli yn y gwledydd hyn megis B H Hodgson yn Nepal a Turnour yn Sri Lanka. Gwladychodd y Ffrancwyr wledydd Bwdhaidd hefyd yn cynnwys Viet Nam, Cambodia a Laos, Indo-China Ffrengig. Yr ysgolhaig Ffrengig cynnar enwocaf oedd Eugene Burnouf, a ysgrifennodd gyflwyniad i Fwdhaeth yn 1845 a chyfieithu *Sutra'r Lotws*. Yn 1879, cyhoeddodd Edwin Arnold, a oedd wedi bod yn dysgu yn India, gerdd wedi'i seilio ar fywyd y Bwdha a elwid 'Goleuni Asia' a gynorthwyodd i ledaenu enw'r Bwdha ymhlith pobl a oedd yn siarad Saesneg. Dechreuwyd ysgolheictod o ddifrif ym Mhrydain yn hwyr yn y 19eg ganrif gyda ffurfiant Cymdeithas Testun Pali, yn 1881, gan T W Rhys Davids. Daeth Rhys Davids, fel nifer o rai eraill, i gysylltiad â Bwdhaeth a Pali am y tro cyntaf, tra yng Ngwasanaeth Sifil Ceylon (Sri Lanka erbyn hyn). Casglodd, cyhoeddodd a chyfieithodd y Gymdeithas Testun Pali lyfrau o Ysgrythurau'r Theravada a'u gwneud nhw'n hygyrch am y tro cyntaf ar gyfer astudiaeth academaidd. Gwnaed cyfieithiadau eraill gan Rhys Davids a'r ysgolhaig Almaenig H Oldenberg ar gyfer cyfres Max Muller o Lyfrau Cysegredig y Dwyrain. Yn 1904 daeth Rhys Davids yn Athro cyntaf Crefydd Gymharol ym Mhrifysgol Manceinion.

Ynghyd ag ysgolheigion dwyreiniol, roedd gan athronwyr Gorllewinol penodol, arlunwyr a beirdd o'r bedwaredd ganrif ar ddeg ddiddordeb mewn Bwdhaeth. Gwnaeth yr athronydd Almaenig Schopenhauer (1788-1860) lawer o gyfeiriadau at Fwdhaeth, a edmygodd, a pheintiodd Van Gogh hunanbortread fel Bwdhydd ymhlith ei ddarluniau Japaneaidd. Dylanwadwyd ar yr ysgrifenwyr Americanaidd Emerson a Thoreau gan Fwdhaeth ynghyd â Hindŵaeth. Yn y cyfamser, ymfudodd Bwdhyddion Tsieineaidd i arfordir gorllewinol America i chwilio am waith yn gysylltiedig â'r 'rhuthr am aur' ganol y bedwaredd ganrif ar bymtheg, er bod y rhain yn byw mewn byd gwahanol i'r ysgolheigion a'r ysgrifenwyr, ac yn gweithredu eu hymarferion Bwdhaidd ym mhreifatrwydd 'Ardal Tsieineaidd' leol.

Mae nifer o'r ysgrifenwyr hyn ar Fwdhaeth, o'r bedwaredd ganrif ar bymtheg cynnar, wedi cael eu beirniadu am ddyfeisio eu Bwdhaeth eu hun, yn hytrach na dysgu oddi wrth Fwdhyddion. Cyflwynodd ysgolheigion a oedd yn gweithio ar destunau olwg ddeallusol, or-resymegol o Fwdhaeth a chyflwynodd beirdd ddwyreinioldeb or-ramantus a roddodd ddelwedd ecsotig i Fwdhaeth. Ni wnaeth y naill na'r llall gyflwyno Bwdhaeth fel ffydd i fyw wrthi.

Y cam cyntaf tuag at ddysgu oddi wrth Fwdhyddion mewn gwirionedd oedd mwy na thebyg Senedd Crefyddau'r Byd, a gynhaliwyd yn Chicago yn 1893, a oedd â chynrychiolwyr o Fwdhaeth Theravada a Zen.

Un mudiad y gellir ei gyhuddo o ramantu a hwyrach gwyrdroi Bwdhaeth, ond nid o fethu cymysgu â Bwdhyddion o wledydd Bwdhaidd traddodiadol, yw'r Gymdeithas Theosoffaidd, a wnaeth lawer i gyflwyno Bwdhaeth i gyhoedd ehangach. Sefydlwyd hon yn 1875 yn Efrog Newydd gan Cyrnol Olcott a Madam Blavatsky ac fe'i seiliwyd ar gymysgedd o syniadau ysbrydegol, ocwltaidd, Hindŵaidd a Bwdhaidd. Efallai mai Cyrnol Olcott a Madam Blavatsky oedd y Gorllewinwyr cyntaf i ddod yn ffurfiol yn Fwdhyddion, wrth iddynt gymryd y 'noddfeydd a rheolau' yn Sri Lanka yn 1880. Dyluniodd Cyrnol Olcott y faner Fwdhaidd (coch, oren, melyn, glas a gwyn) ac anogodd Dharmapula i ffurfio Cymdeithas Mahabodhi.

Gwelodd dechrau'r ugeinfed ganrif y Gorllewinwyr cyntaf i ddilyn Bwdhaeth fel crefydd fyw, a'r cyntaf i'w hordeinio fel mynachod. Roedd dyn ifanc o'r enw Alan

Bennett wedi penderfynu ei fod yn Fwdhydd a theithiodd i Sri Lanka a Burma. Yn Burma, fe'i ordeiniwyd fel mynach Theravada, Ananda Maitreya, yn 1902, a ffurfiwyd y 'Gymdeithas Fwdhaidd' gyntaf ym Mhrydain yn 1907 i groesawu ei ddyfodiad yn 1908. Tueddai'r grŵp bychan yma o bobl a oedd â diddordeb mewn Bwdhaeth fod o'r dosbarth mwy addysgedig. Cefnogai'r Gymdeithas Theosoffaidd y mudiad Bwdhaidd bychan hwn, ac yn 1924 ffurfiwyd 'cyfrinfa' ar wahân o Theosoffyddion Bwdhaidd. Roedd hwn yn cynnwys Christmas Humphreys a aeth ymlaen i ddod yn llywydd y Gymdeithas Fwdhaidd. Rhoddwyd ysgogiad pellach i Fwdhaeth gyda chyrhaeddiad yr Anagarika Dharmapala o Sri Lanka i Loegr yn 1926, a ddechreuodd Gymdeithas Mahabodhi Lloegr, ag ef ei hun wedi'i noddi gan y Gymdeithas Theosoffaidd. Ymgartrefodd dyrnaid o fynachod Sinhalaidd yn Lloegr. Yn 1926, ffurfiwyd y Gymdeithas a ddaeth yn Gymdeithas Fwdhaidd yn 1943, gyda Christmas Humphreys (1901-1983) yn llywydd arni am y rhan fwyaf o'i bodolaeth. Pan ddechreuodd y gymdeithas, roedd hi'n ymddiddori fwyaf mewn Bwdhaeth Theravada, yna Zen, ond mae wedi bod ag agwedd anenwadol erioed, yn agored i bobl oedd â 'dim ond diddordeb' mewn Bwdhaeth ynghyd â Bwdhyddion ymroddedig. Darpara'r Gymdeithas Fwdhaidd wybodaeth am holl weithgareddau Bwdhaidd ym Mhrydain. Roedd y gogwydd tuag at Theravada, yn ystod y cyfnod cynnar hwn o'r ganrif yn syml oherwydd bod gwledydd yr Ymerodraeth Brydeinig – Sri Lanka a Burma (Myanmar) – yn Theravada, ac oherwydd bod yr ysgrythurau a oedd ar gael gan ysgolheigion wedi dod o'r Canon Pali. Yn 1927, cyhoeddodd yr ysgolhaig Japaneaidd, D T Suzuki, *Traethodau mewn Bwdhaeth Zen* yn yr iaith Saesneg, gan adael y Gymdeithas Fwdhaidd i ychwanegu dysgeidiaethau ac ymarferion Rinzai Zen at ei gwybodaeth o draddodiad Bwdhaidd.

Yn yr un degawdau cynnar, ffurfiwyd y Cymdeithasau Bwdhaidd cyntaf yn Ewrop; grwpiau Almaenig yn 1903 ac 1924, ac yn Ffrainc yn 1929. Daeth Almaenwr a ordeiniodd yn Sri Lanka yn 1903 o dan yr enw Nyanatiloka, yn awdur cynhyrchiol ar Fwdhaeth, fel y gwnaeth ei ddisgybl Almaenig Nyanaponika. Y 'lleian' Fwdhaidd Orllewinol gyntaf, oedd Almaenes a ordeiniwyd yn 1926. Cafodd yr arloeswr Ffrengig, Alexandra David-Neel deithiau anturus yn Tibet yn yr 1920au, fel y gwnaeth yr Almaenwr Govinda, a ffurfiodd yn hwyrach grŵp Bwdhaidd Tibetaidd yn yr Almaen, y *Mandala* Maitreya Arya. Yn UDA, roedd Senedd Crefyddau'r Byd wedi ysgogi ffurfiant grwpiau Bwdhaidd, yn enwedig Zen. Ffurfiwyd Cymdeithas Fwdhaidd America yn 1930.

Cafodd yr Ail Ryfel Byd amrywiaeth o ganlyniadau ar gyfer Bwdhaeth drwy'r byd i gyd. Roedd nifer o Brydeinwyr wedi'u lleoli mewn gwledydd Bwdhaidd ac yn ymddiddori mewn Bwdhaeth. Ar ôl y rhyfel, arweiniodd cysylltiad â Japan at gynnydd mewn Bwdhaeth Japaneaidd, yn enwedig Zen. Cyhoeddodd Christmas Humphreys lyfrau clawr papur poblogaidd ar Zen ac ar Fwdhaeth yn gyffredinol yn 1949 ac yn 1951, gan wneud y ddysgeidiaeth ar gael i gynulleidfa ehangach.

Gweithiodd D T Suzuki yn America ac ymwelodd â Phrydain yn 1953. Daeth syniadau Zen yn eithaf ffasiynol ymhlith rhai adrannau o gymdeithas, megis 'cenhedlaeth y bitniciaid' fel y'i gelwir, a gellir eu darganfod yn llyfrau'r awduron Americanaidd Jack Kerouac, fel *On the Road* neu *The Dharma Bums*. Beirniadodd myfyrwyr mwy difrifol Zen, fel Alan Watts, a anwyd ym Mhrydain ond a oedd yn byw yn America, 'Zen y bitniciaid' hwn fel chwiw arwynebol. Yn ei farn ef, dewisodd y 'bitniciaid' y syniadau yr oedden nhw'n eu hoffi, megis ymddygiad digymell ecsentrig, heb unrhyw ddealltwriaeth wirioneddol o wir ystyr Bwdhaeth.

Roedd digwyddiadau eraill yn yr 1950au'n cynnwys y dröedigaeth dorfol i Fwdhaeth yn 1956 o nifer o gyn-anghyffyrddedigion yn India, a oedd yn ddilynwyr i Dr Ambedkar. Cynrychiolir y grŵp yma ym Mhrydain ac fe'i cysylltir hefyd ag Urdd Bwdhyddion y Gorllewin mewn Gwaith Cymorth yn yr India. Sefydlwyd Bwdhaeth Theravada'n fwy cadarn, gyda chychwyn Vihara Sinhalaidd yn 1954. Yn yr un flwyddyn, dychwelodd un o'r dynion Prydeinig cyntaf (William Purfhurst a elwid hefyd yn Richard Randall) a ordeiniwyd yn fynach yng Ngwlad Thai fel Kapilavaddho, i ffurfio Ymddirieolaeth y *Sangha* Seisnig, y gyfundrefn gyntaf i ordeinio mynachod Prydeinig ym Mhrydain. Sefydlwyd Vihara Thai yn 1966, ac adeiladodd yr un grŵp deml hardd Buddhapadipa yn Wimbledon yn 1987. Ar gyfer Bwdhyddion Burma, agorodd vihara yn Birmingham yn 1978.

I Americaniaid, golygai'r rhyfeloedd yn Korea a Viet Nam gysylltiadau pellach â Bwdhaeth, ac mae enghreifftiau o gyn-filwyr yn dod yn fynachod, er enghraifft yng Ngwlad Thai.

Daeth yr 1960au a'r 1970au â diddordeb pellach mewn Bwdhaeth am amrywiaeth o resymau. Arweiniodd yr ymosodiad Tsieineaidd ar Tibet yn 1951 at fföedigaeth ddilynol y Dalai Lama a mynachod blaenllaw eraill yn 1959, at sefydlu Bwdhaeth Tibetaidd ym Mhrydain, America, Ewrop ac Awstralia. Cyd-ddigwyddodd hyn gyda'r brwdfrydedd cyffredinol tuag at bob peth Dwyreinol a ddangoswyd gan bobl ifanc y gorllewin a oedd yn perthyn i 'wrthddiwylliant' fel y'i gelwid ganol yr 1960au. Apeliodd y defodau lliwgar a chelfyddyd Bwdhaeth Tibetaidd gyda'i *fandalau* amryliw ac arogldarth at yr 'hipis', er, fel y 'bitniciaid' o'u blaen, nid oedd ganddynt ymrwymiad difrifol i'r grefydd. Enghraifft nodweddiadol o'r diddordeb 'hipi' mewn Bwdhaeth yw Dr Timothy Leary, arloeswr y cyffur LSD, a honnodd gysylltiad uniongyrchol rhwng y profiadau a achosir gan gyffuriau seicedelig a'r rhai hynny a ddisgrifiwyd yn *Llyfr Tibetaidd y Meirw*. O ganlyniad, mae nifer o grwpiau Bwdhaidd wedi gorfod pwysleisio nad lleoedd i ymblesera mewn 'rhyw a chyffuriau a roc a rôl', yw eu mynachlogydd na'u canolfannau, ond canolfannau i fyfyrdod difrifol a gwaith caled. Fodd bynnag, daeth nifer o Fwdhyddion difrifol heddiw ym Mhrydain, Ewrop, America ac Awstralia mewn cysylltiad â Bwdhaeth am y tro cyntaf tra ar y 'trywydd hipi' drwy India a Nepal.

Y ganolfan Dibetaidd gyntaf ym Mhrydain oedd Samye Ling yn Swydd Dumfries, a ddechreuwyd gan y *lama* Kargyuapa Chogyam Trungpa, a agorodd ganolfan hefyd yn UDA yn 1971. Y ganolfan Gelugpa gyntaf oedd Sefydliad y Manjusri yn Cumbria yn 1976, ac ers hynny mae nifer o ganolfannau o'r pedair ysgol Dibetaidd wedi agor.

Daeth y Parchedig Feistr Jiyu Kennett i fod y wraig gyntaf i gael ei hyfforddi mewn teml Soto Japaneaidd. Sefydlodd hi Abaty Shasta yn California yn 1970. Y gyfundrefn hon yw'r grŵp Zen mwyaf arwyddocaol ym Mhrydain, gyda Phriordy 'Throssel Hole' yn agor yn Northumbria yn 1972.

Cafodd Bwdhaeth Theravada yn y Gorllewin ysgogiad newydd gan ddilynwyr yr athro Thai Ajahn Chah (a fu farw yn 1992) o'r traddodiad 'byw yn y goedwig', yn arbennig yr Americanwr Ajahn Sumedho a ordeiniwyd yng Ngwlad Thai yng nghanol y chwedegau, oedd yn abad yn Wat Pah Nanachat, y fynachlog ryngwladol yng Ngwlad Thai yn 1974, ac a ddaeth i Loegr gydag Ajahn Chah i sefydlu *Sangha* Orllewinol yn 1977. Cafodd nifer o ganolfannau mynachaidd eu hagor, yn arbennig Chithurst yng Ngorllewin Sussex yn 1981 ac Amaravati yn Swydd Hertford yn 1985.

Dechreuwyd Urdd Bwdhyddion y Gorllewin, sef Bwdhaeth Orllewinol yn benodol, yn 1967 gan fynach Seisnig o'r enw Sangharakshita.

Y grŵp Bwdhaidd diweddaraf i gynyddu mewn poblogrwydd yn y Gorllewin yw Bwdhaeth Nichiren y Soka Gakkai. O'i gyflwyno i UDA yn yr 1960au ac i Ewrop a Phrydain yn yr 1970au a'r 1980au, mae'n tyfu'n gyflym ac ar hyn o bryd mae'n ffasiwn ymhlith enwogion o fydoedd cerddoriaeth bop, ffilm a theledu. Gall y pwyslais ar ganlyniadau materol, ymarferol o lafarganu ynghyd â datblygiad ysbrydol, gyfrif am ychydig o'i atyniad. Yn ddiweddar, mae rhwyg wedi bod rhwng Soka Gakkai a'i sect riant, y Shoshu Nichiren, a rhaid aros i weld pa ganlyniadau ymarferol a fydd.

Yn ychwanegol, mae nifer sylweddol o grwpiau Bwdhaidd Gorllewinol yn cynnwys pobl sydd â diddordeb mewn Bwdhaeth ond heb unrhyw gysylltiad penodol ag un grŵp. Bydd y grŵp Bwdhaidd nodweddiadol yn trefnu cyfarfodydd, sgyrsiau, trafodaethau, enciliadau ac yn ymarfer myfyrdod a defodau addoli; mae rhai yn ganolfannau mynachaidd ac eraill yn grwpiau syml o gyfeillion sy'n cyfarfod mewn tai.

Addasiadau i Ddiwylliant y Gorllewin

Mae Bwdhaeth wedi bod yn hyblyg iawn erioed, ac yn union fel yr addasodd i ddiwylliant Tibet neu China heb golli ei chnewyllyn hanfodol, does dim rheswm pam na ddylai addasu i ddiwylliannau Gorllewinol. Mae rhai grwpiau Bwdhaidd wedi seilio eu hunain ar batrwm eglwysi Cristnogol, gan ddarparu defodau ar gyfer genedigaeth babanod a phriodasau, yn ogystal â'r angladd traddodiadol. Mae rhai mynachod Zen wedi dechrau gwisgo coleri crwn fel y medrant gael eu hadnabod yn hawdd fel gweinidogion crefyddol. Mae llacio wedi bod yn y rheolau ar gyfer mynachod fel y medrant wisgo dillad sy'n fwy addas i hinsawdd Gogleddol, cario arian poced a chymysgu'n fwy rhydd â gwragedd. Mae'r agwedd tuag at waith wedi gorfod newid – mae hyd yn oed mynachod Theravada yn cynorthwyo gyda gwaith adnewyddu a garddio; a gan fod swydd gyffredin gan y rhan fwyaf o feddylwyr difrifol hefyd, rhaid rhoi gwerth mwy cadarnhaol i waith.

Mae ychydig o 'leihau'r mythau' i'w weld mewn adroddiadau am Fwdhaeth a ysgrifennir ar gyfer Gorllewinwyr – ni fydd angen iddynt gredu yn llythrennol yn y chwe chyflwr o ailenedigaeth, ond efallai i ddehongli bywyd anifeiliaid, uffern, duwiau, a.y.b. fel symbolau ar gyfer cyflyrau meddwl dynol gwahanol. Felly, os yw person Prydeinig yn ei chael hi'n anodd i gredu mewn ailymgnawdoliad, gellid dweud wrtho am ei ddehongli fel cyfeirio at y ffordd yr ydym yn newid o ddydd i ddydd yn y bywyd hwn. Gellir gweld hyn fel enghraifft o 'ddulliau medrus'. Mae rhai grwpiau Bwdhaidd wedi ceisio dod o hyd i fwy o gyfleoedd ar gyfer gwragedd; yn enwedig yn America, lle mae Roshi Jiyu Kennett yn arweinydd Soto Zen pwysig. Gellir aildrefnu Gwyliau ar gyfer Dydd Sul er mwyn cyd-fynd â phatrymau gwaith Gorllewinol a threfnir Ysgolion Sul i blant. Yn olaf, mae grwpiau Bwdhaidd wedi bod yn ymwneud â gweithredoedd cymdeithasol cadarnhaol megis mewn addysg a gwaith cymdeithasol, ac wedi bod yn amlwg mewn mudiadau heddwch fel yr ymgyrch dros ddiarfogi niwclear. Cyfeirir at y fath weithredu cymdeithasol yn aml fel 'Bwdhaeth ymrwymedig'.

Yn ei lyfrau o'r 50au a'r 60au awgrymodd Christmas Humphreys y gallem weld genedigaeth nid dim ond ffurf Brydeinig ddiwylliannol o Fwdhaeth ond o 'navayana', 'cyfrwng newydd' a fanteisiai ar gysylltiadau ac ysgolheictod fodern i gyfuno elfennau gorau yr holl fathau gwahanol o Fwdhaeth a ddatblygodd yn flaenorol mewn arwahanrwydd.

Cyfeillion Urdd Bwdhyddion y Gorllewin (CUBG)

Dechreuwyd y mudiad hwn yn 1967 gan Venerable Sangharakshita. Cafodd ei eni yn 1925 fel Denis Lingwood, ac roedd yn aelod o'r Gymdeithas Fwdhaidd yn Llundain yn ŵr ifanc. Roedd wedi'i leoli yn India a Sri Lanka yn ystod yr Ail Ryfel Byd. Yn yr 1940au ac 1950au arhosodd yn y Dwyrain a chael ei ordeinio fel mynach Theravada. Derbyniodd hefyd ddysgeidiaethau athrawon Tibetaidd a Ch'an a gweithiodd gyda'r mudiad Bwdhaidd Ambedkaraidd ar gyfer cynanghyffyrddedigion yn India. O ganlyniad i'w brofiad roedd e'n argyhoeddedig o undod sylfaenol Bwdhaeth a'r angen i ddatgysylltu ei neges hanfodol rhag ychwanegiadau diwylliannol. Roedd hefyd yn feirniadol o ffurfioldeb ymhlith Bwdhyddion mewn gwledydd lle'r oedd Bwdhaeth yn draddodiadol, megis mynachod sy'n ysmygu baco oherwydd nad oes rheol *Vinaya* benodol yn ei erbyn. Pwysleisia Bwdhaeth Sangharakshita hanfodion ac undod Bwdhaeth, gan gymryd ysbryd yn hytrach na rheolau Bwdhaeth. Mae'n eclectig fel T'ien t'ai.

Yn 1967, penderfynodd ffurfio mudiad Bwdhaidd a oedd yn addas ar gyfer cymdeithas Orllewinol, gan gyfuno'r elfennau 'gorau' o'r traddodiadau a astudiodd, sef Theravada, Tibetaidd a Zen. Teimlai nad oedd y mynach traddodiadol yn gweddu'n dda iawn i gymdeithas Orllewinol, ac yn 1968 ordeiniodd 12 o bobl i Urdd Bwdhyddion y Gorllewin. Yn awr mae dros 500 o aelodau sy'n Fwdhyddion tra ymroddedig sy'n cymryd addunedau difrifol ond nad sy'n fynachod na lleianod. Cafodd y teitl *Dharmachari* (rhodiwr-*dharma*) ei fathu i ddisgrifio eu statws, dilynwyr y *dharma*. Mae'r Dharmachariaid yn cymryd enw newydd, maent yn ymrwymo'n ddifrifol i'r noddfeydd, ac yn cadw deg rheol moesoldeb Mahayana – i beidio â chymryd bywyd, dwyn, camddefnyddio rhyw, siarad ar gam, siarad yn arw, siarad yn ofer, athrodi, chwennych, dal drwgewyllys neu ddal safbwyntiau anghywir. Nid yw aelodau'r urdd yn gwisgo mentyll, ond mae ganddynt laeswisg (a elwir yn *kesa*) ar gyfer achlysuron defodol. Yn ogystal ag Urdd aelodau ordeiniedig cyflawn, mae *mitrau* (cyfeillion) – Bwdhyddion ymroddedig sy'n myfyrio – a phobl eraill a elwir yn 'Gyfeillion', sydd 'â diddordeb yn unig'. Mae'r holl fudiad felly'n cael ei adnabod fel 'Cyfeillion Urdd Bwdhyddion y Gorllewin' (CUBG – *Friends of the Western Buddhist Order*). Pwysleisia CUBG fod rhaid i hanfod Bwdhaeth gael ei symud ymaith o 'newyddbeth ecsotig' addurniadau dwyreiniol pa un a yw pobl yn eu cael nhw'n ddeniadol neu'n annymunol. Rhaid i fywyd Bwdhydd fod yn un o foesoldeb, myfyrdod a doethineb fel yn y dechreuad. Mae moesoldeb Bwdhaidd yn golygu cadw'r rheolau, nid yn wasaidd, ond mewn ysbryd, gan bwysleisio ochr gadarnhaol moesoldeb – caredigrwydd cariadus, haelioni, dedwyddwch, llonyddwch, gwirionedd, siarad caredig a chynorthwyol, cariad at bawb a doethineb. Ar y cyfan, caiff Bwdhaeth ei ddehongli mewn ffordd gadarnhaol iawn, fel mewn Bwdhaeth y Dwyrain Pell: nid yn gymaint y siarad am ddioddefaint, marwolaeth a dim hunan, ond am Fwdhaeth fel ffordd tuag at wir hapusrwydd, a datblygiad cadarnhaol, ein personoliaethau. Yn erbyn delwedd ecsotig Bwdhaeth, pwysleisia CUBG werth diwylliant y Gorllewin – mae gan gerfddelwau Bwdha wynebau Ewropeaidd, a defnyddir symbolau beirdd ac arlunwyr y Gorllewin i fynegi gwirioneddau Bwdhaidd mewn ffordd Orllewinol.

Yn erbyn y syniad o Fwdhaeth fel damcaniaeth ddeallusol ddiddorol, pwysleisia

CUBG ei bod yn ffordd gyflawn o fyw, sy'n cynnwys ymrwymiad emosiynol a bywoliaeth gywir. Cynorthwyir hyn drwy'r ymarfer o fyw gydag aelodau eraill CUBG – yn fwyaf cyffredin mewn cymunedau un rhyw, a ddarganfuwyd i weithio orau – ac ymwneud ag un o 'Gwmnïau Cydweithredol Bywoliaeth Gywir' yr Urdd gan ennill bywoliaeth mewn mudiad sy'n cael ei redeg gan yr Urdd, megis bwyty llysieuol, cwmnïau garddio, neu siop lyfrau. Mewn myfyrdod, dechreua CUBG gyda'r ddwy ffurf sylfaenol a mwyaf cadarnhaol – gofal dros anadlu a myfyrdod ar gariad. Dim ond wedyn y maen nhw'n ymarfer ffurfiau eraill, gan dynnu ar holl amrywiaeth ymarfer Bwdhaidd, *zazen, kin hin,* delweddau, *samatha* a *vipassana*. Rhoddir pwyslais arbennig ar *puja* (addoliad) fel ffordd o gynnwys emosiynau defosiwn yn y datblygiad graddol tuag at 'Fwdhadod'. Gwneir hyn yn y ffurf draddodiadol o offrymau a gweddïau i Fwdha neu *bodhisattva,* llafarganu *mantrau,* cyffesu beiau a rhannu teilyngdod. Mae seremonïau ar gyfer babanod, angladdau a gwyliau – Dydd Bwdha, Dydd *Dharma,* Dydd *Sangha* a dyddiau y seintiau Bwdhaidd (e.e. Dydd Padmasambhava). Mae CUBG yn gysylltiedig â chynorthwyo gwledydd tlotach yn weithredol, yn enwedig drwy ei gysylltiadau â Bwdhyddion Ambedkar yn India.

Mewn seremonïau a bywyd bob dydd y mae gwerthfawrogiad cadarnhaol o'r celfyddadau, ac o harddwch a cheinder yn hytrach na bod yn asgetig afiach. Fodd bynnag, nid yw CUBG yn teimlo ei bod mewn unrhyw ffordd yn addasu'r neges Fwdhaidd i'w gwneud yn fwy derbyniol i Orllewinwyr, ac maent yn barnu agweddau o gymdeithas Orllewinol nad ydynt yn eu hoffi. Dau beth sydd wedi cael eu beirniadu'n drwm yw Cristnogaeth draddodiadol a'i chanlyniadau moesol a seicolegol, a'r teulu niwclear. Mae gan aelodau CUBG amrywiol ffyrdd o fyw; yn ogystal â bod yn sengl neu'n briod, mae comiwnau un rhyw, partneriaethau cyfunrywiol, cartrefi ar gyfer gwragedd a phlant, oll yn dderbyniol. Mae rhai aelodau'n ddi-briod, nid eraill, gan ddibynnu ar bersonoliaeth. Mae'r rheol ynghylch cam-ddefnyddio rhyw yn cael ei dehongli nid yn ddeddfol ond fel cyngor i fod yn anhunanol ac yn fodlon gyda'ch rhywioldeb eich hun.

Dyfodol Bwdhaeth yn y Gorllewin, ac mewn lleoedd eraill

Mae nifer y Bwdhyddion ym Mhrydain yn cynyddu, o ystyried yr ystadegau a gyhoeddir gan y Gymdeithas Fwdhaidd, a gwelir cynnydd tebyg yng ngweddill Ewrop, America ac Awstralia. Mae bod yn Fwdhydd yn dod yn fwy derbyniol ac mae pobl yn cael gwell dealltwriaeth o'r hyn yw Bwdhaeth. Ers digwyddiadau cofiadwy 1989, mae Bwdhaeth wedi ennill tir yng ngwledydd cyn-gomiwnyddol Dwyrain Ewrop. Mae'r Gymdeithas Fwdhaidd yn awr yn rhestru grwpiau yn Prague a Moskva, a gwelodd yr awdur hysbysebion am ymweliad *lama* Tibetaidd tra yn Românîa.

Fodd bynnag, mae Bwdhyddion ymroddedig yn dal mewn lleiafrif bychan yn y byd 'Gorllewinol', nad yw'n ymddangos fel petai ar fin cael tröedigaeth i Fwdhaeth yn un fflyd yn y dyfodol rhagweladwy. Mewn gwledydd Gorllewinol ac yn ei mamwledydd traddodiadol, mae llawer o gystadleuwyr am feddyliau a chalonnau'r boblogaeth. Mae prif grefyddau byd eraill, gydag Islam a Christnogaeth ar flaen y gad ar hyn o bryd. Mae Comiwnyddiaeth Marcsaidd, sydd, er yn methu yn Ewrop, wedi gwneud llawer i ddistrywio Bwdhaeth yn China, Tibet, Viet Nam, Cambodia a Laos. Efallai y mwyaf deifiol oll yw materoliaeth seciwlar cyfalafiaeth, sy'n gwanhau dylanwad Bwdhaeth yn Sri Lanka, Gwlad Thai a Japan, ac sy'n ei gwneud hi'n annhebygol i ddod yn brif grefydd y Gorllewin.

Yr hyn sy'n ymddangos ei fod yn digwydd yw bod ymarferion a syniadau Bwdhaidd yn treiddio i mewn i ddiwylliant byd ac yn cael dylanwad cynnil ar feddyliau ac ymarferion pobl, heb iddyn nhw mewn gwirionedd ddod yn Fwdhyddion. Mae'r rhai hynny sy'n cadw'u teyrngarwch i grefydd arall, neu ddim un, yn canfod technegau myfyrdod Bwdhaidd yn ddefnyddiol, neu rai dysgeidiaethau Bwdhaidd o gymorth, heb dderbyn yr holl becyn. Ceir cyfeiriadau Bwdhaidd mewn diwylliant poblogaidd, megis nofelau, ffilmiau a chaneuon. Mae rhai Bwdhyddion yn croesawu hyn, ond mae eraill yn poeni na chaiff Bwdhaeth ei gymryd o ddifrif a bydd yn colli ei neges nodweddiadol a'r gallu felly i achub bodau rhag *samsara*. Mae pryder diweddar ymhlith rhai grwpiau Bwdhaidd am ddylanwad meddwl Oes Newydd, sydd wedi cael y bai am bortreadu Bwdhaeth fel un llwybr ymhlith llawer, pob un yn agored i ddewis unigol mewn byd ôl-fodern, ac am bobl sy'n cymryd ordeiniad Bwdhaidd heb ei gymryd yn ddifrifol. Mae cyffredinoliaeth annelwig, arwynebol, sy'n gweld pob crefydd yn gydradd ddilys, yn ymagwedd gyffredin ymhlith y rheini sy'n canfod agweddau Bwdhaeth yn ddeniadol, o Theosoffyddion y bedwaredd ganrif ar bymtheg drwy bitniciaid a hipis i gefnogwyr Oes Newydd gyfoes. Mae hefyd yn eithaf cyffredin ymhlith myfyrwyr a phlant ysgol mewn dosbarthiadau Astudiaethau Crefyddol. Mae rhai Bwdhyddion sy'n gweld y fath ddiddordeb fel cam yn y cyfeiriad cywir, ac eraill sy'n ei weld fel bygythiad mwy llechwraidd nag un ai materoliaeth gyfalafol neu gomiwnyddol.

Un athrawiaeth Fwdhaidd sy'n ymddangos yn ddi-ddadl yw bod pob peth yn araf ond yn sicr yn newid yn barhaus. Efallai y bydd mudiadau Bwdhaidd newydd yn datblygu'n ogystal â'r CUBG. Efallai y bydd cysylltiadau modern yn arwain at Fwdhaeth 'eciwmenaidd' cynyddol wrth i'r traddodiadau gwahanol ddod at ei gilydd. Efallai y bydd Bwdhaeth yn ymledu'n gyflym, neu efallai y bydd gwir Fwdhaeth yn peidio â bod yn gyfan gwbl fel y bydd rhaid i'r byd aros am y Maitreya sydd i ddod. Pwy a ŵyr pa beth a ddigwydd yn y dyfodol?

DIWEDDGLO

Fel y mynegwyd yn y rhagair, y symbyliad gwreiddiol dros ysgrifennu'r llyfr hwn oedd i gynorthwyo myfyrwyr ar gyfer Safon Uwch neu debyg. Mae'n ceisio bod yn arolwg byr ond cynhwysfawr o Fwdhaeth gan rywun llawn cydymdeimlad o'r tu allan. Mae'r ffynonellau a ddefnyddir gan yr awdur yn cynnwys llawer mwy na'r rhai hynny a restrir yn y llyfryddiaeth, ac yn cynnwys gweithiau ysgolheigaidd, traethodau ymchwil cyhoeddedig ac anghyhoeddedig, ysgrythurau Bwdhaidd mewn cyfieithiad, llyfrau gan Fwdhyddion modern, llyfrau plant, a sgyrsiau â Bwdhyddion o wledydd traddodiadol Fwdhaidd a 'Bwdhyddion Gorllewinol' y naill a'r llall. Mae'n rhaid bod yna gamddealltwriaethau, camgymeriadau a phethau y gellid bod wedi'u hesbonio'n llawer cliriach. Fodd bynnag, fe'i cynigir yn ysbryd dameg y rafft – llyfr a all gynorthwyo myfyrwyr i ddeall Bwdhaeth ychydig yn well, i'w hepgor pan fônt yn datblygu heibio iddo. Gwnaeth brwydro gyda'r drafft cyntaf yn 1985, a'r drafft terfynol yn 1992, gynorthwyo'r awdur yn bendant i wneud yn glir sawl agwedd o Fwdhaeth, felly gallai fod wedi bod o ddefnydd mewn dwy ffordd.

Dechreua Shantideva, y mynach o'r wythfed ganrif, ei lyfr, y *Bodhicaryavatara*, gyda'r geiriau canlynol a ymddengys yn addas;

'Nid oes dim byd gwreiddiol yma mewn gwirionedd, ac nid oes gennyf ddim medrusrwydd mewn cyfansoddiad llenyddol. Rwyf wedi cyfansoddi hwn ... i loywi fy meddwl fy hun'.

Mae'n gorffen ei lyfr drwy gysegru'r teilyngdod a enillwyd drwy ysgrifennu'r llyfr er budd pob bod, gyda rhai dymuniadau teimladwy;

'Boed i bawb ... gael cefnforoedd o lawenydd ... boed i'r rhai hynny yn uffern fwynhau paradwys ... boed i anifeiliaid golli eu hofn o gael eu bwyta ... boed i bawb gael bwyd a diod ... boed i deithwyr fod yn ddiogel ... boed i ddewiniaeth weithio ... boed i leianod gael eu derbyn megis yn gyfartal ... a'r rhai hynny a ganfyddai Bwdhadod i beidio â thorri eu haddunedau'.

Mewn ysbryd tebyg, boed i'r rhai hynny sy'n darllen y llyfr hwn gael cymorth i ddeall Bwdhaeth ychydig yn well, ac os oes unrhyw deilyngdod yn ei gyfansoddiad, boed i fodau oll rannu yn y teilyngdod hwn, yn enwedig y rhai sydd wedi cymryd y drafferth i ddarllen y llyfr hwn.

GEIRFA

Dilynir pob gair yn yr eirfa yma gan lythyren sy'n dynodi eu hiaith wreiddiol:
C = Cymraeg, J = Japaneg, P = Pali, S = Sansgrit, T = Tibeteg, Th = Thai, Ts = Tsieinëeg

Abhidhamma (P) 'gwybodaeth uwch', rhan o'r Canon Pali

Ailenedigaeth (C) yr athrawiaeth ein bod yn mynd trwy nifer o fywydau yng nghylch *samsara*

Ajivakau (S) math o asgetig â chredoau penodol yng nghyfnod y Bwdha

Alaya-vijnana (S) ymwybyddiaeth-storfa mewn Yogacara

Ajahn (Th) teitl am athro mewn Theravada Thai

Amida (J) neu *Amitabha* (S) Bwdha (anhanesyddol)

Anagarika (P) mewn Theravada Seisnig, cam hanner ffordd rhwng lleyg a mynachaidd

Anatta (P) 'dim hunan', heb unrhyw hanfod unigol

Anicca (P) ansefydlogrwydd

Arhat (S) person goleuedig

Ashoka (S) ymerawdwr pwysig o India o'r 3edd ganrif COG

Asala (P) gŵyl Theravada sy'n dathlu pregeth gyntaf y Bwdha

Avalokitesvara (S) *bodhisattva* tosturi

Bhikku (P) mynach *Bhikkhuni* (P) lleian

Bodhicitta (S) myfyrdod ar oleuedigaeth, penderfyniad i gymryd llwybr y *bodhisattva*

Bodhidharma (S) sylfaenydd chwedlonol Zen

Bodhisattva (S) 'bod goleuedigaeth' 1. bod sy'n ymgysegru ei hun i ennill goleuedigaeth nid ar gyfer ei hun ond er mwyn cynorthwyo eraill. 2. Bwdha Gautama yn ei fywyd/fywydau cyn goleuedigaeth

Brahmin (C) offeiriad Indiaidd (Hindŵ) neu ddosbarth offeiriadol

Bwdha (C) *Buddha* (P,S) 'un goleuedig', 'bod goleuedig' (yn llythrennol: 'un wedi deffro')

Canon Pali (P&C) ysgrythurau Bwdhaeth Theravada

Ch'an (Ts) 'myfyrdod', traddodiad Bwdhaidd Tsieineaidd = Zen

Chen-yen (Ts) Ysgol Tantrig Bwdhaeth Tsieineaidd = Shingon

Chenrezi (T) *bodhisattva* tosturi = Avalokitesvara

Cittamatra (S) meddwl-yn-unig, cysyniad canolog Yogacara

COG (C) Cyn yr Oes Gyffredinol. Yn cyfateb i CC, ond heb y mynegiad athrawiaethol Cristnogol

CUBG (C) Cyfeillion Urdd Bwdhyddion y Gorllewin, cyfaddasiad newydd o Fwdhaeth i amodau Gorllewinol

Cymdeithas Theosoffaidd (C & Groeg) corff crefyddol a sefydlwyd yn UDA sy'n tynnu ar syniadau o grefyddau dwyreiniol

Dalai Lama (T) '*lama* cefnfor' arweinydd crefyddol Bwdhyddion Tibet

Dana (P, S) 'yn rhoi'

Delweddu (C) techneg myfyrdod, yn canolbwyntio ar ddarlun meddyliol penodol

Dengyo Daishi (J) sylfaenydd Tendai yn Japan

Dhamma (P) *Dharma* (S) Gwirionedd, Dysgeidiaeth, Cyfraith, Bwdhaeth

dhammau (P) elfennau bodolaeth

Dharmakaya (S) corff eithaf y Bwdha, y gwirionedd

Dogen (J) sylfaenydd Soto Zen Japaneaidd

Dorje (T) vajra neu daranfollt. Offer defodol

Dukkha (P, S) dioddefaint, natur anfoddhaol

Gelugpa (T) traddodiad o Fwdhaeth Tibet

Gofal (C) ymwybyddiaeth, ymarfer myfyrdod

Gohonzon (J) sgrôl yn cynnwys *mandala* o '*mantra*' Nichiren

Gemau, tair (C) y Bwdha, *Dharma*, a *Sangha*

Guru (S) athro sy'n estyn ymlaen draddodiad crefyddol

Guru Rinpoche (S & T) '*guru* gwerthfawr', teitl am Padmasambhava

Haiku (J) cerdd o 17 sillaf

Hinayana (S) 'cyfrwng lleiaf' term Mahayana am draddodiadau Bwdhaidd di-Fahayana

Hua-yen (Ts) 'Coronbleth Flodau', Ysgol Bwdhaeth Tsieineaidd sy'n dysgu cyd-dreiddiad pob peth = Kegon

Jataka (P) storïau bywydau blaenorol y Bwdha

Jhana (P) cyflwr myfyriol

Jodo, Jodo Shinshu (J) Ysgol Fwdhaeth Tir Pur a Gwir Dir Pur

Kami (J) duwiau Japaneaidd

Kargyupa (T) traddodiad Bwdhaeth Dibetaidd

Karma (S) 'gweithrediadau' cyfraith achos ac effaith. Daw gweithrediadau da â hapusrwydd, daw gweithrediadau drwg â thristwch

Karuna (S) Tosturi

Kathina (P) seremoni o gyflwyno mantell arbennig

Kegon (J) = Hua-yen

Khandha (P) elfen o fywyd person, mae 5 elfen

Kin hin (J) myfyrdod tra'n cerdded

Kshatriya (S) dosbarth rhyfelgar Indiaidd

Koan (J) datganiad 'achos' meistr Zen

Kwannon (J) ffurf Japaneaidd o Kwanyin = Avalokitesvara

Kwanyin (Ts) *bodhisattva* benywaidd tosturi = Avalokitesvara

Lama (T) enw Tibetaidd am '*guru*'

Lung (T) trosglwyddiad defodol testun cysegredig

Madhyamaka (S) 'Llwybr Canol', ysgol athroniaeth Mahayana bwysig

Magha Puja (P) gŵyl Thai sy'n dathlu'r *sangha*

Mahayana (S) 'cyfrwng mwyaf' un o'r ddwy brif gangen o draddodiad Bwdhaidd

Maitreya (S) y Bwdha nesaf

Mala (S) gleiniau gweddïo

Manas (S) meddwl

Mandala (S) diagram

Manjusri (S) *bodhisattva* doethineb

Mantra (S) sillaf cysegredig neu gyfres fer o'r rhain

Mappo (J) yr oes olaf, oes dirywiad ysbrydol

Marciau Bodolaeth Amodol, tri (C) *anicca*, dukkha ac *anatta*

Metta (P) caredigrwydd cariadus, cariad cyfeillgar

Mitra (S) cyfaill (term a ddefnyddir yn CUBG)

Mudra (S) siâp symbolaidd a wneir â'r dwylo

Myfyrdod (C) canolbwyntio, unrhyw dechneg sy'n hyfforddi'r meddwl, fel arfer mewn cyd-destun crefyddol

Nagarjuna (S) sylfaenydd Madhyamaka

Nembutsu (J) ailadrodd enw Bwdha Amida

Nibbana (P) 'chwythwyd allan', y cyflwr lle bo pob chwant, casineb a rhithdyb yn dod i ben. Heddwch tragwyddol?

Nichiren (J) mynach o'r 13eg ganrif a ddechreuodd Shoshu Nichiren

Nirmanakaya (S) corff trawsnewid, neu amlygiad daearol o Fwdha

Nirvana (S) Sansgrit am *nibbana*

Noddfa, tair (C) yn addo ymrwymiad i'r tri gem

Nying ma pa (T) traddodiad o Fwdhaeth Dibetaidd

OG (C) Oes Gyffredinol. Yn cyfateb i OC, ond heb y mynegiad athrawiaethol Cristnogol

Padmasambhava (S) person goleuedig enwog, a sefydlodd Fwdhaeth yn Tibet

Pagoda (J) ffurf Japaneaidd o gysegrle

Pali (P) disgrifiad o iaith a ddefnyddir mewn ysgrythurau Theravada

Paramita (S) perffeithrwydd, neu rinwedd berffaith, mae 10 ohonynt

Paticcasamuppada (P) cychwyniad dibynnol

Parinibbana ymadawiad terfynol y Bwdha i *nibbana*

Patimokkha (P) y cod mynachaidd

Pirit (P) llafarganu rhannau o'r Canon Pali fel bendith

Poson (P) gŵyl yn Sri Lanka

Prajna (S) doethineb

Prajnaparamita (S) perffeithrwydd doethineb. Hefyd cyfres o ysgrythurau Mahayana

Pratimoksha (S) y cod mynachaidd

Pratyekabuddha (S) Bwdha unig nad yw'n dysgu

Puja (S) defod ddefosiynol

Rinzai (J) traddodiad o fewn Zen

Sakyamuni (S) gweler Shakyamuni

Sakyapa (T) traddodiad Bwdhaeth Tibet

Samadhi (P,S) cyflwr o fyfyrdod dwys

Samatha (P) myfyrdod tawel

Sambhogakaya (S) corff gogoneddus y Bwdha

Samsara (S&P) cylch bodolaeth, ailenedigaethau i gyflyrau anfoddhaol, bywyd anoleuedig cyffredin

Sangha (S&P) 'cynulliad' y gymuned Fwdhaidd, mewn Theravada cyfyngir hyn ar adegau i'r gymuned fynachaidd yn unig

Sanskrit iaith Indiaidd hynafol Hindŵaeth a nifer o ysgrythurau Mahayana

Satori (J) gair Zen am ennyd goleuedigaeth

Shakyamuni (S) dyn doeth o lwyth y Shakya. Enw arall ar y Bwdha Siddhartha Gautama. Defnyddir yn gyffredin gan Fwdhyddion Mahayana

Shastra (S) traethawd crefyddol

Shingon (J) = Chen-yen

Shoshu Nichiren (J) traddodiad Bwdhaidd Japaneaidd

Shunya, Shunyata (S) gwag, gwagedd, cysyniad pwysig mewn Bwdhaeth Mahayana

Siddhartha Gautama(S) *Siddhatta Gotama* (P) enw personol y Bwdha hanesyddol

Sima (P) ffin ddefodol mynachlog

Soka Gakkai (J) mudiad lleyg Japaneaidd a gysylltir â Shoshu Nichiren

Soto (J) traddodiad o fewn Zen

Stupa (P) cofadail dros greiriau Bwdhaidd

Sukhavati (S) Tir dedwydd Bwdha Amitabha

Sunya, sunyata (S) gweler Shunya

Sutra (S), *Sutta* (P) ysgrythur

Tantra (S) ysgrythurau Bwdhaeth Vajrayana a mudiadau cyfochrog mewn Hindŵaeth

Tantrig (C) Bwdhaeth a sylfaenwyd ar destunau *tantra* ac ymarferion perthynol

Tathagata (S) yr un a aed felly, gair arall am Fwdha

Tathagata-garbha (S) croth neu embryo Bwdhadod, potensial bod yn Fwdha

Tara (S) *bodhisattva* benywaidd

Teilyngdod (C) canlyniad gweithredu medrus

Tendai (J) traddodiad Japaneaidd o Fwdhaeth a berthyn i T'ien t'ai Tsieineaidd

Thangka (T) paentiad crefyddol Tibetaidd ar liain

Theravada (P&S) 'ffordd y cyndeidiau' un o ddwy brif gangen traddodiad Bwdhaidd

Thero (P) mynach hŷn o dros ddeng mlynedd yn y mentyll

T'ien t'ai (Ts) Ysgol Bwdhaeth Tsieineaidd eclectig

Tir Pur (C) lle pur y gellir ymarfer y *dharma* yn hawdd; defnyddir o draddodiad Bwdhaeth sy'n troi o gylch ymgysegriad i Amida

Trikaya (S) athrawiaeth Mahayana bod tair ffurf i Fwdhau: dynol, gogoneddus ac eithaf (*nirmanakaya, samblogakaya* a *dharmakaya*)

Tulku (T) *bodhisattva* mewn ffurf dynol, sy'n cymryd nifer o ailenedigaethau y gellir eu hadnabod

Upaya (S) 'dull', (byr am *upaya kausalya*) 'dulliau medrus,' y gallu i wybod yn union yr hyn i'w wneud am y gorau ym mhob sefyllfa. Os yn hollol angenrheidiol, gall hyn ymwneud â 'phlygu rheolau' neu 'fod yn gynnil â'r gwirionedd'

Vairocana (S) Yr un disglair, y Bwdha cosmig

Vajra (S) offer defodol 'taranfollt' neu 'ddiemwnt' a ddefnyddir yn Vajrayana

Vajrayana (S) enw 'cyfrwng taranfollt neu ddiemwnt' a ddefnyddir i wahaniaethu Bwdhaeth Tantrig oddi wrth ffurfiau eraill Mahayana. Weithiau fe'i gwelir fel trydydd '*yana*' ar wahân o Fwdhaeth ac a gymhwysir weithiau, braidd yn llac, i holl Fwdhaeth Tibet

Vassa (P) encil tri mis tymor y glawogydd

Vihara (P) teml neu fynachlog Fwdhaidd

Vinaya (P) adran ddisgyblaeth y Canon Pali sy'n ymwneud â rheolau ar gyfer mynachod

Vipassana (P) myfyrdod mewnwelediad

Wesak (P) gŵyl Theravada sy'n dathlu genedigaeth, goleuedigaeth a marwolaeth y Bwdha

Yidam (T) duw dewisedig ar gyfer delweddu

Yogacara ysgol athronyddol Mahayana bwysig

Zazen (J) myfyrdod tra'n eistedd

Zen (J) traddodiad Bwdhaeth

LLYFRYDDIAETH

Cyffredinol

Harvey, P *An Introduction to Buddhism* (CUP 1990) Cyflwyniad cynhwysfawr ar gyfer myfyrwyr safon gradd.

Robinson Johnson: *The Buddhist Religion* (Trydydd Argraffiad) (Wadsworth 1982)

Bechert a Gombrich (gol): *The World of Buddhism* (Thames a Hudson 1984) Cyfeirlyfr drud ar Fwdhaeth ond a ddarluniwyd yn hardd, arolwg o wareiddiad Bwdhaidd.

Llyfrau Cyffredinol ar gyfer myfyrwyr cyn-safon Uwch a allai brofi'n ddefnyddiol ar gyfer dechreuwyr

Chryssides G *The Path of Buddhism* (St Andrew's 1988)

Connolly H & P: *Buddhism* (Stanley Thornes 1992) ar gyfer TGAU, ond ffordd ddefnyddiol i mewn ar gyfer myfyrwyr hŷn

Theravada

Rahula W: *What the Buddha Taught* (Gordon Fraser 1982). Cofnod uniongyrchol o athrawiaeth Fwdhaidd sylfaenol gan fynach Theravada, gyda detholiad o ysgrythurau

Gombrich R: *Theravada Buddhism* (Routledge 1986). Hanes cymdeithasol Bwdhaeth Theravada.

Mahayana

Williams P: *Mahayana Buddhism* (Routledge 1989) Arolwg cynorthwyol iawn o ddechreuadau athrawiaethol Bwdhaeth Mahayana, ond dim llawer ar Zen.

Suzuki D T: *Outlines of Mahayana Buddhism* (1907/1963 Llyfrau Schoken NY) Braidd yn hen yn awr, ond arolwg defnyddiol o brif gredoau sy'n nodweddu Mahayana yn gyffredinol o safbwynt Zen Japaneaidd.

Antholegau o ysgrythurau

Conze, E: *Buddhist Scriptures* (Penguin 1959)

de Bary: *The Buddhist Tradition* (Vintage 1972)

Beyer, S: *The Buddhist Experience* (Wadsworth 1974)

Woodward: *Some Sayings of the Buddha* (OUP 1973)

Ling, T: *The Buddha's Philosophy of Man* (Dent 1981)

Sangharakshita: *The Eternal Legacy* (Tharpa 1985)

Bywyd y Bwdha

Carrithers, M: *The Buddha* (OUP 1983)

Nanamoli: *The Life of the Buddha According to the Pali Canon* (BPS, Kandy 1978)

Thomas, E: *The Life of the Buddha as Legend and History* (Routledge 1975)

Ling, T: *The Buddha* (Pelican 1976)

Saddhatissa: *The Life of the Buddha* (Unwin 1976)

Pye *The Buddha* (Duckworth 1979)

Gwledydd Theravada

Gombrich, R: *Precept and Practice: Traditional Buddhism in the Rural Highlands of Ceylon* (Clarendon 1971)

Spiro, M: *Buddhism and Society: a Great Tradition and its Burmese Vicissitudes* (Allen ac Unwin 1971)

Tambiah: *Buddhism and the Spirit Cults in North East Thailand* (CUP 1984)

Y *Bodhisattva*

Dayal, H: *The Bodhisattva Doctrine in Buddhist Sanskrit Literature* (Routledge 1932, Delhi 1970)

Matics, M: *The Bodhicaryavatara of the Buddhist poet Shantideva* (Allen ac Unwin 1971)

Tibet

Guenther, H: *The Jewel Ornament of Liberation* cyfieithiad Gampopa (Shambala 1971)

Trungpa, C: *Cutting Through Spiritual Materialism* (Shambala 1973) Gan *lama* a ddihangodd o Tibet.

Snellgrove a Richardson: *A Cultural History of Tibet* (Praeger 1968)

Chang: *The Hundred Thousand Songs of Milarepa* (Harper 1970)

Evanz-Wentz: *Tibet's Great Yogi, Milarepa* (OUP 1974)

Trunga, C: *Born in Tibet* (Allen ac Unwin 1979) Hunangofiant *lama* a ffodd i'r Gorllewin.

Zen

Watts, A: *The Way of Zen* (Penguin 1962) Gan ddilynydd Zen 'gorllewinol' enwog.

Kennett, Roshi Jiyu: *Zen is Eternal Life* (Shasta Abbey 1976) Hanes ac ymarfer Zen gan feistr Zen benywaidd gorllewinol blaenllaw.

Suzuki, D: *An Introduction to Zen Buddhism* (Rider 1949/1983)

Moeseg

Saddhatissa: *Buddhist Ethics* (Allen ac Unwin 1970)

Jones, K: *The Social Face of Buddhism* (Wisdom 1989)

Gwyliau

Brown, A (gol): *Festivals in World Religions* (Longman 1986)

Connolly, H & P: *Buddhism through festivals* (Longman 1989) Llyfr plant, ond yn ddefnyddiol.

Ordeiniad

Silcock: *A Village Ordination* (Curzon 1980)

Pererindod

Russell: *The Eight Places of Buddhist Pilgrimage* (Wisdom 1981)

Bwdhaeth yn y Gorllewin

Cush, D: *Buddhists in Britain Today* (Hodder a Stoughton 1990) seiliedig ar gyfweliadau gyda Bwdhyddion gweithredol o amrywiol draddodiadau: ffordd hawdd i mewn i Fwdhaeth fel crefydd byw. Mae hefyd yn rhoi rhestr gynhwysfawr o lyfrau plant ar Fwdhaeth, cymhorthion gweledol a chyfeiriadau defnyddiol.

Y Gymdeithas Fwdhaidd: *The Buddhist Directory* (1991)

Snelling J: *The Buddhist Handbook* (Century 1987)

Guy Claxton: *Buddhist Lives* (Oliver a Boyd 1989) Llyfr i blant ond yn cynnwys bywyd diddorol Alan Watts.

Subhuti: *Buddhism for Today* (Element 1983) Hanes CUBG.

Mae'r llyfryddiaeth uchod yn cynnwys awgrymiadau ar gyfer y darllen pellach mwyaf defnyddiol yn hytrach na chynrychioli'r llyfrau a ddefnyddiwyd wrth baratoi'r testun hwn, a oedd yn ormod o lawer i'w rhestru.

MYNEGAI